| 불교명저 | 1 | 불교란 무엇인가 |

서음미디어

불교란 무엇인가

일붕 서경보 저

서음미디어

추 천 사

인생의 훌륭한 교양의 지침서

전 국회의장 蔡汶植

70평생을 佛門에서 수도하시면서 세계 여러 곳에 한국불교를 弘布하여 민간외교에도 찬연한 업적을 남기신 큰스님 서경보 박사가 금번 저술한 이 책은 인생의 훌륭한 교양의 지침서가 될것입니다. 많은 독자에게 널리 읽혀지기를 바라는 마음 간절합니다.

우리 사회에 귀감이 된다

전 교육부장관 權彝赫

선진조국의 문화창달과 국민정신 함양에는 선구적인 성직자의 역할이 따라야 합니다. 호국관이 투철하신 일붕 큰스님의 그동안의 교화는 우리 사회에 귀감이 되어 왔습니다.
이 책속에 담긴 큰스님의 투철한 호국관과 자비로운 종교관, 슬기로운 인생관은 우리에게 등불로 밝혀 줄 것입니다.

새 삶의 희망과 용기를 준다

전 법무부장관 裵命仁

우리 사회에는 한때의 실수로 인하여 자신의 인생에 오점을 남기고 평생을 번민 속에서 살아가는 안타까운 삶들이 있습니다. 이들에게는 정신적인 歸依處를 마련해 주고 새 삶의 희망과 용기를 주는 것이 우리들의 인정이요, 도리일 것입니다.
서경보 큰스님의 자비로운 布施의 손길은 이들에게 새로운 삶의 터전이 이룩될 것입니다.

세상을 사는 진정한 안내서

전 한국문화예술진흥원 원장 宋志英

불교가 우리 민족문화의 根幹을 이루어 왔음은 주지의 사실이다. 그러나 오늘날의 불교는 그 진리 자체가 너무나 심오하고 난해하여 일반 대중에게 외면당하고 있는 것 또한 아쉬운 실정이다. 불교의 大學僧이신 서경보박사께서 저술하신 이 책들은 불교를 알고자 하는 분들에게 친절한 안내서가 될 것이며, 누구나 읽어서 불교를 바르게 이해하고 세상을 진실하게 사는 지혜를 얻기 바란다.

우리의 정서가 순화되기를

전 한양대 경영대학원장 李滿焌

최다 著述家로 널리 알려진 서경보 큰스님께서 지금까지 펴낸 저서들을 집대성하여 전집으로 출간하였음은 불교계는 물론 학계와 출판계에 경사라 아니할 수 없다. 부디 이 책으로 하여금 우리의 정서가 순화되기를 간절히 기원한다.

禪을 통한 菩提心

전 한일불교친선협회 부회장 李忱求

'호랑이는 죽어서 가죽을 남기고, 사람은 죽어서 이름을 남긴다'는 속담이 있다. 서경보 박사님은 가는 곳마다 환영을 받고 명성을 떨친다.
이 분이 이처럼 貴人이 된 비결은 무엇일까? 그것은 두말할 나위도 없이 禪을 통한 菩提心에서 비롯된 것이 아닐까?
우리는 이 분의 인생기록을 통해 다시 무엇을 배우고 또 무엇을 남길 것인가?

머 리 말

불교란 무엇인가?에 대해 해답하는 것이 이 책의 주요한 임무이다.

불교에 관해 말할 것이 너무나 많기 때문에 따라서 해답도 여러 가지로 나올 수 있을 것이다. 그러나 이 책에서는 다음과 같은 점에 유의했음을 밝혀 둔다.

첫째로 가장 중요한 것은 이 책을 통독(通讀)하면 불교에 관한 기본적인 지식을 얻을 수 있도록 했다는 점이다. 그러므로 불교의 그 방대한 이론 중에서도 반드시 필요한 테마를 빠뜨리지 않고 망라하도록 했다.

둘째로 말을 될 수 있는 대로 쉽게 하여 예비지식 없이도 불교 전반에 관해 쉽게 이해할 수 있도록 했다.

셋째로 내용을 전문적인 상당한 수준까지 끌어올려 학문적으로 책임을 질수 있는 것에 대해서만 썼다.

그러나 과거 2천 년 이상에 걸쳐 아시아의 넓은 지역에 유포되었고, 현재도 산 종교인 불교의 여러 면을 총망라하여 말한다는 것은 불가능하며, 또 그중의 특정한 입장을 옹호하는 것도 용납되지 않는다.

이러한 고충을 느끼면서 이 책을 썼으나 적어도 불교를 통해 인생의 지침을 탐구하려는 사람들에게는 도움이 되리라고 확신한다.

이 책이 부처님의 자비와 광명이 이 땅 위에 가득하다는 것을 밝히는데 조금이라도 이바지 할 수 있다면 무상(無上)의 영광이겠다.

일붕 서경보 식

차 례

제1부 불교입문교리문답
제1장 참선하는 자세

네 것과 내 것 / 21
허(虛)와 실(實) / 23
정법안장(正法眼藏)의 열반 / 24
선(禪)하는 마음 / 25
한여름 밤의 꿈 / 27
찰간(刹竿)을 없애라 / 28
진실한 여래(如來)의 소리 / 31
하나의 진리(眞理) / 32
깨우친 것에 만족하지 말라 / 34
불법의 진정한 뜻 / 35
주인과 손님의 만남 / 40
깨침보다 깨친 후가 중요하다 / 42
긁어 부스럼 / 44
마음 속에 부처 / 46
좁은 시야(視野) / 47
당중(堂中)에서의 졸음 / 48
선과 악을 생각하지 말라 / 49
진리의 대답 / 54
성불(成佛)을 하기 위한 기연(機緣) / 55

차 례

타인도 없고 자기도 없다 / 57
상(相)이 없는 경계 / 59
제 눈에 안경 / 61
내가 너를 편안케 하리라 / 64
대망(大望)을 가져라 / 66
언제 사래 긴 밭을 갈겠는가? / 68
물에 비친 자기 모습 / 69
의심없는 진리 / 70
대답에 60봉(棒)이라 / 75
해탈의 경지 / 77
지혜는 산호에 어린 달빛같아 / 78
행복은 울안의 파랑새 / 79
선(禪)의 길을 아는 사람 / 81
평상시의 마음이 곧 도(道)이다 / 82
어디서 진리를 찾으랴 / 85
불법(佛法)의 큰 뜻 / 86
황제는 곧 황제다 / 88
내 말이 곧 진리다 / 89

차 례

제2장 교리문답

불교(佛敎)의 목적은 무엇인가? / 91
불교의 역사는 어떠한가? / 93
불교의 인생관과 세계관 / 100
본체(本體)와 그 현상은 어떠한가? / 100
유신론(有神論)과 범신론(汎神論)의 뜻은? / 101
범신론(汎神論)과 유심론(唯心論)의 뜻은? / 102
3대이법(三大理法)과 인과율(因果律)은? / 102
삼법인(三法印)은 무엇인가? / 103
선(禪)의 본질은 무엇인가? / 105

제3장 불법사례

마음속의 매듭 응어리 / 120
황금의 쇠사슬 / 121
밥벌레 같은 녀석 / 122
공덕(公德)을 생각말라 / 124
마음의 티끌 / 125
하루 저녁에 깨달음 / 127
고불(古佛)은 떠난 지 오래다 / 128
빗방울 떨어지는 소리 / 130

차 례

육조의 물음 / 131
말을 두들겨야지 / 133
마음이 곧 부처다 / 134
부처는 존재하는 것인가? / 136
자성(磁性)의 본체 / 138
사자(死者)가 살아나면 / 140
털구멍으로 들어간 바닷물 / 140
하늘에서 들려오는 방울소리 / 141
해타고(解打鼓)만 되풀이 / 143
법(法)을 전수받으라 / 144
불법(佛法)의 뜻은 무엇입니까? / 145
네놈의 종아리를 후려칠 것을 / 146
마음이 멸(滅)하면 모두 멸한다 / 147
마음의 청정(淸淨) / 149
그대는 어디서 왔는가? / 150
무봉탑(無縫塔)을 만들어 주시오 / 151
진실한 보은(報恩)의 뜻 / 153
알아도 30방(棒), 몰라도 30방(棒) / 154
선승(禪僧)은 하나도 없다 / 155
임제화상과 황벽화상 / 156
예배는 하여 무엇하나? / 157

차 례

무위(無位)의 진인(眞人) / 158
대화없는 굴복 / 159
정법안장(正法眼藏)을 멸하겠습니까? / 161
진리는 결코 설명할 수 없다 / 162
마음의 그림자 / 163
너의 물음이 무엇이냐? / 164
막대기 아래의 깨달음 / 166
할(喝)도 방(棒)도 참의 선장(禪匠) / 168
우주의 진면목 / 169
망상의 굴레를 벗어나라 / 169
물외(物外)로 나가 버리다 / 171
애석한 일이구나! / 172
끝이 없는 진리 / 174
한 나무의 꽃 / 175
있지도 없지도 아니한 것 / 176
일깨움의 두 가지 / 177
배우고 가르침에 나이가 없다 / 178
보통 놈이 아니구나 / 180
마음속의 대왕(大王) / 181
모든 존재와 관계하지 않는 자 / 182
핥고 맛봄을 범하지 말라 / 183

차 례

진정한 견해란 무엇인가? / 185
명색이 선객(禪客)이냐? / 186
우주의 참모습 / 187
다가오는 운명을 지키랴 / 188
문종황제의 금살생(禁殺生) / 189
기도의 공덕으로 척추병이 완쾌되다 / 193
성자 이차돈의 순교 / 196
타지 않는 불경(佛經) / 199
부처님을 만나보다 / 202
분신으로 갚은 빚 / 207
비구가 머리를 만져 깨치다 / 208
신비한 걸승(傑僧) / 209
풍간선사(豊干禪師)의 일화 / 212
습득(拾得)은 보살의 화신인가? / 214
참회를 분신으로 / 217
성인을 알아보지 못하다 / 218
여성 걸식자 / 220
지극한 정성으로 선인을 만나다 / 222
신기한 돼지 / 224
부처님을 뵈오려는데 / 225
문수보살 만났어도 알지 못했다 / 228

차 례

죄복은 마음으로부터 / 230
가사(袈裟)를 전수받다 / 231
신비한 선경을 보다 / 233
황금등도 마음속에 / 239
지혜 얻으려 염통을 씻다 / 241
보살(菩薩)과 선사(禪師) / 243
문수(文殊)와 조백(棗栢) / 247
삼매 할머니의 신통술 / 249
동반자로 변한 보살 / 250
마음대로 다니는 사미들 / 252
성인의 경계를 알지 못하다 / 253
문수의 화신 선계대사(善戒大師) / 255
스님과 금빛 광명 / 270
도는 행함이 없는가? / 271
보살의 도움으로 원한을 풀다 / 274
정성이 지극하여 보살을 만나다 / 276
보시의 공덕 / 280
등불 하나가 일만 등으로 비추다 / 281
목욕하는 동자들 / 283
독경(讀經)시에는 손을 씻어라 / 284
깨침을 전한 손길 / 285

차 례

분신으로 갚은 빚 / 286
수도자의 참회 / 287
신기한 박하(薄荷) / 288
착한 아내의 이야기 / 289
어머니의 은혜 / 290
효자모자(孝子母子) / 293
한(恨)이 되어 살아난 영혼 / 294
정절을 지킨 보람 / 296
자식에게 받은 죄업(罪業) / 297
착한 며느리와 원귀(怨鬼) / 298
죽음을 면할 자는 없다 / 300
선자(善者)와 맹수 / 301
사공과 맹수 / 303
걸인과 잿밥 / 305
검정 소를 탄 촌노인 / 307
보리달마(菩提達磨) / 312
정신의 양식(糧食) / 322
불교의 생사관(生死觀) / 325
자력(自力)에 의한 해결 / 327

차 례

제2부 일붕(一鵬)과의 대화

인생(人生)과 종교(宗敎) / 335
윤회(輪廻)와 인연(因緣) / 339
생사(生死)와 해탈(解脫) / 344
영혼(靈魂)과 극락과 지옥 / 354
3계 유심(三界唯心) / 362
신앙(信仰)의 분류 / 371
미신(迷信)과 정신(正信) / 378
종교의 정의와 불교의 구세주의(救世主義) / 382
예지(叡智)지식과 불상(佛像)우상의 차이 / 385
오도(悟道)와 사제(四諦) / 390
참회(懺悔)와 멸죄(滅罪) / 397
가아(假我)와 무아(無我)와 진아(眞我) / 399
좌선(坐禪)의 요체 / 402
반야심경(般若心經)의 지송(持誦) / 407
불교철학에서의 유적 사상(有的思想) / 408

제3부 죽음이란 무엇입니까?

삶이란 무엇입니까? / 415
죽음이란 무엇입니까? / 417
생사초월이란 무엇입니까? / 421

차 례

영원한 생명이란 무엇입니까? / 429
불성(佛性)의 진상(眞相) / 432
해탈(解脫)과 영원한 평화 / 437
무엇을 깨달음으로 부처가 됩니까? / 441
인연의 법칙 / 444

제1부
불교입문교리문답

제1장 참선하는 자세

□ 네 것과 내 것

어느 날 남전화상(南泉和尙 : 843~880)이 동당(東堂)과 서당(西堂) 간에 하찮은 고양이 새끼 한 마리를 가지고 서로 다투는 것을 보시고는 싸움의 대상이 되었던 그 고양이 새끼를 손에 들고 여러 제자들에게 말씀하시기를,

"대중(大衆)들아, 도(道)를 얻으면 이를 살려 줄 것이오, 도를 얻지 못하면 이놈의 목을 베이리라."

하고 물은 즉 아무도 그에 대답하는 사람이 없으므로 남전화상은 드디어 그 새끼 고양이의 목을 잘랐다.

밤이 깊어서 스승인 남전화상이 가장 아끼는 조주화상(趙州和尙)이 외출에서 돌아오므로 그에게 낮에 있었던 자초지종을 이야기했다. 스승의 이야기를 다 들은 조주는 아무 말 없이 신발을 벗어서 그의 머리 위에 이고 밖으로 나갔다. 남전화상이 이를 보시고 홀로 말씀하시기를,

"그때 네가 나의 곁에 있었더라면 그 고양이 새끼는 죽지 아니하였을 터인데.."

했다.

먼저 이 측(側)에 대하여 한마디 하고 넘어가기로 하자.

여러 독자들은 어떻게 남전화상 같으신 큰 스님이 그것도 가장 신선한 사원(寺院)의 경내에서 살생을 하였는가고 의아해 할 것이다. 물론 살생은 금해야 하는 것은 당연한 이야기이긴 하지만 그런 것에 구애된다는 것은 결국 소승(小乘)들의 일이다. 하지만 여러 무리를 가르치고 깨치기 위하여 소(小)를 희생하고 대(大)를 살리기 위함이니 그리 알아야 하겠다.

인간을 비롯하여 모든 생물은 소속성(所屬性)이 있게 마련이다. 즉 우리나라, 우리 국민, 우리 종족, 우리 가족이 이를 두고 하는 말이다. 그러니 같은 사원에 있더라도 잠자는 곳에 따라서 동당(東堂)과 서당(書堂)의 구별은 있게 마련이고, 자연히 잠자리를 같이 하는 동료끼리 더욱 가까운 동지애(同志愛)를 가지는 것은 당연하다.

그곳에 예쁘게 생긴 고양이 새끼 한 마리가 뛰어들었으니 서로가 자기들의 것이라고 다투는 것을 본 남전화상이 가만히 있을 리가 있겠는가. 선방(禪房)에서 어찌 네 것과 내 것이 있겠으며, 높낮음이 있겠는가. 그러니 너희 것이란 증거를 대라, 그러면 이를 너희에게 주고 그렇지 못하면 고양이 목을 치겠다고 하며, 고양이의 목을 친 것이다.

이의 가르침은 수행(修行)하려는 자는 세속의 차별관을 버려야 더 높고 큰 도를 깨우칠 수 있다는 것을 가르치기 위함이다.

남전화상의 말과 같이 만일 조주가 있었더라면 남전은 신성한 선방에서 피를 보지 않았을 것이며, 만일 조주가 있었더라면 달려들어서 스승의 목을 따겠다고 했을지도 모르며, 스승이

'나 좀 살려주시오' 하고 소리를 질렀을지도 모른다. 정말 조주는 군계일학(群鷄一鶴) 격이라 아니할 수 없다.

훌륭한 스승은 훌륭한 제자를 거느려야 하는 것이고, 훌륭한 제자는 반드시 훌륭한 스승에게서 배출되는 것이 아닌가. 남전은 그의 법통을 조주화상에게 전하여 주고 열반했다.

□ 허(虛)와 실(實)

경산(徑山 : 浙江省 杭州府에 있는 선원)에는 운수납자(雲水衲子)들이 5백여 명이나 있었으나 조실(祖室)스님에게 법을 묻는 자는 거의 없었다. 어느 날 황벽화상께서 임제(臨濟)스님께 경산에 가도록 명하시고 하시는 말씀이,
"만일 네가 경산에 도착하면 어떻게 하겠느냐?"
고 물으셨다. 이에 임제스님께서 말씀하시기를,
"소승이 그곳에 가면 아마 어떤 방법이 있을 것입니다."
하고 스승의 곁을 떠나서 경산에 도착하였다. 임제스님은 허리춤에 행장(行裝)을 한 그대로 법당에 들어가서 경산의 조실스님을 뵈었다.

경산화상께서 막 머리를 드시려고 할 때에 임제스님이 할(喝)했다. 이에 경산화상이 무어라 말씀을 하시려고 할 때에 옷소매를 뿌리치고 경산을 떠나버렸다. 이를 지켜 본 어떤 중이 경산화상에게 물었다.

"저기 가는 저 스님은 조실스님께서 무슨 말씀을 하셨기에 할한 것입니까?"
이에 경산화상이,
"저 스님은 황벽화상의 회하에서 왔다. 궁금하거든 네가 가서 물어보도록 하여라."
그리하여 경산에 있는 5백여 대중은 거의 뿔뿔이 흩어지고 말았다. 한 사람은 빈 것(虛)을 전하였고, 만사람(萬人)은 실(實)다운 것을 전한 것이다.

□ 정법안장(正法眼藏)의 열반

임제화상께서 천화(遷化 : 이 세상의 교화를 마치고 다른 세상의 교화를 위하여 옮긴다는 뜻으로 고승의 죽음을 뜻함)에 이르러 바로 앉으시고 여러 제자들을 불러 모아 다음과 같이 말했다.
"내가 죽은 후 나의 정법안장(政法眼藏 : 석가모니 부처님께서 성각한 비밀의 極意로 直指人心見性成佛의 묘리)을 멸하여서는 아니 되느니라."
이에 제자인 삼성(三聖)이 앞으로 나와서 아뢰기를,
"어찌 감히 스님의 정법안장을 멸각(滅却)하겠나이까?"
하고 말씀드렸다. 이에 임제화상께서 말씀하시기를,
"이후에 어느 누가 너에게 묻는다면 너는 무엇이라고 대답하겠느냐?"

하고 물으니, 삼성(三聖)은 즉시 할(喝)했다. 이에 임제화상께서,
"나의 정법안장이 이 눈먼 당나귀에게서 멸각해 버릴 줄 누가 알겠는가!"
하는 말씀을 끝으로 곧 단정히 앉으시어 열반에 드셨다.

□ 선(禪)하는 마음

어느 날 조주화상이 남전화상에게 묻기를,
"스님, 도(道)란 무엇을 가리켜서 하는 말입니까?"
이에 남전화상이 다음과 같이 말했다.
"평상시에 갖고 있는 그 마음이 바로 도(道)이니라."
조주가 다시 여쭈었다.
"그것에 취향(趣向)하여야 하는 것입니까? 취향하지 않아야 하는 것입니까?"
남전화상이 가르치시기를,
"그것에 마음을 두거나 또는 의구심을 가지면 오히려 도에서 어긋나는 것이니라."
이에 조주가 다시 여쭙기를,
"그에 의구심을 갖지 아니한다면 어찌 그것이 도인 것을 알 수 있겠습니까?"
이에 다시 남전화상이 가르치기를,
"도라는 것은 앎에도 속하는 것이 아니고, 또한 아지 못함에

도 속하지 않는 것이다. 앎이면 그것은 즉 망각(妄覺: 외계의 자극을 잘못 知覺하거나 또는 없는 자극을 있는 것처럼 생각하는 지각의 병적인 현상)이오, 부지(不知)하면 이것은 바로 무기(無記 : 차별을 두지 않는다는 뜻으로 善도 아니고 惡도 아닌 것)인 것이다. 만일 진정으로 의심이나 의구심이 없는 도에 이르면 오직 태허(太虛)하여 완연히 통할하리니 무엇 때문에 굳이 이에 대하여 시비가 있겠느냐!"

이 가르침에 조주는 크게 깨달았다. 여기에 나오는 평상심(平常心)이 바로 핵심이 되는 것이다.

우리는 우리의 일상생활이 도(道) 아닌 것이 없음을 알아야 한다. 먹는 것, 잠자는 것, 세수하는 것, 벗들과 만나서 정담을 나누는 것, 이 모두가 도인 것이다. 이는 즉 무작위적인 것을 말한다. 내가 먹어야 함으로 먹는 것이 아니오, 내가 잠자야 하므로 잠자는 것이 아니다. 그저 먹고 잠자는 것이다.

우리는 귀한 손님을 맞아 잘 대접한다는 것이 오히려 결례를 하는 경우를 번번이 우리 일상생활에서 접한다.

붓글씨를 써 본 사람이면 알 것이다. 마음먹고 후세에 남을 만한 작품을 만들려는 집념이 강하면 강할수록 졸작(拙作)을 만들기가 다반사다. 그렇기에 흔히 '글은 선(禪)하는 마음으로 써야 한다'고 말한다.

선하는 마음인 것이 바로 도인 것이다. 어느 곳에나 머무름이 없고, 어느 것에나 집착함이 없는 것이 바로 도라고 하는 것이다. 집착이나 머무름이 없는 태허(太虛)의 경지, 즉 거침새 없는 마음을 말한다. 본래의 본성(本性)이니 하는 것에는 길고 짧음도 없으며, 높고 낮음도 없다는 말에 조주는 비로소 깨달은 것이다.

□ 한여름 밤의 꿈

 어느 날, 임제화상께서 여러 제자들을 불러 모아 다음과 같이 가르치셨다.
 오늘날 도(道)를 배우고자 하는 사람은 무엇보다도 스스로 믿는 것이 중요하다. 밖으로 찾아 구하여서는 아니 된다. 그러한데 여러분들은 모두 자주 경계(境界)에 얽매여 아주 사악한 것과 올바른 것을 구별할 줄 모른다. 예를 들어 말하자면 조사(祖師)가 있다든가, 부처가 있다든가 하는 것은 다 불교에서 개념적, 추상적으로 하는 일이지 구체적인 현재의 사실은 아니다.
 어떤 사람이 한 글귀든가 한마디 말을 가지고 은현중출(隱顯中出)하면 곧 의심을 가져 이 생각 저 생각에 어찌할 줄 몰라 심히 번잡스럽게 된다.
 여러분들은 주인(主人)이니, 도적이니, 색(色)이니, 재물(財物)이니 하는 하잘 것 없는 말장난으로 아까운 시간을 헛되게 보내지 말아야 한다. 여러분들의 말장난은 그것이 어떤 경지나 의도에서 나온다 하더라도 그들의 음성과 명자(名字)나 문구나 마치 한여름 밤의 꿈과 같이 그것은 환(幻)이며 공(空)인 것이다. 진정한 부처의 경지라는 것은 '내가 부처(佛)의 경지에 있다'고 할 수 없는 것이다. 바로 타(他)에 의지함이 없는 도인(道人)이 경계를 사용하여 나오는 것이다. 만일 어느 누가 나에게 말하기를 나는 부처를 구한다고 말한다면 나는 바로 청정경지(淸淨境地)로 나온다. 어느 누가 나에게 보살의 경지를 묻는다면 나는 자비(慈悲)의 경지로 나온다. 어느 누가 나에게 보리(菩提)를 물어 온다면 나는 정묘경지(淨妙境地)로 나온다. 어느 누가 나에게 열반에 대하여 묻는다면 나는 적정경지(寂靜境地)로 나온다. 경계는 헤일 수 없는 많은 차이가 있지만 사람은 다를 수가 없다. 그러므로 '물(物)에 대하여 형(形)을 이야기하는 것은 마치 물에 비친 달과 같다'고 말하는 것이다.

여러분들은 줏대 없는 얼간이가 되어서는 결코 아니 된다. 깨쳐서 바글거리는 그릇에는 제호(醍醐 : 아주 묽은 죽)를 담을 수 없는 것이다. 그릇이 큰 인물은 절대로 남으로부터 의혹을 사지 아니 한다. 어느 곳이든지 그가 머무는 곳 그곳에는 진리가 충만해 있을 뿐이다.

여러분은 여러분을 대하게 되는 모든 타인(他人)으로부터 시달림을 당해서는 아니 된다. 절대로 밖으로 구하지 말고 물(物)을 접하면 자성혜(自性慧)의 거울에 비추어 볼 일이다.

□ 찰간(刹竿)을 없애라

어느 날 가섭존자(迦葉尊者 : 부처님의 10제자의 한 사람으로 頭

陀行 즉 戒行에 밝은 사람으로 靈山會上에서 부처님께서 연꽃을 들어보였으나 아무도 그 뜻을 알지 못하였는데 가섭존자만이 유독 그 깊은 뜻을 깨닫고 빙긋이 웃었다고 하며, 그리하여 부처님은 가섭존자에게 전법하여 그 부처님의 법을 이어 받아 2대가 되었다)에게 아난존자(阿難尊者 : 석가모니 부처님의 從弟로, 부처님의 10제자중 한 사람이며, 부처님의 常侍者로 견문이 넓고 기억력이 좋아서 부처가 열반 후 경전의 대부분을 그의 기억력에 의하여 엮었다고 함)이 다음과 같이 물었다.

"존자시여, 세존께옵서 금란가사(金襴袈裟)를 전하신 외에 무엇을 전하였습니까?"

하고 물으니 가섭존자가,

"아난아!"

하고 불렀다. 이에 아난이 대답하기를, '예'하니 가섭존자께서,

"문 앞에 있는 찰간(刹竿 : 큰 절 앞에 세우는 깃대와 같은 물건으로 예전에 도덕이 높은 스님을 시방 사람에게 알리기 위해 세웠던 것으로 오늘날 충청도 계룡산의 갑사 등에서 볼 수 있다)을 치웠다."

했다.

이를 설명하기에 앞서서 가섭존자와 아난존자와의 관계에 대하여 몇마디 하고 넘어가기로 하자.

아난은 부처님의 상시자(常侍者)로서 25년간 부처님의 곁을 떠나지 않았으며, 부처님이 돌아가셨을 때 '내가 아직 깨치지도 못하였는데 먼저 가다니' 하며 통곡한 사람이 바로 아난이다. 그는 학덕이 높고 아는 것이 많았으며, 기억력 또한 부처님의 10제자 중 가장 뛰어났다. 그러나 그의 학덕과 기억력이 오

히려 방해가 되었던 것이다. 그것은 도(道)는 지(知)가 아니기 때문이다. 그리하여 부처님이 열반하신 후에 부처님의 말씀을 경전으로 만들 때 아난은 깨우친 자가 아니라 하여 경전을 만드는데 참석치 못하고 밖에서 서성거리고 있다가 이내 깨치게 되어서 그곳에 들어가게 하여 달라고 사정하니 가섭존자가 열쇠구멍으로 들어오라 하니 '예'하면서 열쇠구멍을 통하여 입실했다. 깨친 자 열쇠구멍이 아니라 바늘구멍이라 하더라도 어찌 드나들 수 없으랴!

 이제 본 이야기로 말머리를 돌려 보자.
 아난이 가섭존자에게 부처님으로부터 가사 이외에 무엇을 전하여 받았느냐고 물었을 때 아난은 아직 깨치기 전이었기 때문에 아난은 물질적인 것만 보았지 결코 정신적인 것을 보지 못했던 것이다.
 가섭존자가 '아난아' 하고 부른 것은 결코 가섭과 아난이 각기 타인(他人)이 아니고, 오직 하나인 둘이기 때문에 이름을 부른 것이며, '예'하고 아난이 대답한 것 역시 아난과 가섭이 하나인 둘이기 때문이다. 이것이 바로 선(禪)인 것이다.
'아난아' 하고 가섭존자가 부른 것은 아난이 차별만 알고 평등을 모르기 때문이다. 그리하여 아난에게 평등을 암시하기 위하여 이름을 부른 것이다. 만일 아난이 깨쳤다면 가섭존자의 부름에 대답치 아니하였을 것이다. 그 이유는 깨친 자의 입장에서 보면 '아난'이란 이름은 무의미한 것이기 때문이다.
 '아난'이란 이름은 오직 방편상 필(筆)에 의하여 부쳐진 것이요, 아난은 아난이 아니기 때문이다. 전 우주를 하나로 뭉쳐 그 하나마저 없는 것이라고 보는 입장에서 '아난'이 무엇이겠는가.
 다음은 찰간의 이야기를 해 보기로 하자.
 가섭이 그의 아우뻘 되는 아난에게 찰간을 없애라고 한 뜻은 분명 무엇을 의미하는가? 이는 다른 뜻이 있는 것은 결코 아니다. 가섭존자가 '아난아' 하고 부르니 '예' 하고 멍청하게 대답을 하였기 때문에 저 찰간을 없애버리라고 깨우침을 준 것이다. 그들이 대화를 나누고 있는 방에서 바라보인 것이 다름아닌 찰간이기 때문이다.
 선(禪)이라는 것은 그 크기가 무량대변(無量大邊)한 것이다. 그렇기에 부처님은 '똥막대기'일 수도 있으며, '3근의 마(魔)'일 수도 있는 것이다.

□ 진실한 여래(如來)의 소리

 어느 날 장경화상(長慶和尙)과 종전화상(從展和尙)이 같이 있게 되어서 장경화상이 종전화상에게 다음과 같이 말했다.
 "가정하여 아라한(阿羅漢)에게 탐내고 화를 잘 내고 어리석은 삼독(三毒)이 있다고 하더라도 여래(如來)에게 방편(方便)이니 진실(眞實)이니 하는 두 가지 말이란 없는 것이다. 결코 여래는 두 가지 말을 하지 아니한다."
 이에 종전화상께서,
 "그러면 여래의 말(語)이란 무엇인가?"

하고 물은 즉,
"귀머거리는 아무리 들으려 해도 이를 들을 수 없는 것이지."
이에 종전화상은,
"공연히 쓸데없는 소리만 중언부언 하는 걸 보니 자네도 역시 나처럼 귀머거리인 모양이지."
하고 장경화상을 놀렸다. 장경화상은 '그렇다면'하면서 물었다.
"여래의 말이 무엇인가?"
"가서 차(茶)나 들게나!"
하고 종전화상은 태연히 말했다.

 우리는 방편어(方便語)니 진실어(眞實語)니 하는 것에 사로잡혀서는 진실한 여래의 소리를 들을 수 없는 것이다. 그런 것에 사로잡히면 썩게 되고, 썩은 물에는 결코 용이 깃들지 아니한다.
 용의 큰 활동이 없으면 달빛은 깃들겠지만 큰 활동이 있으면 비록 바람이 없더라도 큰 파도를 이루는 것이다.
 우리는 결코 부처니 또는 깨달음이니 하는 것에 머무름이 없어야 하며, 아울러 부처도 깨달음도 없다는 경지에서도 또한 빨리 벗어나야 한다. 그렇다고 물아일여(物我一如)의 경지에 빠져서도 안된다.

□ 하나의 진리(眞理)

 구지화상(俱胝和尙 : 850~?)은 타인으로부터 무엇에 대하여 질문을 받으면 언제나 손가락을 들어 보였다. 이 구지화상의 동자가 후에 어느 곳에서 외인(外人)을 만났다. 그 외인은 동자로부터 구지화상에게 가르침을 받았다는 말을 듣고 묻기를,
"구지화상께서는 무엇을 설하시던가요?"
하고 묻자 동자는 전에 스승에게 배운 바와 같이 손가락을 들어 보였다. 이 이야기를 풍문에 들으신 구지화상은 드디어 동자의 손가락을 잘라버렸다.

 동자가 통증을 견디지 못하여 달아나려고 할 때에 스님이 이를 불렀다. 동자가 되돌아보자 스님께서는 당신의 손가락을 들어 보였다. 이에 동자는 깊이 깨우침을 얻었다.

 구지화상께서 열반에 들기 전 여러 무리들을 불러 모아 하는 말이,
"나는 천룡화상(天龍和尙)의 손가락을 들어 보이는 선을 배워서 깨달아 일평생을 이를 사용하고도 남을만 하였다."
하고 말씀하시고 열반에 드셨다.

 구지화상께서 손가락을 들어 보인 것이 무엇인가? 손가락 하나 들어 보이는 것으로 깨쳤느니 또는 견성했느니 하는 것은 우스운 이야기지만 그 손가락 하나 들어 보이는 것, 그것이 하늘과 나(我)와 하나(合一)가 될 때 그것은 하나의 손놀림에서 그치지를 아니한다.

 천룡으로부터 얻은 선은 일평생 쓰고도 남았다고 하였음은 진리는 하나이기 때문이다.
이 하나인 진리를 깨우쳤다면 그로 인하여 어느 것이든지 다 알 수 있음은 당연한 이야기라고 아니할 수 없다.

□ 깨우친 것에 만족하지 말라

　어느 날 한 중이 조주화상이 계시는 선원(禪院)에 찾아왔다. 이 중은 보통내기가 아니어서 오랫동안 이 선방 저 선방을 찾아다니다가 드디어는 조주화상을 찾은 것이다. 그 중이 조주화상에게 다음과 같이 부탁했다.
　"소승은 여러 곳을 두루 돌아다니다가 오늘 처음으로 스님을 찾아뵙게 되었습니다. 아무쪼록 스님께서 잘 가르쳐 주시기 바라나이다."
　이에 조주화상이 물으시기를,
　"그래 그는 죽을 먹었느냐? 안 먹었느냐?"
　"예, 죽을 먹었습니다."
　"그러면 바리때를 씻었겠구나!"
　이 말에 그 중은 그때서야 깨달음을 얻었다.
　선방(禪房)에서는 아침 식사를 죽을 먹는 것으로 되어 있으며, 또한 자기가 책임지고 씻게 마련이었다. 그것은 지위의 고하를 막론하고 그렇게 되어 있는 것이다. 이를 일러 소위 청규(淸規)라고 하는 것이다.
　여기에서 우리가 음미하여 보고자 하는 것은 깨달음이란 이같은 여러 경우가 있음을 우리는 오랜 역사를 통하여 알 수 있으니 동산화상은 개울물을 건너다가 물에 비친 자기의 그림자를 보고서 깨친 것이오, 또 향엄화상(香嚴和尙)은 길가에 널린 돌과 같이 서로 부딪는 소리를 듣고 깨친 것이오. 또 어떤 스님은 찻잔을 받으려다 깨치고, 가섭존자는 부처님이 보이신 연꽃을 보고 깨치신 것이 아닌가!

 이 깨친다는 것을 흔히 초입문자는 가볍게 생각하나 하나의 깨침을 얻는 것은 간단히 깨치는 것이 아니다. 오랫동안의 수행이 있은 연후라 하더라도 깨칠 수 있는 기연(機緣)을 얻어야 하는 것이다. 깨침에 있어서도 우리는 가급적 전광석화와 같이 머리카락만한 틈새도 줌이 없어야 하겠다. 조주화상께서 죽은 먹었는가, 아니 먹었는가 하고 물었을 때 이내 깨우쳐 '예, 바리때를 씻었습니다' 하여야 했을 터이다. 그런데 화상께서 바리때를 씻었느냐 라고 물은 연후에야 깨친 것이다.

 이에 대하여 무문화상(無門和尙)이 평하여 말하기를,
"조주화상께서 입을 여시어서 모은 것을 다 보이셨건만 미련한 중이 이를 알지 못하고 있으니 이는 마치 종을 그 모양만 보고 항아리라고 부르는 격이로구나."
했다. 무문화상께서 평하신 이 말은 무엇인가?

 깨친 것에 만족하지 말고 오직 정진하라는 뜻이다. 인간은 깨치고서도 결국은 종(鐘)을 항아리로 잘못 아는 예가 많음을 경고한 말이다.

□ **불법의 진정한 뜻**

 임제화상께서 처음에 황벽화상(黃檗和尙)의 회하(會下)에 계

실 적에 그 행함이 아주 거짓이 없고 바르매 이를 본 수좌(首座)인 목주(睦州)가 감탄하여 하는 말이,

"임제는 비록 뒤늦게 입문한 후배이나 그는 다른 사람들과는 전혀 다른 사람이다."

라고 말하며,

"승은 여기에 온 지 얼마나 되는가?"

하고 물었다. 이에 임제화상은,

"예, 이곳에 입문한 지 3년째가 되는가 합니다."

라고 답하자 수좌스님이,

"지금까지 너는 조실(祖室)스님인 황벽화상님에게 법(法)을 물은 적이 있느냐?"

하고 물었다. 이에 임제화상께서,

"예, 아직 무엇을 물어야 할지를 알지 못하여 여지껏 법을 묻지 못하였습니다."

라고 답했다.

"왜 그대는 조실스님께 가서 불법(不法)의 진정한 큰 뜻이 무엇이냐고 묻지를 아니하였느냐?"

고 다시 물었다. 이에 임제는 조실로 가서 황벽화상에게 찾아가 수좌가 가르쳐 준 바와 같이 물으시니 황벽화상께서 이내 임제를 쳤다. 이에 임제는 하단하여 돌아오니 수좌스님께서 임제를 보고 묻기를,

"문답은 어이 되었는가?"

하고 물었다. 임제가 답하여 말하기를,

"예, 제가 수좌스님께서 가르친 대로 조실스님께 물으니 채

저의 말이 끝나기도 전에 저를 후려치셨습니다. 도대체 무엇이 무엇인지 알 수가 없습니다."

이에 수좌스님께서 다시 말씀하시기를,

"어찌 되었든 다시 한번 더 가서 물어보도록 하여라."

하고 타일렀다.

임제스님은 다시 황벽스님께 가서 묻다가 전과 같이 얻어맞았다. 이같이 세 번을 묻고 세 번을 얻어맞게 되었다. 임제스님은 수좌스님께 말씀하기를,

"다행스럽게도 수좌스님의 자비로우신 가르침으로 조실스님께 법을 물었으나 그때마다 얻어 맞았을 뿐입니다. 그러나 소생의 업장의 나쁜 인연으로 인하여 깊은 뜻을 알지 못하는 것이 오직 한스러울 따름입니다. 이제 소승은 할 수 없이 이곳을 떠날 수밖에 도리가 없는 것 같습니다."

이에 수좌스님은, "네가 정히 이곳을 떠나야 할 부득이 한 경우에는 필히 황벽화상께 찾아가서 하직 인사를 하도록 하여라."

하니, 임제화상은 그렇게 할 것을 약속하고 자리에서 물러났다. 이에 수좌스님은 임제스님 모르게 얼른 황벽화상을 찾아가 아뢰옵기를,

"스님, 이번에 스님께 법을 물은 임제는 아주 독실하고 진실한 사람이오니 만일 스님을 찾아뵈옵고 하직 인사를 고하거든 잘 가르침을 베푸시기를 바랍니다. 스스로 닦고 깨우치면 장차에 커다란 한 그루의 나무가 되어 뭇사람들에게 시원한 그늘을 드리울 큰 그릇이 될 인물입니다."

라고 말씀을 올렸다.

임제스님은 조실스님을 찾아 뵈옵고 작별인사를 드렸다. 작별인사를 받은 황벽화상은 임제스님께 말씀하시기를,

"너는 비록 나를 떠나서 가더라도 아무데고 가서는 아니되느니라. 너는 오직 대우(大愚)스님께 가거라. 너를 위하여 반드시 설(說)하여 줄 것이니라."

임제스님은 황벽화상의 말씀을 좇아 대우화상을 찾았다. 임제스님을 접하신 대우화상께서 묻기를,

"어디서 왔는고?"

하니 임제스님이 답하여,

"예, 스님은 황벽화상의 회하에서 왔습니다."

하고 여쭈었다. 이에 대우화상이 다시 물으시기를,

"그래 황벽은 무슨 말을 하던가?"

하고 물었다.

"예, 소승이 불법의 참뜻을 세 번이나 물었으나 세 번 다 두들겨 맞았을 뿐입니다. 소승에게 잘못이 있는지요. 아니면 소승에게 잘못이 없는지요. 말씀하여 주시기 바랍니다."

이에 대우화상은 말하기를,

"황벽화상께서 그토록 많으신 노파심 때문에 피곤하신 줄도 모르고 너를 위하여 네 번까지나 수고하여 주신 것인 데도 불구하고, 여기까지 와서 자기의 잘잘못을 따진단 말이냐?"

하고 준엄하게 꾸짖으심에 임제스님께서 크게 깨우침을 얻고 혼잣말처럼 이렇게 중얼거렸다.

'원래 황벽화상의 불법은 여러 가지가 아니구나(元來黃蘗佛法無多子).'

이 말을 들으신 대우화상은 임제스님의 멱살을 움켜잡고서 하시는 말씀이,

"요 버르장머리 없는 놈! 방금 자기의 잘잘못을 따지던 녀석이 건방지게 황벽화상의 불법이 많은 것이 없다고 큰 소리를 치니, 그래 네놈이 무엇을 안다고 그 따위 소리를 지껄이느냐?"
고 호통을 쳤다.

이에 임제스님은 대우화상의 옆구리를 힘껏 주먹으로 세 번을 후려 갈겼다. 대우화상은 그를 떠밀어 버리고 말았다. 그리고서 하시는 말씀이,

"너는 지금 곧 황벽화상을 찾아뵈옵고, 그를 스승으로 섬겨라. 나는 너에게는 서푼어치도 당치 않는 사람이다."

임제스님은 대우화상께서 말씀하신 바를 따라 대우화상을 하직하고 다시 황벽화상을 찾았다.

황벽화상은 다시 자기를 찾은 임제스님을 보고 하시는 말씀이,
"이 몸이 이렇게 왔다갔다 하기만 하면 언제 도(道)는 깨닫지?"
이에 임제스님이 말씀하시기를,
"그래 어디를 다녀왔느냐?"
"예, 소승은 전에 자비로우신 가르침을 받들어 대우(大愚)스님을 뵙고 왔을 뿐입니다."
황벽화상이 다시 묻기를,
"대우화상(大愚和尙)은 무엇이라고 하더냐?"
이에 임제스님은 대우화상과 오고간 이야기며 벌어졌던 일에 대하여 자세히 여쭈었다.

임제스님의 이야기를 다 들으신 황벽화상께서 하시는 말씀이,

"응, 어떻게든지 이 바보 녀석을 붙잡아서 단단히 한번 몽둥이질을 하지 않으면 아니되겠군."
하니 임제화상께서,
"안되겠다니 무슨 말씀입니까? 당장이라도 몽둥이 찜질을 하십시오."
하며 손바닥으로 황벽화상을 때렸다. 황벽화상은,
"이 미친놈! 여기 와서는 호랑이 수염을 잡으려 하는구나!"
하고 임제스님은 바로 말했다. 황벽화상께서 호령하기를,
"시자(侍子)야! 이 미친놈을 당장 선방에 데리고 가거라."
 후에 이 일을 가지고 위산화상(潙山和尙)은 앙산(仰山)에게 물었다.
"임제화상은 대우화상의 은혜를 입었다고 생각하느냐. 아니면 황벽화상의 은혜를 입었다고 생각하느냐?"
 이에 앙산화상이 답하기를,
"호랑이의 머리를 탈 뿐만 아니라 오히려 호랑이의 꼬리도 붙잡을 줄 알았습니다."

□ 주인과 손님의 만남

  임제화상께서 금우원(金牛院)으로 금우화상(金牛和尙)을 찾아가니 금우화상께서 임제화상이 오시는 것을 보고 주장자(柱杖子: 스님이 좌선할 때나 설법할 때에 가지고 있는 지팡이)를 횡(橫)으로

뉘어 길을 막고서 문 가운데에 이를 걸쳐 놓고 앉아 있었다.
 임제화상은 주장자를 세 번 손으로 두드리고 선방(禪房)에 들어가서 가장 높은 자리에 앉으셨다. 금우화상은 선방 안에 내려 와서 임제화상께 물었다.
 "주인과 손님이 서로 만남에 있어서는 응당 예의가 있는 법이온데, 스님께서는 대관절 어디에서 오셨기에 이렇게 무례하게 굴고 있습니까?"
하고 물음에 임제화상께서 답하시기를,
 "노화상(老和尙)은 지금 무엇이라고 하셨소?"
하고 다시 물었다.
이에 금우화상이 답을 하려고 입을 열려할 때에 임제화상은 이내 주장자를 내려쳤다.
 금우화상은 슬쩍 넘어지는 시늉을 했다.
이에 임제화상은 다시 주장자를 내려쳤고, 금우화상이 받아 말하기를,
 "오늘은 재수없는 날이구먼!"
 이 이야기가 있고 나서 어느 날 위산화상께서 앙산화상에게 묻기를, "임제와 금오의 큰 스님 간에 이기고 짐이 있느냐?"고 물었다. 앙산화상이 답하여 말하기를,
 "예, 이겼다 하오면 다 이긴 것이오, 또한 졌다고 하면 모두 진 것이 아니겠습니까."
하였다고 한다.

□ 깨침보다 깨친 후가 중요하다

　조주화상(趙州和尙)께서 재행각(再行脚) 할 때의 어느 날 일이었다.
하루는 어느 암자를 찾아갔다.
"계십니까? 계십니까?"
하고 물은즉 암주(庵主)는 아무런 말이 없더니 조주화상을 힐끗 보고 나서 아무런 말 한마디 없이 주먹을 불끈 들어 보였다.
　이에 조주화상께서 하시는 말씀이,
"응, 물의 수심이 얕아서 배를 띄울 수가 없구나."
하시고는 되돌아 섰다. 다시 한 암자에 이르러 역시 암주를 찾았다.
"계십니까? 계십니까?"
　암주 역시 조주를 보자 아무 말 없이 주먹을 불끈 들어 보였다.
　이에 조주화상께서,
"능수능란하여 사람을 죽이고 살리고 자유자재로 할 수 있다."
라고 하면서 머리를 숙여 예하였다. 이 이야기는 〈무문관(無門關)〉에 나오는 이야기이다.
　조주화상은 나이 80이 넘어서 재행각(再行脚)으로 유명하신 분이다. 행각(行脚)이란 이른바 깨친 후에 이곳저곳 돌아다님을 말한다.
　선(禪)이란 그 깨침이 중요한 것이 아니라 깨치고 나서가 더 중요한 것이다.

예컨대 어느 누가 국회의원에 당선되는 것이 중요한 것이 아니라 당선되고 나서가 중요한 것이나 마찬가지다.

국회의원이 된다는 것은 그것이 목적이 아니고, 자기의 이상(理想)을 펴기 위한 수단에 불과한 것과 같은 것이다. 다시 이야기를 본론으로 돌려보기로 하자.

행각에는 두 가지의 의미가 있다고 하겠다. 하나는 더 깊이 깨치기 위함이요, 또 다른 하나는 그것보다 더 고차원에 있는 것을 말한다.

우리는 여기에서 크게 당황하지 아니할 수밖에 없는 입장에 놓인다. 두 암주(庵主)가 똑같이 아무 말 없이 주먹을 쥐어 보였는데 왜 한 사람에게는 배움이 작아 취할 바가 없다고 했고, 또 한 사람에게는 칭찬을 아끼지 않았는가?

이런 경우 흔히 드는 예이지만 밤하늘에 떠 있는 달을 바라보는 그 사람의 마음 상태에 따라서 기쁘게도 보이고 슬프게도 보이고, 친근하게도 보이고 무섭게도 보임이나 다를 바가 없는 것이다.

사랑하는 두 연인이 보는 달은 사랑을 축복해 주는 기쁨의 달일 것이고, 홀로 된 과부가 보는 달은 외로운 달일 것이고, 도둑놈이 도둑질을 하다가 본 달은 두려움의 달임에 틀림없으리라.

조주화상의 그 거침새 없음에 우리는 눈여겨봐야 한다.

선(禪)을 깨달은 자는 비록 바늘구멍이라도 무사히 통과할 수 있는 것이고, 수미산도 순간에 까뭉게 버릴 수 있는 것이다. 즉 어느 것에나 막힘이 없이 자유자재하다는 말이다.

더 깊이 파고들어 보자.

우리 참선(參禪)하는 사람은 비록 조주화상이 이율배반적 이야기를 한 것에 대하여 거기에 얽매여서는 아니 된다는 이야기다. 바로 후학(後學)을 깨우치기 위함이다. 즉 어떠한 언설(言舌)에 얽매이지 말라는 말이다.

선이란 언설로는 깨닫지 못한다. 우리가 단맛 쓴맛을 어떻게 말로 표현할 수 있겠는가! 오직 체득이 있을 뿐이다.

선(禪)이란 남에게 가르쳐 줄 수도 없는 것이고, 배울 수도 없는 것이다. 어찌 눈은 눈에서 가장 가까운 눈썹을 보지 못하는가 생각해 보자.

□ 긁어 부스럼

임제화상께서 어느 날 봉림화상(鳳林和尙)을 찾아가셨을 때 봉림화상께서 다음과 같이 임제화상에게 물으셨다.

"심심풀이 삼아 좀 묻고자 하는데 그래 괜찮으시겠습니까?"
하니 임제화상께서,

"어이 하여 고의로 살을 상처내어 부스럼을 만들겠사오리까?"
이에 봉림화상께서 말씀하시기를,

"바다 위에 떠 있는 달(月)은 밝아 그림자를 드리우지 아니하는데 어이 하여 고기들은 저들만이 어찌할 줄을 몰라 혼미 방황하는지?"

이에 임제화상께서 말하되,

"바다 위에 떠 있는 달이 바다에 그림자를 드리우지 아니하는데 어이 고기들이 미(迷)한다는 말씀이오."
 봉림화상이 물음을 받아서 말씀하시기를,
"법 바퀴와 같이 둥근 달은 홀로 비추어 강산이 고요하고, 스스로 웃는 한 소리에 천지가 진동하는 듯 놀래는구나."
 이에 임제화상께서 말씀하시기를,
"말로써 천지를 농하는 것은 마음대로 하십시요만 지금 이 때를 당하여 어디 한 글귀를 말하여 보십시오."
"응! 길을 가다가 검객을 만나거든 가지고 있는 칼을 바치고, 그에게 시를 바치지는 말구려. 그는 시인이 아니니까 말이오."
하시더니 봉림화상은 입을 다무셨다. 이에 임제화상께서 송(頌)을 다음과 같이 지었다.
 "더없는 절대의 대도(大道)는 평등차별을 초월하여 동서 어느 쪽에 행하여도 막힘이 없구나. 번갯불이나 석화(石火)도 이에 미칠 수 없구나."
 이를 두고 위산화상이 앙산화상께 들으시기를,
"번갯불이나 석화도 통할 수 없는데 여러 성인(聖人)들은 무엇으로 사해대중들을 교화하였나이까?"
하고 물었다. 앙산화상이 물으시기를,
"그럼 스님의 생각은 어떠하오?"
하니 위산화상께서,
"천만에요, 절대 그렇질 않습니다."
 이에 위산화상께서 다시 묻기를,
"그렇다면 어떻게 생각하시는지?"

앙산화상이 답하기를,

"한나라 고조(高祖)의 무장(武將)이 기신(紀信)이 고조께서 물샐틈 없는 포위망에 빠져 있을 때 고조의 수레를 타고 초군(楚軍)의 눈을 속여 혼란시킨 틈을 타서 고조를 뒷문으로 달아나게 하고서 자기는 죽음을 대신하지 아니하였습니까? 비록 수위가 서 있는 정문은 바늘 하나도 빠져나갈 수 없더라도 뒷문으로는 수레와 말도 나다닐 수 있는 것입니다."

▢ 마음 속에 부처

흙으로 빚은 부처는 물을 건너지 않는다(泥佛不渡水).
쇠붙이로 빚은 부처는 용광로를 건너지 않는다(金佛不渡鑪).
나무로 조각한 부처는 불을 건너지 않는다(木佛不渡火).
흙으로 빚은 부처도 물에 들어가면 본래의 흙으로 돌아가는 것이고, 쇠붙이로 빚은 부처도 용광로에 들어가면 부처의 형체가 없어져 쇳물이 되고 말고, 나무로 조각한 부처도 불에 들어가면 재밖에 더 되겠는가?

흙 부처가 아니오, 쇠 부처가 아니오, 나무 부처가 부처가 아니라 진불(眞佛)은 어느 곳에나 있으며, 또한 어느 곳에도 없는 것이다.
오직 마음속에 각자의 부처를 가지고 있는 것이다.

□ 좁은 시야(視野)

어떤 한 스님이 조주화상(趙州和尙)에게 물으시기를,
"소승이 일찍이 듣자오니 조주(趙州)의 돌다리가 유명하다는 말을 들었습니다만 막상 직접 보니 그저 보잘 것 없는 외나무다리로군요."
하고 묻자 조주화상께서 하시는 말씀이,
"너는 보잘 것 없는 외나무다리만 보고 어찌하여 돌다리는 보지 못하느냐?"
이에 스님이,
"스님! 그러면 스님께서 말씀하시는 돌다리란 무엇입니까?"
"응, 그건 나귀도 건너고 말도 건너는 것이다."
조주화상이 이렇게 말했다.
"불란서의 유명한 소설가의 글에 어린 왕자가 말하기를, '우리 집에는 꽃이 있는 좋은 집이라고 하면 어른들은 우리 집이 얼마나 좋은 집인 줄 모르지만 몇 억짜리라면 우리 집이 좋은 집이라는 것을 안다. 어른들은 숫자을 좋아한다'는 내용의 글이 있다. 요즘 사람들은 물질적인 것만 볼뿐 그 뒤의 정신은 보지 못한다. 조주화상에게 물은 그 스님도 좋은 다리라는 것을 물질과 외형만의 다리(橋)만 생각했던 것이다. 조주의 다리에는 어찌 마소뿐이랴. 온 중국의 큰 인물들이 건너는 다리가 어찌 마소나 수레만 다니는 시정의 돌다리에 비길 수 있다는 말인가. 조주의 다리가 외나무다리가 아니고 징검다리인들 어떠한가?"

조주화상은 그야말로 대승(大乘)의 큰 보살인 것이다.

앞의 이야기와 비슷한 이야기가 전하고 있다. 이를 소개하면 다음과 같다.

어떤 스님이 관계화상(灌溪和尙)에게 묻기를,

"일찌기 관계(灌溪)가 유명하다는 이야기를 들었사오나 막상 와 보니 큰 강은 커녕 쪽배나 띄울 수 있는 웅덩이밖에 되지 않는군요."

이에 관계화상께서 말하시되,

"너는 작은 웅덩이는 보고 관계(灌溪)는 보지 못하는구나."

이에 그 스님이 다시 묻기를,

"그렇다면 관계(灌溪)란 무엇입니까?"

하고 묻자,

"시위를 떠난 화살보다 빠른 격류(激流)이지."

하였다고 한다. 하지만 뒤의 이야기는 앞의 이야기에 비하여 격이 좀 낮아진 감이 있다.

□ 당중(堂中)에서의 졸음

어느 날 임제화상께서 당중에서 졸고 계실 때 황벽화상께서 임제화상이 졸고 있는 것을 쳐다보시고, 가지고 계시는 주장자를 들어 판두(板頭)를 탕 치셨다. 졸고 계시던 임제화상이 힐끗 고

개를 들어 쳐다보니 황벽화상인지라 다시 졸기 시작하시매 황벽화상께서 다시 주장자를 들어 판두를 치시고 바로 상간(上間)으로 가시어 수좌(首座)가 좌선하는 것을 보시고 말씀하시기를,
"저 아래 너의 후배 승은 지금 좌선을 하고 있는데 너는 어이하여 이 속에서 망상에 잠겨 있느냐?"
하고 물으시니 그 수좌가 말하기를,
"이 늙은이는 무엇을 하고 있는 것이요?"
하고 말했다. 이에 황벽화상은 좌선하는 상을 한 번 탕 치시더니 그냥 나가 버리셨다. 이를 두고 위산화상께서 앙산화상께 물으시기를,
"황벽화상께서 선방에 들어가셨는데 그 뜻은 무엇이오?"
했다.
"예, 임제스님께서 황벽화상과 수좌스님을 다 골탕먹인 것이 아니겠사오이까."
했다.

□ **선과 악을 생각하지 말라**

　육조(六祖) 혜능선사(慧能禪師)가 명상좌(明上座)에게 쫓기어 대유령(大庾嶺)에 이르매, 명상좌가 자기를 뒤쫓고 있음을 보고 곧 오조(五祖)에게서 물려받은 의발(衣鉢)을 바위 위에 올려놓고 말하기를,

"이 의발은 다름아닌 믿음의 표시인데 어찌 이를 힘으로 다투려 하는가? 정이나 이 의발이 욕심이 나면 가져 가거라."
하는 말이 채 끝나기도 전에 명(明)이 달려들어 의발을 집으려 했으나 마치 바위에 달라붙은 양 떨어지질 않았다.
 이에 명이 놀래서 말하기를,
"소인이 여기 온 것은 이 의발을 가지러 온 것이 아니고 법(法)을 구하려고 온 것입니다. 부디 가르침을 주십시오."
라고 변명했다. 이에 육조가 이르시기를,
"선도 생각지 말 것이며, 또한 악도 생각지 말라. 이러한 때 과연 어떤 것이 명상좌가 행한 진의인가?"
 이 말에 명이 크게 깨달음을 얻어 땀이 비오듯 흐르고 눈물을 하염없이 흘리며 여쭈기를,
"상래(上來)의 비밀스러운 말과 마음 외에 또 다른 의지가 있나이까?"
 이에 육조가 가르치기를,
"내가 지금 너를 위하여 설한 것은 결코 밀(密)이 아니다. 네가 지난 일을 돌이켜 보면 밀은 바로 거기에 있는 것이다."
 이에 명이 대답하기를,
"소생이 오조 문하에서 여러 대중을 따랐으나 실은 소생이 아직 진면목을 성찰하지 못하였음이었더니 이제 스님의 가르침을 받아 깨달음을 얻으니 마치 사람들이 갈증이 나면 물을 마시고 여름이 되면 덥고, 겨울이 되면 추운 것을 스스로 앎과 같습니다. 부디 소생의 스승이 되시어 가르침을 주소서."
 이에 육조가 답하여 말하기를,

"네 뜻이 그렇다면 그대가 함께 홍인화상(弘忍和尙)을 스승으로 섬길 것이니 그리 알라."
했다.

먼저 이를 풀이하기에 앞서서 이 이야기의 이전의 이야기부터 대충 이야기를 해야 이를 이해할 것 같다.

황매산(黃梅山)의 오조(五祖) 홍인화상(弘忍和尙) 밑에는 신수(神秀) : ?~706 중국 당나라 때 北宗禪의 시조로서 성은 이씨로 開封 사람이다. 오조 홍인화상에게 心印을 받았고, 그 후에 강릉 當陽寺에 살면서 도예를 四海에 떨쳤으며 則天武后의 존숭을 받았다)가 수좌로 있었으며, 누구든지 홍인의 법통을 이를 것이라고 생각되었다. 그런데 혜능(慧能)이 오조를 찾았을 때 혜능은 보잘 것 없는 하나의 나무꾼이었다. 그러나 오조께서는 한눈에 그를 비범한 인물이라고 생각하여 그를 쌀방아를 찧도록 하여 8개월을 쌀방아를 찧었다.

오조가 나이가 많아서 그의 법통을 물려주기 위하여 여러 제자들을 불러 게(偈: 범어의 加陀로 부처님의 공덕이나 교리를 찬미하여 부른 노래나 글귀로 四句로 되어 있음)를 짓도록 했다.

이에 신수는, '보리수는 몸과 같은 것이며 마음은 거울의 때와 같은 것, 때때로 부지런히 닦아 때가 끼지 않도록 할 진저' 하였고, 혜능은 '보리수는 본래 나무가 아니오, 거울은 본래 때가 아니다. 그런데 어느 곳에 때가 낀다는 말인고'라고 했다.

모두들 신수(神秀)의 게(偈)는 높이 샀지만 혜능의 게는 거들떠보지도 않았다. 오직 홍인만이 혜능의 뛰어남을 알고 밤에 몰래 의발(衣鉢)을 전하여 강남(江南: 양자강)으로 달아날 것을 권했다.

 아침 공양 시간이 되어도 오조께서 거동이 없어 살피니 이미 오조는 열반에 드셨고, 의례히 있어야 할 의발이 없어졌으므로 경내는 온통 수라장이 되었다. 그 중에 혜능이 없는 걸로 미루어 의발이 혜능에게 전해진 것을 알고 여러 제자 중에 가장 힘이 세다는 장군 출신의 명상좌를 보내서 혜능을 잡도록 했던 것이다. 그리하여 혜능은 오조로부터 물려받은 의발을 들고 밤새도록 피해 갔다. 그러다가 드디어 대유령에 이르러 명상신(明上神)을 만나게 된 것이다.

 이상이 앞의 이야기보다 먼저 알아야 할 대충의 일이다. 그러면 이제 다시 본론으로 들어가 보도록 하자.

 신수의 계를 놓고 볼 때 너무도 논리적임을 알 수 있다. 그러나 혜능의 게는 모든 것을 초탈한 것이라는 것은 적어도 선이란 무엇인가를 털끝만큼이라도 이해할 수 있는 사람이면 이를 짐작할 수 있으리라.

 선(禪)은 결코 논리적인 것도 아니다. 오히려 논리적인 것 때문에 그것에 얽매이게 되는 것이 바로 선이다.

 앞에서도 말했지만 선이란 것도 생각지도 말며, 또한 악이란 것도 생각지도 말라고 팔조는 가르쳤다.

 깨달은 자에게 어찌 선과 악, 길고 짧음, 쓴 것과 단 것의 구별이 있겠는가. 모든 것을 초월한 사람에게는 비록 똥이라도 그것은 맛있는 제리와 같은 것이다. 대대로 물려받아 다 낡고 낡은 옷과 바리때, 그것은 거의 넝마에 불과한 것이다. 어찌 인간들은 그런 외견상의 것만 생각하려는지 모르겠다.

'꽃이 있는 집'이 아닌 '몇억 원 짜리의 집'이어야만 그 집의 아름다움과 가치를 알아주는 세상이 아닌가. 넝마와 같은 의발은 물건이 아니고 하나의 '믿음'인 것이다. 이 믿음을 힘, 즉 완력으로 얻으려 했다.

우리는 부처님께 예배를 올린다. 이에 대하여 일부 타종교에서는 우상이라고 한다. 절에 모셔진 부처님이란 석고나 흙 아니면 쇠로 빚어진 상(像)이다. 그러나 우리가 예배하는 것은 그것에 깃든 정신을 어찌 타종교인이 알까 보냐. 심히 가소롭기만 하다. 그렇기에 이에 대하여 무문화상(無門和尙)은 다음과 같이 읊었다.

  육조께서는 명언을 했구나.
  아무리 위급한 때라도 노파심을 버렸구나.
  친절도 했구나 육조스님은
  과일을 벗기고 씨도 골라서
  한입에 꿀꺽 삼키게 하셨구나.

불교란 위로 보리(菩提)를 구하고 아래로는 사해대중(四海大衆)을 건지는 것이니, 간결히 또 자세히 가르쳐서 깨침을 얻게 하는 것 아니냐.

'똥 막대기'도 부처요, '서른 짜리 마'도 부처요, '달 그림자'도 부처요, '불쑥 내민 주먹'도 부처다.

이 세상 어느 곳에 부처 아닌 것이 있겠는가. 하지만 주린 자에게는 똥 막대기보다는 밥을 주어야 하고, 목마른 자에게는 서 근의 마보다 물을 주어야 하고, 명(明)에게는 간결한 가르침이 필요하지 않겠는가.

돈오(頓悟), 이는 금시 깨침을 얻는다는 말이 아닌가.

명(明)은 이렇게 훌륭한 스님을 만나서 금시 크게 깨친 것이다.

□ 진리의 대답

어느 날 운문화상(雲門和尙 : ?~ 949 (雲門宗의 시조로 雪峰和尙에게서 깨달음을 얻음)이 자기를 찾아 온 한 중에게 물어봤다.
"승은 어느 곳에 있다가 왔는가?"
"예, 서선화상(西禪和尙 : 南泉和尙의 제자로 설봉과 동시대의 禪僧)에게서 왔습니다."
운문화상이 다시 물으시기를,
"요즈음 서선화상은 무엇을 가르치던가?"
하고 물으매 그 중은 묻는 말에 대답은 하지 않고 두 손을 불쑥 내밀었다. 그러자 운문화상은 한 대 후려쳤다.

그 중이 말하기를, "저에게도 할 말이 있습니다."
라고 말하자, 이번에는 운문화상이 두 손을 불쑥 내밀었다.

그 중은 그만 아무런 대꾸도 못하고 우물거리고 있을 때 운문화상은 다시 한 대를 후려쳤다.

신기를 발휘하면 비록 무쇠 방망이라 하더라도 이를 뚝뚝 부러뜨릴 수 있도록 되며, 어느 곳 어느 환경에서건 자유롭게 활동할 수 있다.

운문화상이 서선화상이 무어라고 하더냐는 질문에 그 중은 두 손을 불쑥 내밀었다. 진리를 어떻게 군더더기 말로써 설명할 수 있겠는가?

나도 할 말이 있다는 그 중의 도전에 내가 어이 너같은 자와 다투겠나 싶어서 얼른 주먹을 내보인 운문화상의 재기에 그냥 놀랄 뿐이다.

이에 어느 스님은 만일 그때 내가 거기에 있었다면 '선상(禪床)을 쾅하고 두드렸을 터인데…'라 했다던가!

□ **성불(成佛)을 하기 위한 기연(機緣)**

어느 때 홍양양화상(興陽讓和尙 : 앙산화상의 3대 法孫)에게 한 중이 다음과 같이 물었다.

"스님, 대통지승불(大通智勝佛)께서 십겁(十劫 : 천지가 한번 개벽한 때로부터 다음 개벽할 때까지의 오랜 시간)동안이나 좌선하는 도량에서 공부하였으나 불법을 깨우치지 못하였다고 하는바 만일 불도를 이루지 못한 때에는 어떠한 것인지 말씀하여 주십시오."

이에 홍양양화상께서 답하여 말씀하시기를,

"그 질문이 아주 당연하구나."

하니 그 중이 다시 물었다.

"이미 그 곳이 좌선하는 도량인데도 어이하여 불도(佛道) 이룸을 얻지 못하였을까요?"

"그것은 네가 아직 성불하지 못했기 때문이니라."

이 이야기의 근저는 바로 〈법화경〉의 화성유품(化城喩品)에 나오는 이야기이다.

직지인심 견성성불(直旨人心 見性成佛)의 입장인 선(禪)에서는 시간이 필요 없는 것이다. 물체계(物體界)가 형성되는데 몇 억 년이 걸린들 무슨 소용이 있겠는가?

대통지승불은 15명의 아들을 둔 부처로 오랫동안 조금도 게으름이 없이 끊임없이 공부를 한 부처로 그토록 오랫동안 수행하였음에도 불구하고 깨치지 못하였기에 그 중은 흥양양화상에게 물었던 것이다. 하지만 깨치는 것은 수행의 양(量)에 관계가 있는 것은 아니다. 깨치는 데에는 깨칠만한 기연(機緣)이 있어야 하는 것이다.

오랫동안의 수행이 곧 깨침이 아니라는 이야기를 예를 들어 이야기하여 보겠다.

이미 앞에서도 언급하였지만, 일찍이 마조화상(馬祖和尙)이 도를 깨친다고 고요한 산을 찾아서 여러 해 동안 헤매고 다니는 것을 눈치챈 남악화상(南嶽和尙)이 하루는 마조화상 앞에서 묻기를,

"너는 좌선하여 무엇하려고 하느냐?"

고 묻자,

"예, 성불하기 위해서입니다."

고 답했다. 이에 남악화상이 옆에 있던 깨어진 기왓장을 주어

서 바윗돌에 문지르고 있었다. 이를 본 마조화상이 무엇때문에 기왓장을 가는 가고 물은즉 남악화상께서,
"갈아서 거울을 만들려고 한다."
이 말을 들은 마조화상이,
"기와를 갈아서 어이 거울을 만듭니까?"
하며 오히려 노스승이 노망이 아닌가 하는 투의 말을 했다.
"그건 그렇고 너는 좌선한다고 시간을 보내고 있으니 그래도 부처는 못된다."
고 가르쳤다. 이에 마조화상이 크게 깨우침을 얻었다고 한다. 이는 바로 궤(軌)를 같이 하는 이야기인 것이다.

□ 타인도 없고 자기도 없다

서암화상(瑞巖和尙 : 850~910)은 매일 혼잣말을 다음과 같이 주고받았다.
"주인공."
"예."
"한시라도 쉼이 없이 깨어 있으라."
"예."
"앞으로 절대로 남에게 속지 말라."
"예, 그러겠습니다."
여기서 서암화상에 대하여 잠시 알아보고 이야기를 하기로

하자. 서암화상은 저 유명한 덕산화상(德山和尙)의 법손(法孫)으로 천성이 둔하기 짝이 없었다고 한다. 그러기에 스승도 말하기를 중이 되기에는 어려운 사람이라고 했다고 한다. 그에게 얽힌 에피소드를 하나 소개하겠다.

어느 날 한 신도의 집에 여러 수좌(首座)들이 초대되어 갔다. 그 신도는 바구니에 아름다운 염주를 가득 가지고 나와서 여러 수좌들의 앞에 내어놓으며 하나씩 가지라고 말했다. 여러 수좌들은 서로 달려들어서 좋은 염주를 다투어 골랐으나 서암수좌만이 뒷전에 가만히 앉았다가 다른 수좌들이 골라 가고 남은 못난 염주를 주으며 진귀한 보물을 얻은양 만족해 했다.

그 신도가 왜 스님은 남의 찌꺼기를 고르는가고 물으니, '나는 이것이 제일 좋습니다'라고 했다고 한다. 그러면 이야기를 먼저로 다시 돌아가 보기로 하자. 어찌 보면 서암화상께서 미친 사람이 아닌가도 생각될 것이다. 자신이 자신을 가리켜서 '주인공'하고 부르고 거기에 답하여 '예'하고 답하는 것은 결코 미친 사람이어서가 아니고 자기의 본성을 되새겨 보려는 것이다.

선(禪)이란 한 번 깨달았다고 자만하거나 게을러서는 아니 되고 더 깊은 경지에 다다라야 하는 것이다.

'주인공'하고 부를 때 어떤 목표가 있어서는 안된다. '주인공'과 자기가 하나가 되어서 타인도 없고, 자기도 없는 빈(空) 경지에 이르러야 하는 것이다. 또 자신에게 일러 남에게 속지 말라고 하는 것은 스스로 뼈를 깎는 고생과 노력 끝에 얻은 바를 혹시나 남의 달콤한 말에 흐트러짐이 없기를 다짐하는 의미에서 스스로를 다독거림에 있을 것이다. 아무리 힘들여서 얻은 도라고 하더라도 시간이 흐르면 자연히 그에 소홀해지는 것은 어이할 수 없는 것이다.

 인간은 깨쳤다고 또는 어떤 작은 목표가 이루어졌다고 그것에 만족하여서는 아니 된다. 그 작은 성공을 더욱 큰 목표를 향해 사용할 수 있어야 하는 것은 재언을 요하지 않는다.

 이제 선(禪)으로 들어가자. 우리는 서암화상의 말에 머물러서는 안되겠다. 하찮은 말에 얽매이는 자 어찌 선(禪)을 이루랴.

□ 상(相)이 없는 경계

어떤 중이 화상(和尙)께 물었다.
"네 가지의 무상(無相) 경계란 무엇입니까?"
이에 임제화상께서 답하여 말씀하시기를,
"너의 의심하는 마음이 단단한 땅을 만나 저 깊숙한 곳의 궁극의 목적을 모르는 것이며, 너의 사랑하는 마음이 마치 깊은 수렁에 빠짐과 같아서 그에서 헤어나지 못하며, 너의 성내는 마음이 너 자신과 너를 감싸고 있는 모든 것을 전부 태워버리며, 너의 부질없이 희희낙락하는 마음이 마치 바람에 날리는 먼지와 같이 나붓낄 뿐이다. 이 같은 것을 알아서 잘 판단하여 얻는 경계에 다다랐을 경우에는 결코 헛되거나 빠져 헤어나지 못하거나 불 속에 뛰어 들어 흔적조차 없어지거나 바람에 나부끼지 않고 비록 물을 만난다 하더라도 단단한 길을 걷는 것과 같이 되는 것이다.

 왜 그런가 하면, 4대(四大 : 흙·물·불·바람으로 모든 존재하는 것은 이대로 되어 있다고 함. 다만 그 비율이 서로 다른 것은 말할 것도 없음)가 한여름 밤의 꿈과 같이 환(幻)임을 분명히 알기 때문이다. 이와 같이 된다면 그것에 비록 접한다 하여도 결코 그것에 머무름을 당하거나 또는 그것에 얽매이지 않게 된다. 사람은 누구나 성인을 좋아하고 존경하는바 성인(聖人)이란 것은 결국 성인(聖人)의 이름에 불과한 것이다.

 어느 누가 오대산에 계시는 문수보살을 직접 만나려 한다면 이는 크게 잘못된 생각이다. 붙잡힘과 얽매임이 없는 광명이 바로 보현(普賢)인 것이다. 여러분의 한 생각이 걸림이나 머무름이나 붙잡힘이나 얽매임이 없는 해탈경(解脫經)이 바로 관음삼매법(觀音三昧法)인 것이다.

 문수(文殊)와 보현(普賢)과 관음(觀音)의 이 셋이 서로 주인도 되고 빛도 되고 또는 종도 되어 출현하는 것이며, 이 셋은 셋이면서 하나(一)이다. 오대산에는 결코 문수보살은 없기 때문이다.

 여러분은 문수보살을 알고 싶고 또한 만나보고 싶을 것이다. 오직 여러분의 안전(眼前)에서 행하여지는 것이 시간적으로 쭉 계속하여 상이(相異)하지 않고 공간적으로 어디에나 의심할 바가 없다. 이와 같이 작용하는 사람이 바로 문수보살인 것이다. 여러분의 오직 걸림이나 머무름이나 또 하나이면서 셋인 것이다.

 이와 같이 깨달음에 이르면 비로소 불전(佛典)을 볼 수 있는데 까지는 이르렀다고 말할 수 있겠다.

大洋海底紅塵起
須彌頂上水橫流
깊은 바다 밑에서 먼지가 일고
높은 산꼭대기에서 물이 솟아나온다.

□ 제 눈에 안경

어느 몹시 바람이 부는 날에 찰번(刹幡 : 법요를 설법할 때 절 안에 세우는 깃발)이 바람에 날리는 것을 본 두 스님이 다투고 있었다. 한 스님이 말하기를,
"찰번이 날린다."
고 말했으며, 다른 스님은 이와는 달리,
"바람이 움직인다."
고 하면서 서로 자기의 의견이 맞느니 안 맞느니 하며 다투고 있었다. 이를 눈여겨 보시던 육조 혜능선사(慧能禪師)께서 하시는 말씀이,
"그것은 깃발이 날리는 것도 아니오, 바람이 부는 것도 아니며, 오직 그대들의 마음이 움직이고 있을 뿐이다."
라고 설하시니 서로 다투던 두 스님은 송구스러운 마음에 몸둘 바를 몰랐다.
이렇듯 보는 관점에 따라 대상물은 달라 보인다. 러시아의 작가 고리키는 이렇게 말했다.

'자기의 얼굴이 비뚤어진 것은 생각지 않고, 거울을 탓하여 무엇하랴'라고.

이태조(李太祖)는 무학대사(無學大師)를 왕사로 모셨다. 한 사람은 왕이요, 또 한 사람은 왕의 스승이었기 때문에 서로 존경의 마음을 버리지 못했다.

어느 날 이태조는 무학대사에게 말하기를 '스님, 우리 농담이나 한마디 합시다. 스님은 꼭 돼지를 닮았소이다' 라고 한즉 무학대사는 이 말을 받아서 '전하께옵서는 꼭 부처님을 닮았나이다'라고 한즉 농담이 오갈 이가 없는 것이 아닌가. 이에 이태조는 '스님! 저는 스님께 농담을 하였는데 어이하여 스님께서는 이를 받아들이지 아니 합니까?'하고 묻자 무학대사가 대답하기를 '돼지의 눈에 보이는 것마다 돼지로 보이고, 부처님의 눈에 보이는 것마다 부처님으로 보이나이다'고 하니 그야말로 손오공이 부처님의 손아귀에서 벗어나지 못한 것이 되고 말았다. 그렇다, 깃발이 나부낀다고 보면 깃발이 나붓끼고, 바람이 분다고 보면 바람이 부는 것이고, 마음이 움직인다고 보면 마음이 움직이는 것이다.

'우리 집은 초가집입니다. 어머니는 아버지를 존경하고 아버지는 어머니를 사랑합니다. 나를 귀엽게 생각합니다. 내 동생은 내 말을 잘 듣습니다.'

초등학교 3학년 짜리의 '우리 집'이란 글이다. 하지만 요즈음 사람들은 그 초등학교 고사리의 손으로 쓴 '우리 집'이란 제목의 글이 얼마나 행복한지를 알지 못한다.

다른 아파트의 어린이의 글을 보자

'우리 집은 텔레비전이 있습니다. 냉장고도 있습니다. 자가용도 있습니다. 아빠는 매일 늦게 술이 취해 내가 잠잘 때에만 들어오신다고 엄마가 말합니다. 내가 학교에 갈 때에는 아버지는 주무십니다. 학교에 갔다 오면 식모 언니가 밥을 차려 주고 엄마는 집에 계시지 않습니다. 엄마는 어디 가시는지 모르겠습니다.'
 왜, 초가삼간에 사는 아이는 불쌍한 아이이며, 아파트에 사는 아이는 행복하다고 하는가. 분명 누구는 초가삼간에 사는 아이가 행복하다고 할 것이고, 어느 누구는 아파트에 사는 아이가 행복하다고 본 것이다. 제눈에 안경이 아니겠는가.
 두 중놈들은 오직 물질계(物質界)만 보았을 뿐 정신계(精神界)는 보지 못하였으니 눈을 뜨고도 못 보는 장님이 아닌가. 어느 누구는 이렇게 말하리라.
 '중놈들은 참 불쌍하다. 괴로움을 씻어주는 술과 담배도 멀리하고 인생의 최고의 즐거움인 이성도 멀리하고, 존 F. 케네디식 또는 지미 카터식 또는 장발족의 헤어스타일도 못해 보고 그 맛있는 고기도 안 먹고 기껏 입는다는 게 회색의 먹물 옷이나 입고 다니는 불쌍한 종자(種子)다'라고.
 설악산 골짜기에 사는 어린애는 구운 감자가 제일 맛있는 것이고, 아파트의 아이에게는 초콜렛이 제일 맛있는 것이다. 어이 설악산의 아이가 이 세상에 초콜렛이 있는 줄 알겠는가.
 가히 정구죽천(丁口竹天: 가소롭다는 말)이 아닌가. 허, 허, 허......

□ 내가 너를 편안케 하리라

 달마대사가 벽(壁)을 향하여 선(禪)을 하고 있을 때에 혜가선사(慧可禪師)가 제자 되기를 간청하였으나 달마대사는 들은 체도 하지 않았다. 혜가선사는 눈 위에 서서(雪立) 제자되기를 간청했으나 뜻을 이루지 못하므로 자기의 팔뚝을 잘라서 그의 결심을 보였다. 그제서야 달마대사께서 제자가 되는 것을 허락했다.
 이에 혜가선사께서 달마대사에게 여쭙기를,
 "소승의 마음이 편치 못하니 스님께서 저의 마음을 바로 잡아 주소서."
하니 이에 달마대사께서 다음과 같이 말씀하셨다.
 "너의 마음을 이리 가지고 오너라. 그러면 너의 마음을 편안케 하여 주리라."
 혜가선사가 아무리 궁리하여도 마음을 가져갈 수 없으므로,
 "마음을 구하려고 하지만 이를 구할 수 없습니다."
라고 대답했다.
 "이제 내가 너를 편안케 했다."
 일찍이 그리스의 철학자 아리스토텔레스는 말하기를, '나는 지구를 움직일 수 있다. 지구를 움직일만한 지렛대를 나에게 가져다다오'라고.
 어느 뉘 있어 지구를 움직일 만한 길이의 지렛대를 구해다 줄 것인가? 하물며 어느 뉘 마음을 가져다 줄 것인가.

'지구야 멈춰라! 내리고 싶다.'

 허풍만 떨 것이 아니다. 지구가 멈춘들 어느 누가 지구에서 내릴 것인가.

 우리가 말장난을 삼가도록 하여야 하겠다. 말장난이란 이것도 아니고 저것도 아닌 참으로 편리한 것이다.

 서양의 고시(古詩)에 이런 것이 있다.

한숨짓지 말지어다 여인이여!
 한숨짓지 말지어다.
 한 발은 바다에 한 발은 육지에, 이것이 사내로다.

 제발 우리는 이것도 아니고 저것도 아닌 말장난은 피하기로 하자. 우리의 산은 백두산(白頭山)이오, 우리의 물은 바로 천지(天池)이다. 서양 문명의 발상지인 그리스의 산은 올림포스산이오, 그들의 물은 다름아닌 파이어리안샘천(泉)이다.

 그리스인들은 이렇게들 말하고 있다.

 '깊이 마셔보지 아니하면 파이어리안 샘물의 맛을 모른다.'

 어떤 처사(處士 : 승려가 되지는 않았지만 在家人으로 승려와 다름없는 사람을 일컫는 말)는 불과 2백여 페이지의 불교 관계 서적을 읽고 '나는 불교를 알았노라'고 말했다.

 좀더 진지하고 좀더 사려가 깊었던들 어이 그러한 무례한 말이 서슴없이 나왔겠는가. 불전(佛典)에서 가르치기를 사람의 몸으로 들어가는 것이 더러운 것이 아니다. 사람의 몸에서 나가는 것이 더러운 것이라고...

우리는 마음을 저 깊은 곳에 고히 숨겨 두지 말고 항상 가지고 다니면서 이를 필요로 하는 사람에게 내어 보이자. 불우한 이웃에게 돕는 마음을 보이고, 진실을 원하는 자에게는 진실한 마음을 보이고, 이해를 바라는 자에게는 이해심을 보이도록 하자. 마음이란 방안의 공기와 같은 것이다. 방문을 열면 더운 공기는 밖으로 빠져나가지만, 다시 문을 닫으면 들어온 찬바람이 다시 더워지질 않는다. 마음은 아무리 퍼내도 퍼낼 수 없는 전천후의 샘이다. 그만큼 퍼내면 또 그만큼 차서 넘치지 아니하던가. 마음을 주는 자에게 큰 은덕(恩德)이 있을진저.

□ 대망(大望)을 가져라

석가세존께서 이 세상에 계실 때에 여러 부처님들이 모인 곳에 문수보살이 이르름에 모든 부처님들이 다 물러가건만 한 여인만이 석존의 옆에 삼매(三昧: 하나의 대상에만 마음을 집중시키는 일심불란의 경지)에 들어 있으므로 문수보살께서 석존에게 묻기를,
"어찌하여 저 여인은 부처님을 가까이 하는데, 저는 가까이 할 수 없나이까?"
하고 묻자 부처님께서 말씀하시기를,
"네가 저 여인을 삼매로부터 깨워서 직접 물어보도록 하여라."
라고 하시므로 문수보살이 그 여인에게 다가가서 신통력을 발

휘하였지만 그 여인의 자세는 조금도 흐트러짐이 없이 마냥 삼매에 잠겨 있었다. 이에 석존께서 말씀하시기를,
 "비록 상상도 하지 못할 곳에 망명보살(岡明菩薩 : 지금 막 깨달음을 얻은 보살)이 능히 저 여인을 삼매에서 깨우리다."
하시니 곧 망명보살이 나타나 그 여인을 깨우니 그때서야 비로소 그 여인은 삼매경에서 깨어났다. 이를 설명하기에 앞서 먼저 몇마디 하겠다. 나는 승려가 되어서인지는 몰라도 때로 큰 회사의 사원 교육 시간에 강사로 종종 나간다. 그런데 어느 회사에 갔을 때 벽에 다음과 같은 문장이 씌어 있는 것을 유심히 눈여겨 보았다. '안되는 일도 되게 하라!' 이 얼마나 패기만만하며 멋진 말인가. 흔히 이 세상을 살면서 조금만 어려운 일에 부닥치면 그만 물러서는 사람들이 많다. 문수보살이 그 여인을 삼매경에서 깨어나도록 하지 못한 것은 바로 그 자신감이 없었기 때문이다.
 앞의 가르침은 바로 여기에 깊은 포인트를 둔 것이다. 무엇보다도 된다는 의지가 중요하다. 그렇기에 위정자들은 바로 이 '하면 된다'는 의지로 후진국을 선진국의 대열로 이끌어 올린 것이다.
 어느 유명한 학자는 이렇게 말했다.
 '젊은이들이여! 대망을 가져라!'고.
 내가 권하고 싶은 바로 그 한마디이다. 불우함을 벗어나기 위하여, 존경받는 사람이 되기 위하여, 좀 더 인간답게 살기 위하여 우리는 큰 희망을 가지고 그를 향하여 쉬임없이 끈질기게 정진하여야 한다. 물방울이 바위를 뚫는 것은 그 힘에 의함이

아니라 그 빈번함에 있는 것이다.
 일곱 가지 바라밀 중에 소위 '정진바라밀'이 있다. 뜻한 바를 이루었다고 결코 태만해서는 안된다. 자, 우리 하늘을 바라보라! 거기에 파란 하늘이 있지 아니한가.
 ―우리의 생활은 뼈에 사무치도록 슬퍼도 좋다. 우리에게는 푸른 들길에 서서 푸른 별을 바라보는 그리움이 있다.
 신석정(辛夕汀) 시인이 우리에게 남기고 간 말이다.

□ 언제 사래 긴 밭을 갈겠는가?

 법연화상(法演和尙)이 다음과 같이 비유하여 말했다.
 "물소(水牛)가 창살 틈으로 빠져나가는구나. 네 다리(四足)도 빠져나갔구나! 저런! 어이하여 꼬리는 못빠져 나가는고."
 어이없는 말재간이로다. 허지만 오뉴월의 하루살이가 어이 백설(白雪)이 분분함을 알 것이냐.
어느 시인은 이렇게 말했다.
 '아이는 어른의 아버지'라고.
하지만 법연화상과 어느 시인의 거리는 거의 일천 이백 년이 아니랴.
 빨간색(赤色)은 우리의 색깔이 아니다. 코발트 색깔은 우리의 색깔이 아니다. 루즈(이는 프랑스 말로 붉다는 뜻이다. 입술 연지가 붉으니 그렇게 불렀다)는 우리의 것이 아니다. 커피 또한 우리의 것이 아니다.

　우리에게는 어스름의 색깔이 있었고, 우유빛의 희파란(白青色)색이 있었고, 볼에 마르는 연지와 이마에 바르는 곤지가 있었다. 구수한 숭늉이 소위 커피가 아닌가.

　왜 코가 낮은 백성들이 코 높은 노랭이만 따르려 하는가? 불쌍한 친구들아! 튀어나온 코만 보지 말고 쑥 들어간 눈은 어이하여 못 보는가.

　귀소(歸巢)란 말이 있다. 동물들이 굴을 떠났다가도 저녁이면 자기의 굴로 되돌아온다는 말이 아닌가. 실존주의(實存主義)니 실용주의(實用主義)니 하고 그네들은 주의(主義)를 좋아하여 시쳇말로 주의주의(主義主義)라는 것까지 만들어 놓고 이제 동양으로 눈을 돌리지 않는가.

　왜 그들은 세리(稅吏)가 못 들어가는 바늘구멍에 소(牛)가 지나가는 것을 보면서 꼬리가 빠져나가는 것을 보지 못하는가. 하지만 독자 여러분은 결코 법연화상의 말에 얽매이지 말아야 하겠다.

　한 마디 말에 얽매어 언제 사래긴 밭을 갈겠는가.

□ 물에 비친 자기 모습

　동산(洞山)의 양개화상(良价和尙)은 운암화상(雲巖和尙 : 780~841)에게 홀로 수행하는 것을 그치고 깨달음을 마무리짓고

자 여러 곳으로 두루 돌아다니고 있었다. 그러던 어느 날 작은 시냇물을 건너려 할 때 물에 비친 자기의 모습을 보고 까무러칠 듯이 놀랐다.

마음속에 더없는 즐거움을 얻은 것이었다. 그 찰나의 느낌을 적어 놓은 글이 저 유명한 물을 건너면서 붙인 노래 '과수송(過水頌)'이다.

□ 의심없는 진리

어느 날 한 중이 임제화상을 만나서 다음과 같이 문답을 주고 받았다.

"스님, 묻사오니 무엇을 일러 오무간업(五無間業)이라고 하나이까?"

"오무간업이란 아버지를 죽이고 그 어머니를 해치는 것이며, 불상(佛像)을 소홀히 하여 파괴되게 하며, 교단의 화합을 깨뜨리고, 경전(經典)과 불물(佛物)을 불사르는 일을 일러서 소위 오무간업이라고 하느니라."

중이 다시 임제화상에게 여쭙기를,

"아버지란 도대체 무엇을 말하는 것이나이까?"

"무명(無明)을 아버지라고 하는 것이다. 사제(四諦)의 진리인 불교의 근본의(根本義)에 통달하지 않은 마음의 상태, 곧 모든 번뇌의 근원이 되고 사견(邪見)이나 망집(妄執)으로 법의 진리에 어두운 일을 말한다. 일념심(一念心)이 일어나고 멸(滅)하여 없어지는 것을 구하고, 이를 잡으려 해도 잡을 수 없어서 이는 마치 메아리가 허공에 울려 퍼지는 것과 같이 제 삼자에게 영향을 미치지 아니함을 아버지를 죽인다 하는 것이다."

그 중이 다시 화상께 여쭙기를,

"어머니란 무엇을 말하는 것입니까?"

"탐애(貪愛)하는 것을 어머니라 하는 것이다. 일념심(一念心)이 욕계중(欲界中)에 들어가 활동할 때에 탐하여 애착하는 것을 구하여도 모든 것이 공(空)하여 실체 없는 것임을 깨달아 어느 곳에든지 집착치 아니하는 것을 일러 어머니를 해친다고 하느니라."

그 중이 또 다음과 같이 물었다.

"불을 파하여 피를 흘리게 한다는 것은 무엇을 두고 이르는 것입니까?"

"네가 청정법계(淸淨法界) 가운데에 일념심(一念心)을 해득할 수 없어 어느 곳이든지 칠흑같이 어두운 것을 이르느니라."

"교단의 화합을 깨뜨린다는 것은 무엇을 뜻하는 건지 말씀하여 주소서."

"너의 일념심이 정달번뇌(正達煩惱)가 허공과 같이 의지할 곳이 없는 바로 그곳에 이르는 것을 일러 교단의 화합을 깨뜨리는 것이라 하느니라."

그 중이 또 묻기를,

"그럼 경전과 불물을 불사른다는 것은 또한 무슨 뜻입니까?"

이에 임제화상께서 다음과 같이 설하여 주시었다.

"인연이 공(空)하고, 마음이 공(空)하고, 법이 공(空)하고 하는 진리를 보고 일시에 일체를 초월하여 무사함이 바로 경전과 불물을 불태우는 것이니라. 만일 이같이 깨칠 수 있으면 능히 범성(凡聖)에 구애되는 것을 벗어날 수 있는 것이다. 사람의 일념심이 오직 빈주먹과 달을 가리키는 손가락 위에 실은 없는 것을 있는 것 같이 생각하여 근경법(根境法)의 세계 속에서 망상에 젖는다. 근(根)은 6근(六根) 즉 눈·귀·코·혀·몸·뜻을 말하며, 경(境)은 6식(六識)의 대상이 되는 색상·소리·향기·맛촉감·법을 말하며, 법은 6식(六識) 즉 6경(六境)을 지각하는 안식(眼識)·이식(耳識)·비식(鼻識)·설식(舌識)·신식(身識)·의식(意識)을 말한다. 그리하여 자신을 열등시하여 비굴한 생각에, '나는 범인(凡人)이고 다른 사람은 성인(聖人)이라'고 생각한다. 그렇기에 사내대장부로서 사내의 기개(氣槪)를 갖지 못하고 자신 속에 깊이 간직된 보물을 중히 여길 줄 모르고, 오직 밖에서만 구하려 하기 때문에 옛 사람들이 남겨 놓은 말부스러기에나 정신을 팔아 진리에 정작 이르지 못한다.

경계(境界)에 접하면 그에 반연(攀緣)하고, 물건을 접하면 그에 집착하여 접하는 것에는 무엇에나 그에 미혹하여 스스로 확실한 결단력을 발휘하지 못한다. 진리를 깨치고자 하는 자 어느 누구도 나의 말에 집착하여서는 아니 되는 바, 내가 말하는 것은 마치 허공에 그린 그림과 같으니(圖畫虛空) 예컨대 용을 그린 그림은 오직 그림일 뿐 그것이 용이 아님과 같은 것이다. 진리를 알아 깨치고자 하는 자는 결코 부처를 그 궁극의 목적으로 삼지 말지어다. 부처는 아무 쓸데없는 것이다. 또한 보살이나 나한(羅漢)은 마치 죄인의 목에 형구(刑具)와 같은 것이어서 사람을 옴싹달싹 못하게 옭아매는 수갑과 같은 것이다. 그것에 묶여 스스로의 사유를 잊게 되는 것이다. 그러므로 문수보살은 칼을 뽑아 석가모니 부처님을 죽이려 하였으며, 앙굴마라(央崛摩羅 : 1천 사람의 손가락을 잘라서 목걸이를 만들려고 사람의 손가락을 자르다가 드디어 1천 사람번째에 석가모니불을 만나 깨쳤다고 한다)는 부처님을 해치려 하지 않았더냐. 해서 얻을 수 있는 부처란 없는 것이며, 모든 종파와 교파의 교의(敎義)란 오직 병의 증세에 따라서 사용되는 약과 같은 것이며 절대 진리란 없는 것이다. 어떤 무리들은 바로 마음속을 향하여 출세간의 불법을 구하려고 하지만 이는 어리석은 짓이다. 왜냐하면 사람이 부처를 구하면 그는 오히려 부처를 잃는 것과 같은 것이다. 진리를 구하고자 하면 그는 역시 진리를 잃고 말 것이다. 또 조사(祖師)를 구하고자 하면 조사를 잃게 된다.

　나는 사람들이 경론(經論)을 깨닫고 이해하는 것을 그저 대수롭지 않게 생각한다. 또한 달변도 역시 대수롭지 않게 생각하며, 오직 진정견해(眞正見解)를 가지기를 바랄 뿐이다. 진리를 배우고 깨달으려고 하는 사람이 비록 수백의 경론을 이해할 수 있다고 하더라도 결코 할 일 없이 빈둥거리는 스님에게도 미치지 못한다.

　아는 것이 있다면 다른 사람을 경멸하여 마치 승부에만 집착하는 아수라(阿修羅 : 범천제석과 싸워서 정법을 멸하는 악귀)가 되어서 오직 지옥에 떨어지는 악업(惡業)만 지을 뿐이다. 그저 할 일이 없으면 빈둥빈둥 놀아 버리는 것이 차라리 현명하다.

그렇기에 선인(先人)들도 이같이 노래하지 않았는가?

　배고프면 밥먹고(飢來喫飯)
　졸리면 잠잔다(睡來合眼)
　지혜 있는 자만이 이를 알리(智乃知焉).

　어리석은 자 이를 비웃지만(愚人笑我) 진리를 알아 깨달으려는 사람은 결코 문자에 구하지 말라. 문자에 구하고자 하는 마음이 생기면 그저 피곤해질 뿐이고 헛고생만 할 뿐이다.
　시간을 허송세월하지 말라. 나도 옛날에 깨닫지 못하고 안타까웠을 때는 앞이 캄캄하고 그저 아득하기만 했을 뿐이었다. 아까운 시간을 헛되이 보낼 수가 없어서 마음은 바쁘고 부산하여 진리를 찾아 이 사람 저 사람을 찾아 물었다. 생각보다 이 세상은 쉬 지나가 버리며, 선지식(善知識)은 만나기 어렵다(世界易過善知識難遇)는 말은 우담화(優曇華 : 인도의 상상의 식물로 3천 년에 한 번씩 꽃이 핀다고 하며, 이 꽃이 필 때는 금륜명왕이 나타난다고 한다)가 한 번씩 꽃피는 것과 같다.
　진리를 배우고 깨달으려고 하는 자는 오직 의심이 없어야 한다. 진리란 피면 법계를 전부 휩쓸 수 있으며, 접으면 머리카락도 끼어들 수 없다(展則彌綸法界　收則絲髮不立).

□ 대답에 60봉(棒)이라

　동산(洞山)이 어느 때 운문화상의 제자가 되고자 찾아갔다. 이에 운문화상께서 동산에 묻기를,
"그대는 어느 곳에서 왔는가?"
　동산이 이에 대답하여 말하기를,
"예, 사도(査渡)라는 곳에 있다가 왔습니다."
"그렇다면 여름철은 어디에 있었던가?"
이에 동산이 답하기를,
"예, 호남성(湖南省)의 보자사(報慈寺)에 있었습니다."
　운문화상께서 다시 묻기를,
"그러면, 그곳에서는 언제 떠났는가?"
"예, 8월 25일입니다."
"너에게 삼돈방(三頓棒 : 일돈이라고 하는 것은 20번의 방망이로 때림이니 결국 60번의 방망이질)을 먹일 것이나 용서해 주겠다."
　동산은 아무리 생각을 해봐도 운문화상에게 60방을 맞을 짓을 하지 않고 더욱이 운문의 묻는 대로 거짓없이 대답하였음에도 불구하고 60방을 때린다는 말이 이해가 가질 않았다.
　그날 저녁 한잠도 자지 못하고 뜬눈으로 밤을 샌 후 아침에 운문화상께 그 까닭을 물었다.
"소승이 어이 하여 스님이 묻는 바에 대답을 하였사온데 60방을 맞아야 합니까?"
하고 물은즉, 운문화상은,

"이 반대자(飯袋子)야(禪을 하여 깨달음을 얻기 위하여 선방에 들지 아니하고 그저 세끼의 밥을 얻어먹기 위하여 선방에 든 무리)! 강서성이니 호남성이니 하며 어디를 돌아다닌다는 말이냐?" 하며 호통을 쳤으므로 동산은 크게 깨달았다고 한다.

동산은 운문화상이 묻는 바를 정확히 대답했건만 60방을 때릴 것을 그냥 용서한다고 하였으니 도저히 납득이 가지 아니하였기에 그날 밤에 한잠도 자지 못했다. 어찌하여 운문화상은 동산을 60대나 때린다고 하였겠는가? 바로 여기에 문제가 있는 것이다. 선(禪)하는 입장에서 이를 살펴 볼때 그래도 동산은 자기 딴에 공부한다고 이곳저곳 다녔지만 아직은 미숙하기 짝이 없었기에 운문이 때린다고 했던 것이다.

그 이유는 무엇인가. 그것은 다름이 아니라 사도(査渡)라는 것은 본래가 사도가 아니고 단지 그 이름이 사도일 뿐이고, 보자사라는 것도 하나의 이름일 뿐 그것 자체가 보자사가 아닌 것이며, 8월 25일도 단지 편의상 붙인 이름일 뿐이 아닌가. 그러함에도 불구하고 동산은 그 이름에 집착하였으니 이른바 선(禪)한다는 입장에서 보면 동산은 한낱 이름에 집착되어 있는 자에 불과했기 때문에 운문은 크게 꾸짖은 것이며, 그 꾸지람을 받고 동산은 겨우 깨침을 얻은 것이다.

한마디로 말하여 동산은 차별계(差別界)를 떠나지 못한 것이다. 동산이 운문화상이 물은 바에 대답한 것은 차별계에서는 바른 대답이지만 이를 평등계(平等界 : 즉 너와 나의 구별이 없이 하나가 되는 경지)에서는 의미없는 소리에 불과한 것이다.

□ 해탈의 경지

　마조도일화상(馬祖道一和尙)께서 어느 날 백장(百丈 : 懷海和尙을 말하며 이 이야기가 있던 때는 백장이 아직 수행승의 시절이었음)과 같이 길을 가다가 들오리가 날아가는 것을 보시고 이를 가리키며,
"저것이 무엇이냐?"
하고 물으셨다.
"예, 들오리입니다."
　백장이 대답하자 도일화상께서,
"그것들은 어디로 날아가 버렸지?"
하고 다시 물으셨다.
"예, 저쪽으로 날아가 버렸습니다."
마조화상께서는 다짜고짜로 백장에게 대들어서 코가 떨어져라고 비틀었다. 백장은 그 아픔을 견디지 못하여 눈물을 질금거리고 있을 때 마조화상께서,
"날아가기는 어디로 날아가, 바로 여기에 있지."
했다고 한다.
　지도(至道)는 누리에 널리 퍼져 있으므로 어느 한 곳에 묻혀 있거나 내던져서 있는 것이 아니다. 있는 상태를 모조리 드러내어 놓고 있기 때문에 어느 경우에든지 막힘이 없고 무엇에나 또는 어느 경우에나 구애되지 않고 자유자재로 와서 해탈의 경지에 있어 그의 사견이 없고 누구에게나 묘용(妙用)을 발휘한다.

여기 백장(百丈)은 마조화상께서 말씀하시는 들오리의 실체를 깨닫지 못했던 것이다.

□ 지혜는 산호에 어린 달빛같아

어떤 중이 호감화상(顥鑒和尙 : 생사불명하고 湖南省의 新開院에 계시던 巴陵禪師)에게 묻기를,
"사람이면 어느 누구나 가지고 있다는 취모검(吹毛劍 : 칼에 대고 털을 훅 불면 두 동강이가 난다는 명검)으로 이는 우리가 태어날 때부터 지닌 반야의 지혜란 무엇입니까?"
하고 물었을 때 호감화상께서 이에 답변하여 말씀하시기를,
"산호가지마다 영롱한 달빛으로 듬뿍 젖어 있는 것과 같이."
라고 하셨다.

우리 인간은 태어나면서부터 나름대로의 보검을 지니고 있다. 그 보검(寶劍)이 햇빛을 받아 번쩍이는가 하면, 반면에 일평생을 칼집에 꽂힌 채 죽음과 함께 땅에 묻힐 뿐이다.

인생의 문제가 좀 풀리지 아니하여 그 보검, 즉 인간이 생리적으로 지니고 있는 지혜를 발휘치 못한다고 의기소침해서도 결코 안된다.

그 지혜는 산호에 어린 달빛처럼 환히 비치기에 그를 아는 사람은 비록 멀리 있어도 이를 알아보는 것이다.

□ 행복은 울안의 파랑새

 조산화상(曹山和尙 : 839~901)에게 어느 날 청세(淸稅)라는 한 중이 찾아왔다. 그 중이 조산화상에게 다음과 같이 말했다.
 "스님! 소승은 매우 외롭기 짝이 없습니다. 더욱이 가난하기조차 하오니 스님께서 소승을 위하여 한턱 내시옵소서."
 이 말을 듣고 조산화상은 묻는 말에는 대꾸도 하지 않고,
 "청세스님!"
하고 불렀다.
 "예."
 청세는 자기도 모르게 대답을 했다. 이에 조산화상께서 말씀하시기를,
 "그 술도 유명한 청원(靑源) 지방의 명주 중에서도 명주인 백가주(白家酒 : 청원은 중국의 술을 생산하는 고장으로 유명하며 그 중에서도 백씨라는 가문의 술은 더욱 빼어나게 유명한 술이라고 한다)를 세 사발을 마시고도 아직 입술도 젖지 않았다고 하느냐?"
라고 하셨다. 두문화상이 이에 송(頌)하기를,
 "청세의 가난하기는 청빈하기로 유명한 범단(字는 史雲)과 같고, 활달한 기상은 항우(項羽)와 같다. 비록 활계(活計)는 없다고 하나 그 대어드는 용감성은 부(富)와 맞먹는구나."
했다.
 청세가 한번 대가연(大家然)하는 마음을 보인 것이다. 즉 나는 도가 미천하니 많은 가르침을 달라는 말이며, 가르침을 받을

스승도 없는 외로운 사람이라는 말이다.

 이에 넘어갈 조산화상이 아니기에 청세의 이름에 굳이 '스님'이라는 높임 말까지 붙여서 이름을 부른 것이다.

"예."

하고 역시 청세는 답하지 않았던가! 부르고 대답하고 여기에 이미 도는 트인 것이다. 그런데 왜 가난하고 외롭다고 하느냐는 것이다.

 스승의 부르심에 대한 대답을 한 제자. 여기 어찌 청원의 백가주 석 잔에 대할 수 있겠는가. 그 가르침은 깊이를 헤아릴 수가 없는 것이다. 그래도 그토록 유명하시다는 조산화상에게 대어 든 청세의 그 담기가 항우같이 대담하다는 것이다.

 스승이 이름을 부르면 대답하는 것, 이것은 다름아닌 자연의 법칙이 아니겠는가.

 우리는 '파랑새'라는 서양의 동화를 알고 있다. 주인공이 행복을 찾아 먼 길을 오랫동안 방황하지만 행복은 울안에 있는 파랑새였다는 이야기가 바로 그것이다.

  산 너머 저쪽 하늘 멀리
  행복이 있다고 말하기에
  이를 찾아 갔건만
  눈물만 머금고 되돌아 왔네
  산 너머 저쪽 하늘 더 멀리
  행복이 있다고 말하기에…

□ 선(禪)의 길을 아는 사람

 어느 날 임제화상께서 하양장로(河陽長老)와 목탑장로(木塔長老)와 더불어 땅을 파서 만든 화로를 중심으로 선방(禪房)에 모여 앉아서 이야기를 주고 받았다.
 그때에 임제화상께서 말씀하시기를,
 "보화화상(普化和尙)은 날마다 시내에서 미친 짓을 하고 다니는데 보화화상은 보잘 것 없는 시정배(市政輩)인가? 아니면 훌륭한 성인(聖人)인가?"
하고 묻고 있을 때 마침 보화화상이 그 곳에 들어왔다. 보화화상을 본 임제화상은 보화화상에게 묻기를,
 "스님은 시정배요, 아니면 성인이오?"
하고 물었다. 보화화상은 이에 답하기를,
 "그럼 스님이 답하여 보구려, 내가 시정배요? 아니면 성인이오?"
 이에 임제화상은 바로 할(喝)했다. 보화화상은 세 사람을 가리키면서 하는 말이,
 "하양장로의 선(禪)은 줏대 없는 선(禪)이오, 목탑장로의 선(禪)은 너무 지나치게 친절한 선(禪)이오, 임제 선(禪)은 어린 애숭이 선(禪)이지만 한쪽 눈은 갖추고 있어."
 이에 임제스님은,
 "이 도둑놈아!"
하고 소리를 쳤다. 보화화상도,

"이 도둑놈아! 이 도둑놈아!"
하고 밖으로 나가 버렸다.

역시 선(禪)의 길을 아는 사람이 선(禪)을 아는 것이다.

□ **평상시의 마음이 곧 도(道)이다**

어느 날 임제화상께서 여러 제자들을 거느리고 설법을 할 때에 한 중이 일어나 여쭙기를,
"스님, 삼안국토(三眼國土)란 무엇입니까?"
하고 물었다. 이에 스님께서 대답하시기를,
"내가 너희들과 더불어 정묘국토(淨妙國土)에 들어가 청정의(淸淨衣)를 입고 법신불(法身佛 : 삼신불의 하나로 大日如來佛을 일컫는 말)을 설하고, 또 무차별국토(無差別國土)에 들어가서 무차별의 옷을 입고, 보신불(報身佛)에 들어가 광명의(光明衣)를 입고 화신불(化身佛 : 신불이 형상을 바꾸어 인간으로 세상에 나와 중생을 제도하는 佛)을 설한다. 이 삼안국토는 다 내가 행동하는 곳에 따라서 만들어진 하나의 경계 변화에 불과한 것이다.

경론가(經論家)의 입장에서 본다면 법신(法身)은 그 연구 대상이 주가 되지만 보신(報身)이나 화신(化身)은 보조에 지나지 않을 것이지만 나의 입장에서 보건대 법신도 또한 해설할 수 없는 법이다. 그러므로 선인(先人)이 읊기를,

'불신(佛身)은 현상(現象)에 의하여 세운 것이며, 불국토는 법성(法性)의 본체에 의하여 논한 것이라 하였으니 법성의 불신과 법성의 불국토는 건립한 법이고, 의지하여 생각한 국토라는 것을 명확히 깨달을 수 있다. 이는 누런 단풍잎을 가지고 어린 아이에게 황금이라고 속이는 것과 같이 어리석은 일이다.

진리란 마음 밖에 있는 것도 아니며 그렇다고 마음 속 깊이에 있는 것도 또한 아니다. 그런데 세인(世人)은 도대체 무엇을 구한다는 것인지 알 수가 없구나.

너희를 일컬어 '수행함이 있으며 또한 증득(證得)함이 있다'고 말한다. 섣부리 해서는 아니 된다. 비록 수행하여 얻음이 있다고 할지라도 그것은 모두 생사윤회(生死輪廻)의 입장에 불과한 것이다. 또한 너희들은 속으로 생각하기를 '육도만행(六度萬行 : 육바라밀 즉 열반의 피안에 이르기 위한 보살의 여러 가지 수행. 바꿔 말하면 布施・持戒・忍辱・精進・禪定・지혜와 우주간의 온갖 법도)을 다 닦는다'고 할 것이다. 그러나 나의 견해로는 이도 역시 업장을 짓는 것이다. 부처를 구하고 불법을 구하는 것도 곧 지옥의 업을 짓는 것이오, 보살을 구하는 것, 경전을 읽어 보는 것도 모두 업을 짓는 것이다.

부처(佛)와 조사(祖師)는 할 일이 없는 사람이므로 불(佛)과 조(祖)에 있어서는 번뇌도 인위적인 행위도 없고, 이와 반대로 번뇌도 있고 인위적인 행위도 있는 것이다. 이는 곧 무심무작(無心無作)의 청정업(淸淨業)인 것이다. 눈이 있어도 보지 못하는 중들이 먹고 싶은대로 먹고, 좌선하고 관법(觀法)을 행하고 세간 일을 싫어하여 조용한 곳을 찾지만 이는 모두 외도법

(外道法)일 뿐이다.

 '너희들이 잡념이 없이 조용한 것을 보며 마음을 일으켜 밖으로 관찰하며 마음을 가다듬어 내적인 면을 찾고 일심으로 선정에 드는 것은 모두가 하나의 조작일 뿐이다'라고 조사(祖師)는 말하였다. 여러분들은 이 조사의 말에 얽매여서 이를 진도(眞道)라고 생각하고 이 선지식(善知識)을 불가사의라 생각하여 '나 같은 범인(凡人)이 어떻게 감히 조사와 같은 마음을 갖겠는가? 라고 생각하겠지만 그것은 일생을 오직 그러한 생각에 휩싸여 처량한 신세가 되고 만다. 참으로 선지식이어야만 부처와 조사를 비방하며 천하의 선지식을 비판하며 경율론(經律論)의 삼장(三藏)을 배척하며, 어린애 같은 무리들을 꾸짖고 욕한다. 그렇게 해서 역순 중(逆順中)에서 사람을 찾는다.

 그렇기에 나는 12년 동안 하나의 업성(業性)을 찾아도 겨자씨만큼도 찾을 수가 없었다. 만일 갓 시집온 새댁이 시어머니를 무서워하는 것 같은 선사라면 아마 사원에서 쫓겨나 밥도 못 얻어먹게 되어서 마음이 불안할 것이다.

 예로부터 선승(先僧)들은 사람들의 믿음을 얻지 못하여 절에서 쫓겨나 비로소 훌륭한 사람인줄 알게 되었다. 가는 곳마다 만나는 사람들이 전부들 좋아한다면 선사(禪師)라 할 수 없다. 그렇기에 이르기를, '사자가 한번 포효하며 여우들의 머리통은 찢어져버린다'라고 했다.

 지금 여러분들이 활동하는 곳에 무엇이 모자라며 어느 곳을 고쳐 기운다고 하는 것인지? 후사(後師)들은 이를 알지 못하고 바로 여우의 도깨비같은 짓을 믿어 저희들이 사리(事理)를 말하며 타인을 결박하여 말하기를, '교리와 수행이 일치하며 몸과 말과 뜻(行言意)의 삼업(三業)을 잘 지켜야만 비로소 성불할 수 있다'라고 하는데 이는 마치 봄날에 흩날리는 가랑비와 무엇이 다르랴?

 옛 시에 말하기를,

'만일 사람이 도를 수행하면 도는 행하여지지 아니하고 오히려 모든 사악(邪惡)한 경계(境界)가 서로 앞을 다투어 나온다. 반야(般若)의 지검(智劍)이 나오면 오히려 하나의 물건도 없어져서 그 여러 차별의 사악의 경계가 아직 나타나기 전에 평등한 깨달은 세계가 명백하게 된다'라고 했다.

 여기에 착어(着語)해 보면, '낮에는 등불을 켤줄 알지만 한밤에 먹물 뿌릴 줄은 모른다(只知日裡點燈且不知半夜潑墨)'는 것이다. 그러므로 선인(先人)은 말하기를, '아무런 꾸밈이나 흉내냄이 없이 오직 평상시의 마음이 곧 도(道)이다'라고 말했다.

□ 어디서 진리를 찾으랴

 오늘날에 있어서 진리를 배우고 이를 알아 깨달으려는 사람은 이름(姓名)이나 문자(文字)에 집착하려 하는 바는 크게 잘못이 아닐 수 없다.

 값지고 아주 귀한 종이에 큰 스님의 말씀을 받아 베껴서 이를 아주 소중히 여겨 남(他人)은 이를 가까이도 접근치 못하게 하여 마치 무슨 현묘(玄妙)한 진리나 간직한 것처럼 착각하고 있는데 이는 크게 잘못이다.

숯덩어리와 떡가루도 구분하지 못하는 중들이 교학(敎學)으로 교리(敎理)를 생각하고 헤아림도 없이 이를 마구 취하지만 그것은 마치 똥덩어리를 입에 물고 다른 사람에게 뱉어대는 것과 같다. 진리를 찾아 이리저리 바쁘게 동분서주한들 무슨 소용이겠는가!

이 세상 어느 곳을 가더라도 구하고자 하는 부처도 없으며, 법 즉 진리도 없다. 밖으로 형상을 갖춘 부처를 구한다면 그것은 권할만한 일이 되질 못한다.

참 부처는 형상이 없으며 진불무형(眞佛無形), 참 도(道)는 몸체가 없으며 진도무체(眞道無體), 참 법(法)은 상(相)이 없다(眞法無相). 이 세 가지의 법은 혼융(混融)하여 어느 한 곳에서 화합하니 이를 알지 못하는 것을 끝없이 망망한 업식중생(業識衆生)이라고 한다.

□ **불법(佛法)의 큰 뜻**

어느 날 향엄화상(香嚴和尙)이 여러 무리들에게 다음과 같이 물으셨다.

"예컨대 어느 사람이 나무 위에 올라가서 입에는 나무의 가지를 물고 있고, 손은 나무의 가지를 잡지 않고, 발도 나뭇가지에

딛고 있지 아니 할 때에 나무 아래에 있던 다른 사람이 달마대사의 서래의(西來意)를 묻는다면 이에 대하여 대답하지 아니 하는 것은 그릇된 일이며, 더욱이 이에 따라 대답을 하겠다고 입을 벌리면 나뭇가지를 물고 있는 사람이 그 나무에서 떨어져 죽음을 면할 수 없을 터인데 이때에 어떻게 하여야 하는가?"

달마조사(達磨祖師)의 '서래의(西來意)'란 곧 진리란 무엇인가라는 질문인 것이다. 그러한 곤란한 입장에 처하여 있을 때 진리를 묻는 것에 대하여 답을 아니 하는 것은 묻는 자에 대하여 예의가 아니며, 더욱이 묻는 자가 아끼는 제자라면 더 말하여 무엇하랴. 그렇다고 생명을 내던지며 그 진리를 말할 수도 없고… 이와 같이 사람은 이 세상에 살아가는 데 있어서 이러지도 저러지도 못하는 진퇴양난의 경우에 처하는 경우가 허다하다.

선(禪)이란 이러한 어려운 문제를 가지고 학인(學人)을 테스트 하는 경우가 허다하다. 이것은 오직 무아(無我)의 경지와 멸사(滅死)의 경지에 서서만이 해결할 수 있는 것이다. 이 경지에 서려고 하면 전우주를 하나로 뭉치는 외에는 달리 방도가 없는 것이다.

불법(佛法)이란 먼저 개체를 하나로 뭉쳐서 아타(我他)의 구별을 없애는 것을 뜻하며, 또 합일(合一)한다 하여 이에 그냥 무한정 머무르는 것이 아니고, 뭉쳤으면 다시 개체로 돌아와야 하는 것이다.

□ 황제는 곧 황제다

　어느 날 숙종황제(肅宗皇帝 : 당나라 현종의 셋째 아들)께서 혜충국사(慧忠國師)에게 다음과 같이 물으셨다.
　"십신조어(十身調御 : 부처님께서는 그 훌륭하심으로 인하여 붙여진 열 가지의 별호 가운데 하나가 調御이다)이신 부처님은 본디 무엇입니까?"
　"예, 부처님의 머리를 밟고 가십시오."
하고 혜충국사가 대답했다.
　이에 황제께서는 깜짝 놀랐다. 그것도 그럴 것이 부처님의 머리를 밟고 가다니 그저 놀랄 수밖에 더 있겠는가. 숙종은,
　"과인은 도저히 국사께서 말씀하시는 뜻을 이해할 수 없구려."
하고 대답하니 혜충국사께서,
　"스스로 부처라고 생각은 하지 마십시오."
라고 대답했다.
　'용(龍)이 숨을 쉬면 안개가 일어나고 호랑이가 울부짖으면 바람이 인다.' 이와 같이 훌륭한 선사께서 가르침을 주시면 이를 듣는 이 그에 흠뻑 취하는 것이다. 이런 뛰어난 선사의 활기는 온 누리 어느 곳에나 낮에 비치는 태양과 같이 두루 비치는 것이다. 숙종께서 과인이라고 함으로 혜충국사는 황제요, 부처님은 부처님이지마는 무엇이겠느냐는 식으로 답하였던 것이다. 황제가 '과인(寡人)'이라고 한다고 황제가 황제 아니겠는가 하는 뜻이리라.

□ 내 말이 곧 진리다

어느 날 남전화상에게 한 중이 다음과 같이 물었다.
"사람에게 설(說)하지 못하는 것이 있나이까?"
이에 남전화상께서 말씀하시기를,
"있고말고."
하고 대답했다. 그 중이 다시 묻기를,
"어떠한 것이 사람에게 설하지 못하는 법인지 가르쳐 주십시오."
하고 청하자 남전화상은,
"마음도 아니오(不是心), 부처도 아니오(不是佛), 물체도 아니니라(不是物). 그러면 무엇이라는 말인가?"

진리(眞理)! 누구에게나 싫지 않은 단어가 바로 이 진리라는 단어이다.

기독교의 예수 그리스도는 진리란 무엇인가고 물었을 때 아무런 대꾸를 하지 않았으며, '내가 곧 진리'라고도 했으며, '내 말(言)이 진리'라고도 했다.

봄이 되면 장미꽃이 피는 것도 진리요, 연꽃이 흙탕물에서 피는 것도 진리요, 아이는 어른들의 아버지라는 말도 진리다. 그런가 하면 직지인심 견성성불(直知人心 見性成佛)도 진리요, 겨울이 가면 봄도 멀지 않으리라 하는 것도 진리요 공(空)이 즉 색(色)이오, 색(色)이 즉 공(空)인 것도 진리이다.

우리가 냄새를 맡아서 알 수 있는 것, 봐서 알 수 있는 것, 들어서 알 수 있는 것, 접촉하여 알 수 있는 것, 느낌으로 알 수 있는 것이 모두가 진리 아닌 것이 없다. 그러나 앞에 예를 든 모든 것이 진리는 아니다. 앞과 뒤가 없는데 어이 앞과 뒤가 있을 수 있겠으며, 높고 낮음이 없는데 어이 산과 골짜기의 구별이 있으랴. 시작함과 끝남이 없는데 어이 시작함과 끝남이 있으랴. 그렇기에 진리, 즉 법(法)은 마음이 아니다. 불(佛)도 아니다. 물체(物體)도 아닌 것이다.

법은 삼라만상(森羅萬象)에 다 있는 것인데 마음이란 오직 인간에게만 있는 것이다. 그러니 어찌 법이 마음일 수 있겠는가! 또한 불(佛)은 무엇이나 불(佛) 아님이 없다. 창공에 떠 있는 달도 불이오, 발에 걷어 채이는 돌맹이도 불이다. 그러나 어느 누가 달을 일러 법이라 하며 불이라 하랴. 그저 이를 설명치 못하는 이 몸이 안타까울 뿐이다. 이 안타까움, 이것도 결국은 법이렸다.

이제 말을 배우는 어린이가 엄마에게 달이 무엇이냐고 묻는다면, 그 애의 어머니는 집게 손가락으로 달을 일러 주며 어린아이는 그 끝을 바라보리라. 그것이 어찌 달인가. 뼈와 살갗으로 된 손가락 끝이 아닌가. 법(法)은 심(心)도 불(佛)도 물도 아니다. 오직 본성(本性)인 것이다.

아! 이 설하지 못하는 이 안타까움이여! 앞뜰에 서 있는 탑을 바라보며 조용히 눈을 감을 뿐이다.

'관세음보살 나무아미타불'

'관세음보살 나무아미타불'

제2장 교리문답

□ 불교(佛敎)의 목적은 무엇인가?

 인생이란 괴롭기만 한 것인가, 아니면 이 세계는 감옥과 같은 것인가? 그것만은 아니다. 인생이란 마냥 행복할 수도 있는 것, 바른 자유의 천지인 것이다. 그러한 자유를 돈으로만 계산하고 피부로만 느끼려 든다면 그것은 큰 잘못이라고 생각된다.
 그렇게 얕게만 생각하던 사람들이 위기에 부닥치면 그 때는 너무나 당황하고 타락하게 마련이니, 그것은 보기에도 매우 딱한 일이다.
 피는 꽃은 지게 마련이고, 깊은 밤이 지나면 날은 반드시 밝아오게 되는데 살아있는 것도 죽게 마련이니, 이것이 바로 이 세계의 실상인 것이다.
 일찍이 부처님께서는 그 실상을 살펴보시고 바닥에 크나큰 광명(光明)의 세계가 있음을 마냥 행복하게만 한 경지를 살펴보셨으니, 그리하여 사람들에게 실없는 근심 걱정의 수렁을 벗어나서 참된 자각과 자유를 찾을 것을 말씀하셨다. 이것이 바로 불교(佛敎)라는 것이오, 부처님께서 깨달은 것이다. 그 외에 다른 것이 없을 것이다. 깨달음 그것이다.

그 가르침이란 부처님께서 스스로 깨달으신 법(隨自意)과 인간 구제의 계획(隨他意) 두 가지로 나누어 볼 수 있을 것이다. 나무아미타불이라든가, 대왈여래불(大日如來佛)이라든가, 묘법연화경이라는 것도 따지고 보면 부처님께서 깨달으신바 이외의 것은 아니다.

불(佛)이란 불타(佛陀), 즉 각자(覺者) — 깨달은 사람이라는 말이다. 그 깨달으신바 내용에서 헤아려 볼 것 같으면 아미타라고도, 대왈여래(大日如來)라고도, 묘법이라고도 말할 수 있을 것이다.

예사 종교라면 감정적 보람을 느끼게 하는 것이지만 본시 인간의 심정에는 지·정·의의 세 가지 작용이 있기 때문에 그 어느 한 가지만으로는 인간에게 완전한 만족감을 주지 못할 것이다. 그러나 불교는 종교이면서도 철학이요, 윤리이기 때문에 지·정·의, 즉 인간의 철학·종교·윤리적 요구를 모두 충족시켜 주는 것이다.

즉 불교가 뜻하는 바는 이고득락(離苦得樂)이기에 정적인 보람을 느끼게 하며, 전미개오(轉迷開悟)이기에 지적인 보람을 느끼게 하며, 지악작선(止惡作善)이기에 의지적인 보람도 느끼게 한다.

불교 가운데 화엄(華嚴)·법화(法華)·진언(眞言)은 지적인 보람을 주는 것이며, 정토염불(淨土念佛)은 정적인 의지인 것이며, 팔정도(八正道)·육바라밀(六波羅密)의 덕목이나 계율의 정신은 의지적인 것이며, 이와 같이 윤리적 실천상의 보람을 주는 것으로서 선적돈오(禪的頓悟)의 방법도 있다.

부처님께서는 사람들의 틀이 가지각색이기에 하나의 깨달음도 여러 모로 풀어 말씀하셨다. 그 깨달음에 이르는 방법도 여러 가지로 말씀하셨기 때문에 우리는 저마다 능력의 다름에 따라서 스스로 나갈 길을 찾아서 가야 하겠다.

종파를 달리한다고 해서 다른 편을 적대시하는 일은 삼가야 하겠다. 오직 한 분의 교조를 모시고 가르침을 받으려는 사람들이 어찌 서로 헐뜯을 수 있겠는가. 그 길이 비록 다를지라도 우리 부처님을 믿는 사람들은 그 말씀에 따라서 일치 화합해야 한다. 이것이 바로 세계 평화의 길이요, 조국 번영의 길이요, 그리고 또 나의 행복의 길이라는 것을 명심해야 한다.

□ 불교의 역사는 어떠한가?

불교는 부처님의 교시다. 부처님은 불타님이다. 불타는 buddha이다. buddha는 깨달은 이, 즉 각자(覺者)라는 말이다. 각자 가운데 선각자가 곧 석가모니시다.

석가모니의 석가는 Sākyamuni다. 석가는 한 종족의 명칭이고, 모니는 성자란 뜻이다. 석가모니의 성은 고타마(Gautama), 이름은 싯다르타(Siddhay-tha)이다.

싯다르타는 B.C 566년 인도 동부지방의 카필라성주 슈도다나(정반왕)의 아들로 태어났다. 그 어머니인 마야부인은 그를 낳은 지 초이레 만에 돌아갔다. 계모가 된 이모 파사파데의 양육을 받아 외사촌 누이 야소다라와 결혼하여 아들 라후라까지 얻었으나 어릴 때부터 생각이 많았던 그는 생로병사하는 인생문제를 고민하다가 19세때 집을 떠나서 고행하고, 정관사색한 끝에 35세 때에 인생의 진리를 깨닫고 불타가 되었다. 그리고서 45년 동안 그 진리를 포교하다가 B.C 544년 2월 15일 80세에 돌아가셨다.

그 반세기에 걸친 설법은 석가모니께서 깨달으신 바이지만, 그 깨달음에는 그때 인도의 사상적 영향을 생각하지 않을 수 없다.

인도 민족은 B.C 3천년 경부터 중앙 아세아에서 인도의 동남부 지방으로 이주한 아기나 종족들이다. 그들은 자연의 은혜에 감사하는 자연숭배의 종교를 믿고 있었다.

그 경전을 '베다'라고 말하는데, 우파니샤드 철학도 거기에서 비롯된 것이며, 석가모니께서 계실 때는 6파의 철학도 거기에서 비롯된 것이며, 석가모니께서 계실 때는 6파의 철학이 일어나서 그 우열을 가리기 어려운 때였다. 이른바 인도의 종교는 자연숭배의 다신교에서 일신교로 발전하다가 다시 범신론으로 전개된 것이다.

석가모니께서는 그와 같은 사상에서 취사선택하여 독자적인 교설을 세우셨다. 석가모니께서 살아 계실 때에는 불교경전이라고는 따로 없었으며, 다만 설법하신 것을 제자들이 명심하고 있을 뿐이었다. 그러나 석가모니께서 돌아가시자 그 설법이 경전이라는 책으로 편찬이 필요하게 되었다. 이 편찬을 결집(結集)이라고 한다.

바로 돌아가신 해 4월 15일부터 90일간 상좌의 제자 가운데 5백명이 뽑혀서 첫번째 결집을 하게 되었다. 이 결집에 있어서 총지휘는 마하가섭이 맡고 편찬은 아난(阿難)이 맡았다.

이 작업을 왕사성의 동굴 안에서 하였기 때문에 '굴내결집'이라고 한다. 이 결집의 내용은 소승의 〈아함경〉과 계율이다. 그때 '굴내결집'에 참가하지 못한 제자들이 모여서 굴외에서 따로 편집 작업을 하였는데 이것을 '굴외결집'이라고 한다.

이 첫번째 결집 때에 비로소 장로교권파(長老敎權派)인 상좌부에 대하여 소장자유파인 대중부가 형성된 것이다. 그리고 백년만에 비사리성에서 두번째 결집이 있었고, 3백년대에 아소카왕의 지시에 따라 파타리푸트라에서 세번째 결집이 있었고, 6백년대에 가습미라성에서 가니색가왕의 지시에 의해서 네번째 결집이 있었지만 그것은 주로 소승의 불전이었고, 그 사이에 대승불교도 여러 번 편찬되었다고 한다. 이른바 편찬된 것을 3부로 나누어서 '삼장(三藏)'이라고 말한다. 즉 석가모니께서 말씀하신바 경장과 석가모니께서 정하신 계율이다. 그 제자들의 연구 논문 논장이 바로 〈삼장(三藏)〉인 것이다.

대승불교는 석가모니께서 돌아가신 지 3백년 뒤에 태어난 마명(馬鳴)보살이 그 기신론에서 석가모니께서 깨달으신 바를 다시 밝혀낸 데서 비롯된 것이다. 이때를 대승발흥기라고 말한다.

그로부터 불멸(佛滅) 7백년대에 들어서 남부 인도에 용수(龍樹)보살이 태어나서 '십주비바사(十住毘婆沙)'·'지도론(知度論)' 같은 제논문을 발표하여 대승불교를 크게 일으켰다. 그 제자로서는 제바(提婆)·용지(龍智)의 두 보살이 있다. 이때를 대승흥기라고 말한다.

불멸 9백년대에 북부 인도에서 무착(無着)보살이 '유가론'같은 것을, 천친(天親)보살이 '유식론'같은 것을 발표하여 더욱 대승불교를 일으켰다. 이때를 대승융성기라고 말한다.

불멸 1천 백년에 호법(護法)보살이 천친의 뒤를 이어서 유(有)계의 '유가파'를, 청변(淸辨)보살이 용수(龍樹)의 뒤를 이어서 공(空)계의 '중론파(中論派)'를 세웠다.

이 다음부터 인도의 불교는 차츰 쇠퇴기에 접어 들었다. 불교가 중국에 들어간 것은 후한의 영평 10년(A.D 67년)의 일이었는데 인도의 마등(摩騰)과 법란(法蘭)이 전한 것이었다.

그 첫 작업으로서 42장경이 번역되었다. 그리고서 1백 20년 동안 번역된 것이 무려 1천 4백 40부 5천 5백 80권이나 된다. 그 역자의 수는 1백 94명, 이들 가운데서 라습(羅什)·진체(眞諦)·현장(玄奘)·불공(不空)같은 이가 유명하며, 특히 현장이 유명하다. 역자를 삼장이라고도 말한다.

그 까닭은 경·율·논의 삼장에 통달하였다는 뜻이다. 중국에서 퍼진 종지는 비담·삼론·성실·율·열반·지론·정토·선·섭론·천태·법상·화엄·진언의 13종이다. 한편 청조 때는 밀교가 성하였다.

한국 불교의 특색은 중국에서 연구 통일하여진 교의(敎義)를 신앙에 기본하여 실천한 점이다. 또한 불교가 후한(後漢) 명제(明帝) 영평(永平) 11년에 중국에 들어와 4백 50년이 지난 뒤 진왕부견(秦王符堅)이 불상과 불경 및 고승 순도(順道)를 고구려에 보내니 때는 고구려 제 17대 소수림왕(小獸林王) 2년 임신(壬申) 6월이었다.

그리하여 고구려에서는 국빈으로 대접하여 성문으로 맞이하고 그 다음 다음 해 갑술년에 고승 아도(阿道)화상이 진으로부터 들어왔다. 그래서 이 두 고승을 맞이한 고구려는 다시 그 이듬해인 을해년에 초문(肖門)과 이불란(伊佛蘭)이란 두 절을 지어서 초문사에는 순도를, 이불란사에는 아도를 있게 하여 선포하였다. 그래서 백제의 불교는 12년이 지나서 들어갔으니 곧 백제 침류왕(枕流王) 원년(384)인 갑신(甲申) 9월에 인도의 승 마라난타가 진(晉)으로부터 들어왔으므로 궁중에 맞아들이고 예배하여 섬기고 명년 을유(乙酉)에는 한산주(寒山州: 광주)에 절을 짓고 불법을 홍포하게 되었다.

신라 불교는 눌지왕(訥祗王) 때에 아도화상이 고구려보다 약 30~40년 뒤에 들어와서 불교를 펴기 시작하였다. 그래서 고구려에서는 순도가 불교 유전의 시조요, 백제에서는 마라난타가 불교 유전의 초조(初祖)요, 신라에는 아도가 불교 유전의 비조가 되었다. 그 후 신라가 삼국을 통일한 뒤에는 불교도 더욱 융성함을 얻게 되었다.

그런데 한국 불교를 3기로 나누어 보면, 제 1기는 신라시대로 불교의 향상 시대요, 제 2기는 고려시대로 불교의 평행이오, 제 3기는 조선시대로 불교의 쇠퇴시대이다. 그래서 불교는 신라 때에 가장 왕성하였으며, 신라 불교의 특색은 교종분립과 선학울흥(禪學鬱興)이다.

문무왕 때부터 헌덕왕 때까지를 교종 분립시대라 하는데 이 사이에 열반종으로부터 남산종(南山宗)·화엄종(華嚴宗)·법상종(法相宗)·법성종(法性宗)·신인종(神印宗)·총지종(總持宗)·소승종(小乘宗)·정토종(淨土宗)·삼론종(三論宗)·섭론종(攝論宗)·지론종(地論宗)·선종(禪宗)·천태종(天台宗) 등이 분립하였으니 중국서 발달된 종파가 다 들어온 셈이다.

각덕(覺德)·원효(元曉)·의상(義湘)·명관(明觀)·무상(無相)·원광(圓光)·담육(曇育)·지명(知明))·안함(安含)·자장(慈藏)·원승(圓勝)·혜통(惠通)·승전(勝詮) 등 이러한 고승은 다 이 시기에 활동하신 분들이다.

그 다음에는 현덕왕 때부터 경순왕 때까지는 선종 울홍시대였으니 도의선사(道義禪師)와 홍척국사(弘陟國師) 같은 이들이 중국에 들어가서 육조(六祖))대사의 증손인 서당지장선사로부터 선법(禪法)을 배워 온 것을 비롯하여 선종 구산문(九山門)이 울흥하게 된 것이다.

고려시대에 들어와서는 이것을 답습하였을 뿐이며, 고려 불교의 특색은 사원 건축과 대장경 불사라 하겠다. 고려 태조는 불은(佛恩)을 갖기 위하여 개성 내외에 법왕사(法王寺)·자운사(慈雲寺)·왕륜사(王輪寺)·제석원(帝釋院)·사나사(舍那寺)·천선원(天禪院)·신흥사(新興寺)·문수사(文殊寺)·원통사(圓通寺)·지장사(地藏寺) 등 10대 가람을 창건하고, 또 도선국사(道詵國師)의 진언에 의해 3천 8백의 비보사찰을 짓게 하였다. 그리고 현종 때에는 대장경 5천 48권을 개간하여 개성 부인사에 봉안하였는데 그 뒤에 대각국사(大覺國師)가 문종의 제사자로 출가하여 송나라에 들어가서, 법을 받아온 후에 천태종을 세우고 그 다음에는 흥왕사에 장경도감을 두고, 중국·거란·일본에 있는 경전을 모아서 4천여 권의 속대장경을 개간했으나 전후 2회에 개간한 대장경판이 다 타버리고 말았다.

고종(高宗)은 이것을 원통하게 여기고 다시 대장경판을 중간하되 16년을 걸쳐서 계속하여 전부 6천 8백 2권인 경이 곧 이것이었다.

한 시대에 대장경을 한번만 조각하려고 해도 어려운 것인데 세 번이나 개간하였다는 것은 참으로 엄청난 사업이라 아니할 수 없다. 또 한 가지 특색은 신라시대에 울흥하였던 선종 구산문이 고려에 와서 멸망하게 된 것을, 고려 중엽에 불일보조국사(佛日普照國師)가 나서 정련결사(定戀結社)를 창설하여 선종을 재흥시킨 것이라 하겠다.

조선시대에는 세종(世宗) 때에 들어와서 정음(正音)을 반포한 후 〈월인천강지곡(月印千江之曲)〉을 지으시고, 장경도감을 두고 〈영가집(永嘉集)〉·〈능엄경(楞嚴經)〉·〈몽산집(蒙山集)〉·〈금강경〉·〈원각경〉 등을 국문으로 번역한 것이 한 특색이며, 명종 때에 문정황후가 섭정하면서 고려 때에 행하여 오던 승과(僧科)를 부흥한 것이 한 특색이었다.

서산대사(西山大師)와 사명대사(四溟大師)도 그 때에 승과를 보고 국내에 알려지게 된 인물이었다. 그래서 그들은 선조대왕 때 임진왜란에 승병(僧兵)으로 출정하여 공을 세움으로써 거의 망해 가던 조선 불교가 궐기하게 되었다.

□ 불교의 인생관과 세계관

인간이란 무엇인가? 이 세계는 어떻게 이루어져 있는가? 이러한 물음에 대한 일정한 견해가 바로 인생관이라는 것이며 세계관이라는 것이다.

철학은 그러한 문제의 해결을 위하여 추구하는 것이며, 종교는 그러한 의문 앞에서 떨기만 하는 사람들의 마음에 안정을 주는 것이다.

이와 같은 해결과 안정이 없이 어떻게 마음을 놓고 살아갈 수 있을까. 바로 불교는 이와 같은 해결과 안정을 주는 것이기 때문에 종교이면서도 철학이라고 말하겠다.

□ 본체(本體)와 그 현상은 어떠한가?

이 세상에 동물·식물·광물 등 삼라만상(森羅萬象)이 있다. 이것을 현상이라고 말하며, 이러한 현상에 있어서 가장 본질적인 것을 실체라고 말한다.

이를테면 예술품 전시장에서 목각의 불상·코끼리·소같은 것을 늘어놓고 있는데, 그 현상이야 어떻든 간에 그 본체는 바로 나무라고 말하겠다.

5만 가지 현상에는 그 본체가 있는 것이다. 불교에서는 그 본체(本體)를 진여(眞如)라고 말하고, 그 현상(現象)을 만법(萬法)이라고 말한다.

이 세계, 이 인생의 본체는 무엇인가? 이 세계의 인생은 어찌하여 이런 꼴로 하고 있을까? 이와 같은 본체와 현상의 관계를 분명히 해명하는 힘이 있는 것이 바로 불교의 교리다.

□ 유신론(有神論)과 범신론(汎神論)의 뜻은?

물에는 수신(水神)이 있고, 나무에는 목신(木神)이 있다고 믿는 것을 다신교(多神敎)라고 말한다. 그리고 우주의 본체를 초월적인 하나의 신으로 보고, 그 신이 일체의 현상을 만들었다는 것은 일신교(一神敎)이다. 이와 같은 것을 유신론(有神論)이라고 말한다.

또한 보편적인 진리는 본체라고 보고, 그것이 일체만물로서 현상한 것이라고 보는 것을 범신론(汎神論)이라고 말한다.

이 범신론은 어떻게 보면 다신론(多神論) 같기도 하고 일신론(一神論) 같기도 하다. 때로는 무신론적인 것 같기도 하고 유신론적인 것 같기도 하다. 그러나 범신론의 신이라는 것은 바로 진리라고 생각하면 되겠다.

□ 범신론(汎神論)과 유심론(唯心論)의 뜻은?

 불교는 범신론(汎神論)이다. 즉 불교는 만법(萬法) 속에 불성(佛性)이 있다고 말한다. 즉, 일체가 불(佛: 진리)이라는 것이다. 일체중생이 성불(成佛)할 가능성은 바로 여기에 있는 것이다. 또한 불교에는 유심론적인 경향이 있다. 즉, 일체만법이 다 나의 마음 가운데 있다는 것이다. 그러나 불교의 논리에 따르면 일색일향(一色一香) 무비중도(無非中道)이기 때문에 그 어느 것에나 일체만법이 있게 마련이지만, 본시 불교는 이론보다도 자기의 마음을 가다듬는 실제적인 수행을 앞세우는 것이기 때문에, 자기의 마음 가운데서 일체를 찾으려고 하는 유심론적 경향을 띠게 되었다.

□ 3대이법(三大理法)과 인과율(因果律)은?

 불교의 현상계(現象界)를 설명함에 있어서 인과(因果)와 무상(無常)과 무아(無我)의 3대이법(三大理法)이 있다.
 인과(因果)라는 것은 원인과 결과라는 말이다. 어느 것이나 원인이 없는 것은 없다. 원인이 있으면 반드시 어떠한 결과가 있는 것이다.
 불교에서는 이 인과 사이에 연(緣)이라는 것을 생각하고 흔히 인연과(因緣果)라고 말한다. 연(緣)이라는 것은 매개체이다. 이를테면 씨앗이 원인이고 열매가 결과이면 흙·물·햇빛 같은 것은 그 열매를 맺게 하는 연이다. 그러기에 원인이 있음으로써 결과가 빨리 나타나기도 하고 늦게 나타나기도 한다.

불교의 인과율은 시간적으로 공간적으로, 물질에 있어서나 정신에 있어서나 종횡 관계를 극히 치밀하게 밝힌 것이다. 흔히 말하는 선인선과(善人善果), 악인악과(惡人惡果) 같은 것은 부분적인 설명에 지나지 않는 것이다.

〈구사론〉에서는 '인(因)에 육인(六因)·사연(四緣)이 있고, 과에 5과(果)가 있다'고 말하고, 〈유식론〉에서는 사연(四緣)·십인(十因)·5과(五果)로 분류하고 있다. 다음에 무상(無常)과 무아(無我)를 설명함에 있어서 편의상 3법인(法印)에 대하여 알아본다.

☐ 삼법인(三法印)은 무엇인가?

불교에서는 그 진리 탐구에 있어서 대소승을 막론하고 3법인이라는 것을 내세우고 있다. 이것은 불교를 다른 것과 구별하는 표준이기에 가장 중요한 교의(敎義)로 인정되고 있다.

대승에서는 이 밖에 제법실상인(諸法實相印)이라는 것을 내세우고 있지만 이 설명은 뒤로 미루고, 3법인(法印)이란 제행무상인(諸行無常印)·열반적정인(涅槃寂靜印)·제법무아인

(諸法無我印)의 세 가지이다.

제행무아인(諸法無我印)이란 제행은 만유이다. 행은 흘러가는 것, 만유는 모름지기 변천하는 것이며, 잠시도 머물지 않는 것이기에 만유를 제행이라고 말한 것이다. 그리고 만물은 한결같이 생주이멸하여 가는 것이기에 무상이라고 말한 것이다.

이 무상에는 일기무상(一期無常)과 이찰무상(利刹無常)의 두 가지가 있는데, 태어난 아이가 자라서 홍안이 되고 백발이 되어 마침내 죽어가는 것이 일기무상이다. 그리고 그 순간마다 한없이 되풀이 되는 생멸의 현상같은 것, 생리학에서 말하는바 우리의 육신은 시시각각 신진대사하여 7년이 지나면 전신의 세포가 새 것으로 교체된다고 하는 이와 같은 것을 이찰무상이라고 한다. 이러한 제행무상은 만유의 형상을 시간적으로 변화무상한 것으로 보고 있는 것이다.

제법무안인(諸法無我印)이란 우주에는 실체라는 것이 없다. 다만 원소와 원소의 집합에 지나지 않는 것이다. 이를테면 기둥이나 대들보, 벽같은 것이 모여서 하나의 집이라는 것이 이루어지고 이러한 것을 분리하면, 집은 절대 존재하지 않는다. 삼라만상이라는 것은 온갖 것들이 모여서 성립된 것이며, 한 실체가 없다는 것이다. 이 점은 공간적으로 일체의 현상에 실체라는 것이 없음을 말한 것이다. 다시 말해 모든 법은 인(因)으로 말미암아 있는 것이고, 실재한 것이 아니라고 말하고 있다.

열반적정인(涅槃寂靜印)이란 이렇듯 생멸무상한 유한(有限)의 현상이 그것을 떠나서 불생불멸의 무한한 본체계에 도달하는 것을 말한다.

이 열반적정인의 해석 여하에 따라서 대소권실의 차가 생기는 것이다. 요컨대 이것은 불교의 깨달음의 세계를 말한 것이다.

□ 선(禪)의 본질은 무엇인가?

선(禪)의 의의와 그의 중요성을 규명하는 우리는 다시 나아가서 그의 가진바 본질 구조를 검토하지 않으면 아니 된다. 선은 좌선(坐禪)을 기본 형태로 하는 체험이겠으나 그것은 동양의 문화·사상과의 엄밀한 관계를 가지면서 발전했다.

그의 문화에 미치는 영역은 상당히 광범하였다. 생각컨대 동양 독자의 문화 형태를 기초로 만드는 근본 계기는 실존의 논원에 무(無) 혹은 공(空)을 보기 시작한 점일 것이다. 따라서 그와 대조적으로 생각하는 서양의 문화체계는 유(有)사상을 그 근저로 하였다. 유의 영역은 한정과 모순을 내포한 현상의 세계이다. 그리하여 유의 사상은 현실의 세계로부터 공간적 한정의 방향으로 그의 실체를 보고 객관적 면에서 그의 근원을 생각한다. 그러나 유(有)가 유인 까닭에 필연적으로 무(無)를 예상하지 않으면 안된다.

필경 무(無)는 유한을 철저히 함과 동시에 그것을 초월해서 무한에의 가능을 부인하는 절대 부정의 원리이다. 그러므로 무(無)의 사상은 현실의 세계로부터 시간적 한정의 그의 실재를 구하고 주관적 면에서 그의 근저를 탐구하려고 한다. 이러한 사상적 입장은 동양문화의 내용을 규정하는 기본 성격일 것이다.

인도문화는 아리아 민족에 의해서 창조되어 있는 한 그의 내용은 지적이오, 철학적이었는데 지(知)를 가지고 지를 부정하는 공(空)의 사상을 기체로 하였다. 더구나 상대적인 현실의 세계를 초월해서 절대무한의 실재를 요청했으므로 그의 색조는 현저하게 종교적이 되지 않을 수 없다.

중국 문화의 특질은 인도와 같이 종교적이 아니고, 또 희랍과 같이 철학적인 것도 아니며, 예교(禮敎)를 기초로 하는 점에 있다. 따라서 중국 사상은 많은 행적 경향을 가지고 있다. 그것은 행(行)을 가지고 무한행(無限行)을 부정하는 것이었다.

우리 한국의 선은 종교적으로 된 인도문화, 도덕적으로 된 중국문화 내지 과학적으로 된 서양문화를 섭취하고 있다. 그러나 한국문화의 특색은 동화력이 치열한 외래문화에 국한됨이 없이 도리어 이것을 우리나라의 고유한 전통적 발전의 매개가 되도록 한 점에 있다.

더구나 그 문화의 기초를 만드는 근본 사상은 현저하게 순정적이었다. 한정 아닌 한정은 실로 정적 문화의 기본 성격이다. 그것은 지적으로 규정되어 있는 것도 아니고 행적에 고정되어 있는 것도 아니다. 내외의 구별없이 느끼게 되는 것이다.

선의 문화는 형태가 없는 통일로서의 정의 문화로서 생성적이며 또한 발전적이다. 그것은 이사무애(理事無礙)가 아닌 사사무애(事事無礙)에 철(徹)한 것이라고 할 수 있을 것이다. 이와 같이 동양사조의 밑으로 흐르는 선적 무는 결코 피상적으로 생각하게 된 공(空), 무(無)가 아니고 도리어 유(有)를 유로 해서 보이고, 현 존재로서의 실상을 보여 주는 근원이 되겠다.

필경 우리의 절대 부정은 곧 대생명의 절대 긍정이다. 이러한 동양적 '무(無)'는 사람으로 하여금 평범한 세계로부터 심각한 세계로 변화를 이룩할 것이다.

이제 인도에 있어서 제종교의 선정을 통관하여 보면 그 현저한 특색은 지적 성격을 다분히 내포해 있는데 있다. 여기에는 침투를 엿보이는데 족할 것이다. 선정 자체가 이미 사유수(思惟修)나 정려(靜慮)로 번역되는 것과 같이 생각하는 것을 뜻하고, 지관균등(止觀均等)·정혜일체(定慧一體)를 필요로 하고, 여실지견(如實知見)을 파지하는데 반드시 따르는 예건(例件)이 되지 않으면 안된다. 더구나 선관의 대상은 교리 자신으로서, 교(敎) 즉 관(觀)임을 요한다.

반야(般若)의 자득은 심지의 개명(開明)이겠으나, 그것은 필연적으로 선정을 근저로 한다. 관지(觀知)가 명확히 되면 스스로 제법 실정에 서서 나아가 하화이타(下化利他)를 실수(實修)하기에 이를 것이다.

공관을 떠난 대승교설이 없는 것과 같이 선정을 무시한 실천은 없다. 중관계(中觀系)의 굳고 예리한 논리, 유가행(瑜伽行)과의 자질구레하고 번잡스러운 이념도 결국 선정(禪定)으로부터 전개하여 선정으로 귀일한다. 선정이 일체된 곳에 인도적 성격을 여실히 보여 주고 있다. 그런데 중국 문화에 침투한 선은 결코 사유수와 정려로서는 다할 수 없는 내용을 더하기에 이르렀다.

돌이켜 보건대 중국 불교의 특질을 한마디로 나타낸다면 인도에서 발달한 방대, 빈번한 불교성전의 전역(傳譯)과 그 조직 정리에 있다. 후자는 특히 교판의 이름에 의해서 대표로서의 조직 불교학의 수립에 다름이 없다.

이렇게 해서 교판적 불교 연구는 대성되어 천태종이 되고, 화엄종이 되어서 종파적 불교의 기초를 확립한 것이다. 모든 사상 발전의 과정에 있어서도 불교 지류가 생겨서 서로 대립되어 상호 난국의 미를 다루는 것은 자연의 운세라 하겠다. 그렇지만 전체적 입장에서 본다면 각각 이해에 근거하여 불교의 일연적 발전으로 생각하지 않을 수 없다.

그러면 불교의 근본정신을 실수한다는 점에 있어서는 어떤 것이든 하나로 귀착되지 않으면 안된다. 이 근본에 의해서 전 불교가 통일되어야 한다. 선의 근본행은 어떠한 이해라도 자유롭게 얻는 실천이다. 자주 행해지는 법난에 의해서 결론을 싫어하는 중국의 교계는 불립문자(不立文字), 교외별전(敎外別傳)을 표방하는 선종에 있어서 그의 귀추를 발견했다. 불립문자, 교외별전의 근본정신은 일면적 이해를 버리고 불교를 전체적으로 파악하려는 데 있다. 이는 손가락을 보고도 달(月)은 보지 못한 교종에의 경고에 다름이 없다. 여기에 우리는 중국 문화의 행적 성격이 스스로 선문에 침투한 것을 보고 놓칠 수 없다. 선문의 실천은 이해가 기본이 된 행이 아니고 이해 이상의 근본행이다. 더구나 그 행은 선거(禪居)의 별입은 독특한 규칙을 통해서 일반화한 것이다. 규칙의 제정은 중국 선종의 일대 특색으로서 예교문화의 결합을 의미한다.

다시 중국 선종의 특질로서 우리는 선(禪) 그것의 내용이 인도의 그것과 심히 다르다는 것을 듣지 않으면 안된다.

중국에 있어서는 면각진정에 동격인 오수(悟修)를 선으로 이름함으로부터 현저하게 실천적으로 되어 있다. 더우기 자기의 심성을 멀리 피안으로 보는 일이 없이 직하(直下)에 오수(悟修)하는 점은 특히 주목할만하다.

선(禪)은 정히 중국 문화가 낳은 종교로서 문화와의 관계를 도외시하고는 그의 진상을 붙잡지 못한다.

사사무애(事事無礙)의 입장은 현실이 촉감되어 순간이 영원에 접해 있다고 본다. 그것은 유록화홍(柳綠花紅)의 절대 현실론이다. 절대 현실론은 자연주의나 감각론은 아니다. 도리어 그것은 부정에 의해서 파악되는 것이다.

어느 선승(禪僧)이 '지금 있는 산수(山水)는 고불(古佛)의 표현이다' 라고 말하는 것과 같이 선의 자연에 대한 태도라 볼 수 있겠다. 그러한 정적 성격으로 키워 올린 것이다. 참으로 순정적인 것에는 내외의 차별이 있다. 더구나 거기에는 형태 없는 형태를 관득하고 소리 없는 소리를 청취한다.

우리 국민의 정신생활에 침투한 선의 심경은 실로 끈기가 강해서 현대 한국인 가운데 각 방면에 그 기풍을 나타내고 있다. 즉 이 시대에 있어서 능히 한국의 문교(文敎)를 보호한 선은 다시 건축·조각·회화·정원·가사·문학 등 일상생활에 이르기까지 소위 오래되어 풍부한 선종문화를 이룩한 것이다.

규봉종밀(圭峰宗密)선사는 서기 780년에서 841년 사이에 〈선원제전집도서(禪源諸詮集都序)〉에서 선을 분류하여 외도선(外道禪)·범부선(凡夫禪)·소승선(小乘禪)·대승선(大乘禪)·최상승선(最上乘禪)의 5종으로 구분해서 다음과 같이 말했다.

범부선(凡夫禪)은 정리 불교의 인과설을 믿으나 삼계에 고(苦)를 싫어하고 출리(出離)의 낙을 기뻐하고 즐기는 것이다. 여기에서 말하는 설은 연기설로 하는 것이 지당하고, 그러나 이 소인선은 삼계 출리(出離)를 목적으로 하는 한, 의연하게 취사대립의 의식을 면치 못한다. 따라서 이러한 것은 결코 정적을 하지 않는 한 선정의 삶을 누려서는 안될 것이다.

소승선(小乘禪)은 버리고 취하는 일의 상대관을 부정하고, 자아의 경지에 지달하나 제법계승의 이(理)를 체관하는 데에는 아직 이르지 못했다. 그래서 단순히 주관적인 인공뿐이므로 객관적인 법공(法空)을 증명할 수 없는 것이다. 그러니까 그 선도 또한 일면적인 것이다.

대승선(大乘禪)은 나아가서 법아(法我)를 헛되게 객관계를 실체관으로 부정한다. 고로 이것은 아법이공(我法二空), 즉 나타난 진리를 깨닫게 하고 수행을 설하는 것이다.

진공의 막다른 곳은 묘유(妙有)로서 여기에 대승의 본경이 전부 나타난다. 그러나 대승선은 더욱 경전에 의해서 교판에 기초를 두고 이상을 멀리 피안에 두는 의심스러움이 있다. 여기에 달아소전의 최상승전이 당연히 나오지 않으면 안된다. 객관적으로 부여된 신의 존재를 인정치 않는 불교는 필연적으로 인즉불(人卽佛)의 입장을 취한다. 일체중생 실유불성(悉有佛性)의 명제는 가장 적절한 표현이다. 그렇지만 선은 불법을 가능한 점층적으로 개발하고자 한다. 이는 일반 불교와의 태도와는 전혀 그 방향을 어긋나게 한다. 즉 최상승전은 직하의 자심

(自心)의 청정 번뇌의 본공을 깨달아 본 후 참된 앎을 본래 구족하고 있는 생불의 일여를 믿어 수행한다고 한다. 그러나 여래 청정인 최상승전 내지 진여삼매로 부르는 명칭은 더욱 교학적이오, 추상적이라는 것을 면치 못할 것이다.

여기에 있어서 다시 구체적인 조사선(祖師禪)의 호칭을 필요로 하기에 이르렀다.

이 현실에서 살아 있는 조사의 생명이 맥맥이 전하게 됨은 선 외에는 없다. 조사선의 내용은 위에 말한 것과 같이 정의를 가지고 다할 수는 없지만 종말은 스스로 나아가 그것을 식망수심종(息妄修心宗)・민절무기종(民絕無寄宗)・직현심성종(直顯心性宗)으로 분류한다. 그것은 교의상종 즉, 밀의의성설상교(密意依性說相教)・밀의파상현성교(密意破相顯性教)・현시진심즉성삼종에 상대하는 것이다.

신수심종은 방념이 멸해서 심지를 오수하려는 북종선(北宗禪)을 지적하는 것이다. 행에서는 선종 일반의 좌선을 총괄한다.

민절무기종은 내외의 일체를 끊어서 기재(寄在)시킬 곳이 없는 공을 기조로 하는 종인 것이다. 이것은 석두회천 계통과 우두선(牛頭禪)의 경산법흠(徑山法欽)에 이르는 계통들을 주로 해서 설행(說行)하는 설이라고 말한다. 직현심성종은 직하에 현현(顯現)시키려고 하는 종이다.

그 제1류는 마조도일(馬祖道一)의 홍주종(紅州宗) 등이오, 제2류는 신회(神會) 등의 하택종(荷澤宗)을 지적하고 있다. 역사상 구체적으로 전개하는 선의 특질에 대해서도 뒤에 다시 상세히 설명할 생각이지만 지금은 선정 내지 선 일반에 있어서 본질 도구를 명백히 하려고 한다.

생각컨대 불교 이전 내지 이후의 외도선은 형식적이나 또는 방법적이나 십분 조정되어 있지 않다. 선정에 새로운 의미를 부여해서 그의 내용을 풍부히 하고 또한 그의 목적을 명확히 한 것은 실로 불교이었다. 그러므로 지금 문제로 하는 선정은 주로 불교 내의 범위를 한정해 둘 생각이다. 더구나 그의 중점은 현실에 사는 선에 존재할 것이다.

선(禪)도 종교인 한 좌선(坐禪)이란 행을 매개로 하여 상대와 절대와 대립적 통일을 가능케 한다. 선정은 실로 좌선을 가지고 그 기본 형태로 한다. 이것은 이상실현을 위한 방법뿐만 아니라 목적도 되는 것이다.

석존이 성도 이전에 행한 좌선은 방법으로서의 것이었다. 이 선정, 그 자신을 목적으로 한 외학의 수정주의자란 전혀 그 입장을 달리하는 처지이다. 그런데 불타는 성도 후라고 해도 좌선을 폐하는 일이 없었다. 그의 좌선은 소위 깨달은 뒤의 수행이고 결코 단순한 수단이 아니다.

선종 성립 이전에 각 계통에 있어서 행해진 좌선은 주로 방법으로 해서 채용된 것이다. 선가에도 견성오도(見性悟道)를 위해서 좌선하는 것도 있고, 또 증상의 묘수(妙樹)로서 이것을 목적시하는 것도 존재한다. 즉 좌선으로 깨닫는 것뿐만이 아니고 깨달은 후에도 좌선하는 것이다.

오후(悟後)의 좌선은 깨달음을 가진 당연한 것인데 말하자면 행불멸의(行佛滅儀)에 다름이 없다.

석존의 대각에 기본한 좌선을 득도(得道) 가운데 수행인고로 깨달음을 목적한 것은 아니다. 정신좌선의 수는 그대로 본증의 전체이며 본증을 실의로 보는 모양이다.

 수행 가운데 증(證)은 스스로 갖추어 증의 위에 수(修)는 무애하게 행하여지고 있다. 그러나 그것은 일체실천의 부정은 아니다. 이 수증불이(修證不二)한 좌선에는 절대의 본래 청정과 무한정화(無限淨化)가 서로 상즉되어 있다. 수는 그대로 증인고로 행의 일순이 십전(十纏)의 의의를 갖고 있다. 생각컨대 수와 증은 그의 완전상태에 있어서는 항상 일체불이가 되지 않으면 안된다. 그러므로 좌선의 완성이 깨달음이오, 깨달음의 완성이 좌선인 것이다. 어떠하든지 선정의 중핵을 이루는 것은 좌선으로서 이것 없이는 선정은 단순한 관상에 떨어지는 외에 아무것도 없다.

 선정은 항상 대오와 긴밀한 관계를 가지고 있다. 무소득(無所得)・무소기(無所期)의 조선은 왕왕 대오를 부정하려고 하지만 대오는 요컨대 자기의 혁신 생명의 전환 외에 다른 것이 없다. 향엄의 격죽 승운의 견색이 대오의 계기가 된 것과 같이 부당의 정신적 준비에 의한 긴장력이 정사(正師)의 인증을 받아서 여기에 격발한다. 그것은 법의 깊은 곳의 체험이요, 법에의 친함과 일치하는 것이다. 그러나 법도 자기를 떠나서는 존재하지 못한다. 그러므로 철저하다는 것은 자기를 명백히 하는 것이다.

 대오는 실로 생명의 근원적인 통일이다. 이것을 견성 또는 작불이라 한다. 견성은 자기의 심성을 철견하는 뜻 외에 다름이 없다. 아니 본성의 자기에게 해당되어 본래의 면목에 삶을 말한다. 그러한 자기는 결코 개인적이 아니고 초개인적이 되는 본각심성이 되어야 한다.

대아는 개아(個我)를 몰각하고 욕망을 다해서 처음으로 얻는 근원적인 체험이다. 이와 같은 체험은 1회적인 것뿐인가. 그것은 진실로 자기를 건설하고 생명을 혁신하는 선자들이 성진을 기본으로 했다.

그 기간 중에는 기회의 성오를 경험하는 것도 부정할 수 없을 것이다. 가끔 경험하는 인생의 번쩍함과 영감이 쌓여 모여서 우리로 하여금 대오를 이루게 한다. 그것은 하나의 계기에 접촉 용화된 의식의 어떤 일점(一點)에 적중되어 있다고 형용하겠다. 그러나 선가에는 그러한 대오를 전면적으로 강조하는 것과 그렇지 않은 것이 있다.

수증일여의 입장에 입각한 계통은 수증의 증을 설해서 이것을 표면화 하지 않으면 그것을 부정하는 것은 아니다. 그래서 선문에는 대오 내지 성오의 수단으로 해서 일반에 공안이 사용되고 있다. 공안은 원래 공부의 안건(案件)이어서 교인의 행리 규범 등을 지적하는 것이다.

생각컨대 간화(看話)는 선인이 열렬한 뜻을 가지고 참구한 화두(話頭)를 헤아리는 것이니까 이것을 의기로 하여 선의 내오(內奧)로 들어가는 것은 극히 자연적이요, 또 초심을 유도하는 데는 교묘한 방법이다. 그러나 이것이 일반에 통행할 수 있게 되어 스스로 그 본지가 몰각되어서 조용히 이것을 가지고 망념 폐색하기에 이르렀다.

선사상(禪思想)을 정확히 표현한 일체중생 실유불성의 표현은 생불의 모순대립을 근원적으로 통일시킬 것이다. 그러나 선은 불성을 성불의 가능성으로 해서 이것을 단계적으로 실현하고자 한다.

한편 일반 교종이란 전혀 그 입장을 달리한다. 본각진성에 즉해 있는 오수(悟修)야말로 선의 본령이 아니고는 안된다. 선은 사람 본구의 진성을 깨달음에 나타내는 혜와 그것을 수(修)해 보이는 정(定)과를 종합한 것이다. 진성, 그것을 철견한다고 해도 그것을 대상으로 해서 각지하는 것이 아니다. 직하에 진성 그 자신에 부합하고 진성 그것을 이루어 그것을 전체적으로 구현시키는 것이다. 직지인심(直指人心) 견성성불(見性成佛)이란 것을 말한다. 사가는 학인에 대해서 직접 단적으로 그의 심성을 지시하고, 학인의 자기 본성을 철오하면 그대로 성불이 될 것이다.

성불(成佛)은 부처가 되는 것인데, 그 표현은 더 교학적이다. 조용히 불(佛)이라는 것을 깊이 자각하는 것이 아니면 안된다. 불이란 물론 내외의 초연한 존재가 아니고 현실에 살아서 역사를 부담한 참다운 지도자인 것이다.

선(禪)은 경전의 문자에도 한계를 정하고 그의 절대성을 부정한다. 생각하건대 각각 소의(所依)의 경전을 가지고 있어 그 문자를 유일의 증거로 했다. 그러나 문자에 나타나는 개념은 결국 달을 가르치고 어토(魚兎)를 잡는 올가미에 지나지 않는다.

우리는 월(月)을 잃고 지(指)에 사로잡혀 어토(魚兎)를 잃고 올가미에 막혀서는 안된다. 이것이 소위 선(禪)의 불립문자이다. 그러나 불립문자는 불용문자는 아니다. 문자에 흔들리는 것이 아니고 도리어 문자를 부리는 것이다.

경전을 소의(所依)로 하는 것은 당연히 교판을 수립한다. 교판은 석존의 교설중 특히 종조 자신이 신봉하는 경전을 최고의 표준으로 해서 전 불교의 계통을 합류해 이것에 의해서 불의의 적취를 명백히 하는 동시에 자종(自宗)의 우수한 지위를 보여서 새로운 종파의 독립을 선언한 것이다.

그런데 불립문자를 표방한 선은 그러한 교판을 세운 일이 없다. 물론 교판을 전혀 무가치하게 비호하는 것은 결코 아니다. 다만 그것이 진실의 불법이오, 또 그것을 낳게 하는 근원이라고 하는 견해를 부정하는 것이다. 이것이 소위 선의 교외별전의 진의(眞義)이다. 그러나 교외에 전해야 될 일심(一心)이 있다. 그래서 선을 특수화 하고 소경(少徑)을 들어가게 되는 것을 진실의 불법으로는 비난을 면치 못할 것이다. 요컨대 선은 교의 수열을 토론하고, 법의 얕고 깊음을 택하지 않고 다만 행위 진위를 문제로 삼는 것이다.

선은 스승의 인격과 인격과의 친밀한 접촉에 의한 전법사법(傳法嗣法)을 중요시 한다. 인도의 28조설(祖說)은 역사적으로 봐서 문제가 있지만 그러나 전통사법은 원래 신사(信師)에 입각했던 것이다. 거기에는 조도의 계승, 도통의 호지(護持)에 대한 치열한 뜻이 존재한다. 스승의 마음을 가지고 마음에 전하는 정법(正法)은 그 따뜻한 인격을 매개로 해서 영구히 상승될 것이다.

사법(嗣法)은 마치 한 그릇의 물을 한 그릇에 쏟는 것과 같이 불타의 참 정신이 열조(列祖)에 잘 전수되어서 남김없이 빠지는 일없이 이르름을 말한다. 그것은 석존의 인격 자체가 그대로 조사의 인격으로 되어서 때와 처소에 수응하여 사는 것이오, 또 열조 자신이 각각 불타의 자각에 살고 있는 소이이다.

교외별전의 의미는 정히 개념과 이론에 의한 것은 아니고 산(生) 인간으로부터 인간의 정법이 직접으로 전해지는 일 외에는 없다. 여기에 생생한 진실의 불법이 스승과 제자의 인격을 매개로 하여 무한히 전승되는 것이다.

신문의 청규는 율제(律制)의 전부를 방기(放棄)한 것이 아니고 혼자만 한결같이 선도수행의 대본을 기본으로 해서 이것에 통합한 것을 개각한 것이다.

대승제종은 대승독자의 규법을 필요로 했으며, 사실상 그 필요성을 명언해서 율제 이상의 것을 창조하고 선문(禪門)에서 독립한 것은 실로 선종뿐일 것이다. 그래서 청규책정의 동기는 도신홍인(道信弘忍)의 시대에 있다. 그것은 백장의 고청규(古淸規)에 있어 결실했다.

백장청규의 내용은 이것을 상세히 나열하기 어려우나 다만 〈송고승전(宋高僧傳)〉 제 10권 백장전에서 술한 것과 〈경덕전등록〉에 있는 장의의 선문규식 등에 의해서 엿보인다. 청규는 인도에 있어서 대소승의 계율을 기본하면서도 결코 그것만으로 그치지 않는다.

예속을 기조로 한 중국 문화는 특이한 유산이다. 우리는 그 중의 율례의 종합을 볼 것이다. 선은 불교 교리의 행적 파악이며, 불교 교리를 정혜에 의해서 겪어 인정된 이론적 표현이다. 또한 선은 불립문자를 표방해서 경전을 절대의 권증으로 하는 태도를 비호하고 교외별전의 표지를 들고서 교판을 유일의 권계로 한 입장을 부정했다. 그러나 선은 문자를 버리고 이해를 떠나면서 스스로 그 사상적 배경을 형성하는데 이르렀다. 더구나 그것은 불교 교리와 내면적으로 깊은 관계를 가지고 있다.
 우리는 그 주가 되는 것으로서 공(空)·일심(一心)·원융의 사상을 말하는 것이 가능하다. 교학적으로 말하면 공은 반야, 일심은 승만, 열반 원융은 화엄 등의 제경전을 특히 강조하는 곳에 있다. 그러나 그것은 조용히 대승경전의 밑에 흐르는 선의 사조가 스스로 그러한 교리를 결실시켰다고 볼 수 있겠다. 그렇지만 선이 의문해의(依文解義)의 교가와 별립하는데 이르면 교학적 표면에 만족하지 않고 공은 무로 된다.
 일심은 본래 면목으로 되고, 원융의 불이일여(不二一如)도 되는 것이다. 취중(就中) 불이일여의 사상과 화엄·유마 등의 대승제전에 연원하지만 그러나 일반 교가의 입장은 산 현실의 생활로부터 유리되기 쉽고 평상심 시도(平常心是道)의 구체적 생명에 사는 점이 부족하다. 이념이 단순한 이념이 아니고 삶의 현실로 되게 하기 위해서는 입장의 전환을 필요로 한다.
 양자의 불이일체가 되는 것을 참으로 증득하게 하는 것은 단순한 이해에 있지 않고 산 체험이 아니면 아니 된다. 체험은 의식적으로 생각하는 것이 아니고 자심을 통털어서 행하지 않으면 안된다. 여기에 불이(不二)라고 해도 단순한 직접적 동일성이 아니고 어디까지나 대립적 통일일 것이다.
 상대는 그저 상대의 것으로서 그대로 긍정되는 것이 아니고 그 부정을 통해서 절대에 긍정되는 것이다. 신심 생불 수증(修

證)인과 생사 등은 불이(不二) 전문의 주요한 과제이다. 선은 절대로 단순히 초월적으로 생각하는 것이 아니고 또 우리가 무한히 나아가는 극한으로도 보지 않고 현실 즉 실재로 칭한다. 그것은 이사무애보다도 사사무애의 절대 현실론에 입각한다. 유록화홍(柳綠花紅)이라 하는 대승불교의 진의는 선에 있어서 가장 현저하게 구체화 되어 있다.

그 입장은 형식이 바로 연결되고 순간이 그대로 영원에 접해 있다고 볼 수 있다. 일심일체전(一心一切傳)이라 말하고, 심이란 유하대지라 말해 단청하고 기와울림이 모두 불사를 이룬다고 하는 것은 그 하나의 예나 다름이 없다.

선(禪)은 그러한 절대 현실에 있어서 무애자재의 도리를 연출하는 것이다.

제3장 불법사례

□ 마음속의 매듭 응어리

　석가모니 부처님의 애제자 아난존자(阿難尊者)는 용모가 빼어나게 아름다워 뭇 여성의 흠모의 대상이 되었다. 따라서 여러 가지 여난(女難)의 구설수에 오르내리곤 했다.
　어느 날, 인도의 노예 계급인 시라라의 처녀를 사랑하게 되어 타오르는 연정에 가슴을 죄게 되었다. 오늘날에도 인도 사회의 커다란 암적 존재이지만 당시의 인도 사회는 계급제도가 엄한 나라였다.
　석가모니 부처님은 아난존자가 사랑에 가슴을 죄며 애태우는 것을 아시고 손수건을 꺼내어서 그 손수건에 매듭을 여러 개 만들어 아난에게 보이며 이것이 무엇이냐고 물었다.
　"예, 그것은 매듭이 아닙니까, 세존이시여!"
　"아난아! 너의 마음속에는 많은 매듭 응어리가 맺혀있구나. 시라라 계급의 처녀를 사랑하여 번뇌하고 있는 것 같으나 그 번뇌를 하나하나 풀어나가지 않으면 안된다."
　라고 하시며, 모든 매듭을 풀어버리라고 말씀하셨다. 이어서,

"좌선(坐禪)하면서 졸면 안된다. 조는 것은 좌선이 아니다. 또한 좌선하면서 생각하는 일이 있어도 안된다. 그것은 생각하고 있는 것이지 좌선하고 있는 것은 아니다. 상념(想念)이 일어나면 깨달ㅏ라. 즉 망녕된 생각이 일어나거나 잠을 이기지 못하여 졸거나, 멍하니 방심상태가 되면 무일(無一)이라는 공안(公案)에 반(返)하는 것이다. 그러니 오직 매듭이 된 응어리, 즉 번뇌라든가 망상을 하나하나 풀어나가는 것뿐이다. 옛사람들도 말하기를 상념이 일어나는 것을 두려워하지 말라. 오직 깨달음을 늦게 하는 것을 항상 염려하라."
고 말했던 것이다.

□ 황금의 쇠사슬

번뇌라든가 망상이 인간을 묶는 쇠사슬이라면, 공(空) 즉 진공(眞空)·무상(無想)·무일물(無一物)의 깨달음도 속박을 당하면 무위무사(無爲無事), 바꿔 말하면 모든 계획을 끊고 하릴없이 평상 그것과 같은 심경의 사람을 묶어 놓는 황금의 쇠사슬이 되고 만다.

불(佛)과 법(法)을 고맙게 여기고, 불견(佛見)·법견(法見)을 버리고 진실로 불(佛)의 향상의 경애(境涯)를 얻을 것이 아닌가?

석가모니 부처님의 제자로 후의 16제자 중에서 중생의 미래에 다가올 생사 문제를 가장 잘 안다는 천안제일(天眼第一)의

아나율존자는 어린 시절에 동무들과 놀이하는 중에 물건을 걸어 내기를 하며 자기는 부잣집 아들이므로 무엇이나 얼마든지 걸 수 있다고 몹시 뽐냈다.

그럴 때마다 몸종에게 명하기를 자기 어머니에게 가서 내기에 필요한 물건을 가져오기를 명했다. 아나율존자의 어머니는 과자 한 봉지를 주며 더는 없다고 이르라 하고 종을 보냈다. 아나율존자는 몸종이 건네 준 그 과자마저 내기에 걸어 빼앗기고 말았다. 그러나 아나율존자는 조금도 그것에 개의치 않고 또 다시 몸종을 집으로 보내며 동무들 앞에서 교만하게 굴었다. 이번에는 과자가 아닌 더없이 좋은 물건을 걸겠다고 거만하게 굴면서 잃은 것에 대하여 분한 마음에 씩씩거리고 있었다.

공(空)의 경지에 빠져 들어간 도인(道人)은 더 없다는 것을 진중히 한 아나율은 그냥 웃어만 버릴 수는 없지 않겠는가?

□ 밥벌레 같은 녀석

어느 날, 왕태부 연빈(延彬)거사가 장경화상이 계시는 초경사(招慶寺)에 들려서 차 대접을 받게 되었다.

때마침 장경화상(長慶和尙)이 외출 중이었기 때문에 한 상좌(上座)가 명초화상(明招和尙)과 대면하고 있는 왕태부에게 차를 따르려다 그만 주전자를 뒤집어 엎고 말았다. 이에 왕태부는 그 상좌를 보고 이르는 말이,

"차 끓이는 화로 밑에는 무엇이 있느냐?"

"예, 봉로신(棒爐神) : 커다란 금속 화로의 자리에 귀신의 얼굴을 조각한 것으로서 화로를 받드는 신)이 있습니다."

하고 상좌가 대답했다.

"그래, 봉로신이 있는데 어이하여 주전자가 엎어지는 거냐?"

왕태부가 다시 물었다. 이에 상좌가 비꼬는 말로 받기를,

"아무리 그간에 일을 잘했다 할지라도 한번만 실수를 저지르게 되면 그만 벼슬을 잃고마는 법이오."

라고 하자 왕태부는 부화가 치밀어 그만 자리를 물러서고 말았다. 이 광경을 죽 눈여겨보던 명초화상(明招和尙)이 말씀하시기를,

"초경사의 밥을 먹고 딴전을 부리다니 마치 밥벌레같은 녀석이로군."

하고 꾸짖었다. 이에 상좌가 말을 받아서,

"그렇다면 스님께서는 어떻게 하셨겠습니까?"

하고 물은 즉 명초화상이,

"응, 그거야 봉로신이 활개친 것이지…"

후에 설두화상(雪竇和尙)이 이 사실을 아시고 하신 말씀이,

"그때에 내가 거기에 있었다면 화로째 들어서 내팽개쳤을 터인데…"

했다. 이에 송(頌)에서,

기막힌 질문에 서푼의 답일세
오라! 애꾸용 비기(秘機)는 감추는구나
그렇지 안했다면 번개가 일고 폭우가 치련만…..

했다.

이는 명초화상을 보고 이름이다.

명초화상은 애꾸눈의 훌륭한 선사(禪師)였다.

□ 공덕(公德)을 생각말라

중국 남조(南朝)의 양(梁)나라 천자인 무제(武帝 : 464~594)는 독실한 불교신자로 스스로 가사를 걸치고〈방광반야경(放光般若經)〉의 강의를 한 것으로 오늘에까지 전해지고 있다.

세상 사람들은 이러한 무제를 존경하여 불심천자(佛心天子)라고 칭찬하여 마지 않았다. 그같은 숭불가(崇佛家)였으므로 인도의 대성(大聖) 달마선사께서 도래한 사실을 듣고 곧 칙사를 시켜 모셔 오도록 하여 도방(都房)에서 달마선사를 뵙게 되었다.

무제는 달마선사를 뵈옵고 이내 말하기를,

"짐은 헤아릴 수 없이 많은 불사를 건립하여 많은 승려에게 도첩(度牒)을 주어 공양하게 하였으니 오직 커다란 공덕이 있지 않겠는가?"

그러나 달마선사의 답은 무제가 기대했던 것과는 너무 거리가 먼 것이었다.

"공덕은 없는 것입니다."

그렇다. 공덕을 생각하거나 아니면 현세의 이익을 생각하는 따위의 계산된 마음가짐은 이미 진실한 불심하고는 거리가 먼 것이다. 오직 털끝만큼이라도 자기를 생각하는 부질없는 생각이 머리에 떠오를 때 그것은 진실한 종교심이라고는 결코 말할 수 없는 것이다.

□ 마음의 티끌

 오조(五祖) 홍인화상(弘忍和尙 : 601~674)은 어느 날 여러 제자들을 불러 모은 후 이제 자기의 나이도 많으니 후계자를 정해야겠다는 이야기를 했다.
 "너희들 각자 시게(詩偈)를 지어 제출하여라. 너희들 중에서 법을 얻은 자를 제 6대조사로 삼겠다."
 이때, 상좌인 신수(神秀 : 606~706)는 대중의 스승인 교수사(敎授師)였다. 그는 여러 무리들의 기대에 어긋나지 않게 다음과 같은 뛰어난 시게를 지어 올렸다.
 "몸(身)은 보리수요, 마음은 명경대(明鏡臺)와 같음을 명심하여 몸과 마음에 티끌과 먼지가 끼지 않도록 할진저."
 이 시게를 읽으신 오조는,
 "참 훌륭한 시게이다. 이렇게 수행한다면 기필코 오성(悟醒)하리라."
하시면서 조용히 신수를 불러 말하기를,
 "너는 아직 문내에 들어가지는 못하겠구나."
하셨다. 뭇 사람들은 모두 신수의 시게를 암송하며 그 빼어남을 경탄하여 마지않았다.

이때 아직 삼간두옥(三間斗屋)에서 행자(行者 : 아직 득도하지 못하고 속인들의 생활을 누리며 불사에 가는 사람)인 혜능이 이 모양을 보고 자기도 시게를 한번 써 보기를 허하여 달라면서 다음과 같은 시게를 썼다.

"보리는 원래가 나무(樹)가 아니며, 명경은 원래 대가 아니거늘 즉 본래무일물(本來無一物)한데 그 어느 곳에 먼지와 티끌이 있으리."

이 시게가 오조 홍인화상의 눈에 띄게 되어 이를 지은 자가 누군가를 탐문하여 이것이 혜능의 지으심을 아시고 홀로 혜능을 찾으셨다. 당시 혜능은 승려들이 공양할 쌀 방아를 찧고 있었다.

"혜능아! 방아를 다 찧었느냐?"

낯익은 목소리에 땀을 뻘뻘 흘리며 방아를 찧던 혜능이 뒤돌아보니 오조 스님이 와 계셨다.

"예, 스님! 이제 방아는 다 찧었습니다만 아직 쭉정이는 고르지 못하였습니다."

"음, 공부는 다 했으나 아직 인정은 받지 못하였다는 뜻이로구나."

하고 오조는 '있다가 나에게 은밀히 들리도록 하라'는 말씀을 남기고 발걸음을 돌렸다.

'오늘 저녁에 나더러 몰래 오라는 말씀이로구나.'

이렇게 생각한 혜능은 고요한 야밤에 오조 스님의 방을 노크하고 들어섰다.

오조 스님은 당신이 가지고 계시던 의발을 혜능에게 전수하여 주셨다.

□ 하루 저녁에 깨달음

영가현각화상(永嘉玄覺和尙 : 675~713)은 어린 시절부터 경론(經論)을 배우고 천태의 지관(止觀 : 禪定을 말하며, 觀은 반야의 지혜에 해당한다)에 아주 정통한 수제자로서 어느 날 〈유마경(維摩經)〉을 읽고 크게 깨달은바 있었다.

그는 육조 혜능(慧能)의 제자인 현책(玄策)에게서,

"무사자오(無師自悟)는 천연외도(天然外道), 즉 정사(正師)의 증명을 받지 않고 자기의 자연 본성 그대로 보지 않는 것이 좋다."

는 충고를 받고 현책과 같이 육조를 찾아갔다.

현각은 육조의 선상(禪床)의 언저리를 여러 번 빙빙 돌더니 손에 들고 있던 석장(錫杖)을 쿵쿵 두드리며 서 있었다. 이에 육조가 말하기를,

"사문(沙門 : 출가하여 수행하는 자)에는 사문의 법도가 있는 법이다. 도대체 네놈은 어느 녀석이기에 그런 자만심을 버리지 못한 무례한 행동을 하는가?"

하고 꾸짖었다.

이에 현각이 답하기를,

"삶과 죽음의 문제는 아주 중대하여 시간의 흐름이 빠른 것입

니다. 지금 예의를 지킬 겨를이 없습니다."
이에 육조는 다시 현각에게 묻기를,
"그렇다면 왜 무생(無生 : 삶과 죽음이 없는 경지)을 체인(體認)하여 무속(無速 : 시간을 넘어 선 경지)을 일삼지 않는가?"
"예! 그것은 체인하였기 때문에 무생이오, 이를 일삼았기 때문에 무속이라고 하는 것입니다."
육조가 곰곰이 생각하더니,
"그렇다! 너의 말이 맞다."
이때 현각은 비로소 몸가짐을 바로 잡고 절을 올리며 이제 물러갈 것임을 말씀드렸다. 육조는 그에게 그날 밤을 그곳에서 묵고 가는 것이 어떻겠느냐고 하였다. 이렇게 하여 현각은 육조의 법통(法統)을 이어받게 되었던 것이다.
여기에 대하여 세상 사람들은 현각을 일컬어 일숙각(一宿覺), 즉 하루 저녁을 머물러 깨달음을 얻었다고 했다.
현각은 육조를 만나기 이전에 이미 크게 깨달음을 얻었지만 육조의 증명을 얻어 비로소 조사(祖師)의 위(位)에 오르게 된 것이다. 하룻밤을 육조와 더불어 같이 묵은 일숙(一宿)은 그 사법(嗣法)을 위한 하나의 수속이었던 것이다.

□ 고불(古佛)은 떠난 지 오래다

어느 찌는 듯 무더운 여름 날, 부채로 더위를 쫓고 있던 혜충국사(慧忠國師 : ?~775)를 찾아 온 어느 중이 국사에게 다음과 같이 질문했다.

"스님, 본신(本身)의 노사나불(蘆舍那佛 : 부처님의 본신이기도 한 영원불멸의 진리로 이를 일러 法身佛이라고도 함)이라고 하는 것은 무엇을 뜻하는지 말씀하여 주십시오."

이 말을 들은 국사는 빙긋이 웃으며 탁자 위에 놓인 물병을 가리키며,

"저 물병을 나에게 좀 가져다 주게."

라고 하였다. 그 중은 얼른 자리에서 일어나 탁자 위에 놓인 물병을 들어 공손히 국사에게 바쳤다.

"음, 그 물병을 다시 저 탁자 위에 가져다 두어라."

국사의 예기치 않았던 명에 그 중은 그저 어리둥절했다.

그 중은 날씨가 더우니 국사께서 목을 축이시고자 물병을 가져다 달라고 했으려니 생각하고 시키는 대로 물병을 가져다 드렸으나 그것을 다시 탁자 위에 가져다 두라니 어안이 벙벙할 수밖에… 도대체 국사께서는 사람을 놀리는 것인가, 물병을 달라더니 다시 갖다 놓으라니 하고 생각하면서 다시,

"본신의 노사나불은 무엇인가요?"

라고 물었다.

이에 국사는 태연하게,

"고불은 이미 떠난 지 오래니라."

하시고 다시 침묵을 지키셨다고 한다.

또 어느 날, 현사화상(玄沙和尙 : 835~908)은 위(韋)의 어떤 장군과 과자를 드시면서 담소하고 있을 때, 장군은 항시 가슴

에 의문점으로 남아있는 고어(古語)의 '일용부지(日用不知)'라는 말의 참뜻을 이해하지 못하고 있던 터였으므로 한가로이 담소를 즐기고 있는 틈을 이용하여 일용부지의 뜻을 물었다.

이에 현사화상은 과자가 담긴 접시를 장군 가까이 놓으면서 과자나 많이 들도록 권하기만 할 뿐이었다. 위의 장군은 무시당하는 것 같은 기분을 꾹 누르면서 다시 일용부지의 뜻을 물었다. 그제서야 현사화상은,

"자, 과자나 듭시다. 이것이 일용부지 아니겠습니까?"

하였다. 물병을 움직이는 것, 음식을 먹는 것, 이 모든 것이 즉 진인(眞人: 臨濟가 부처님 즉 자각자를 독자의 禪語로 표현한 어구)의 움직임이 고불(古佛)의 재처(在處)가 있다는 뜻이다.

□ 빗방울 떨어지는 소리

비가 억수로 쏟아지는 우기의 어느 날이었다. 이때 경청화상(鏡淸和尙 : 806~937)이 같이 있던 한 제자에게 물었다.

"지금 문 밖에서 들리는 저 소리가 무슨 소리인고?"

"예, 빗방울 소리입니다."

하고 그 제자는 답했다. 이에 경청화상이,

"너는 빗방울 소리에만 사로잡혀 있구나."

이에 그 제자가,

"스님께서는 그렇다면 저 소리를 무엇이라고 생각하십니까?"

하고 물은 즉 경청화상은,
"까딱 잘못했다간 나도 그에 사로잡힐 뻔했지."
하고 딴전을 피우셨다. 그 제자가 또 묻기를,
"까딱 잘못하면 사로잡힐 뻔했다고 하셨는데 그것은 또 무슨 뜻이옵니까?"
"속박에서 벗어나 자유로워지기는 쉬워도 현실을 그대로 표현하기란 용이한 일이 아니거든…"

사람의 마음은 무엇엔가 전도되어 있기 때문에 자기라는 것에 미혹되어 주관과 객관을 구별하지 못하고 객관의 노예가 되어 버린다. 우리는 정신적으로 해이되기 쉬운 이때 결코 주관을 잃어버려 하찮은 빗소리에 사로잡혀 금같이 귀한 시간을 보내는 일이 없도록 해야 하겠다.

□ 육조의 물음

숭산에 있던 남악화상(南嶽和尙 : 677~747)은 어느 날 조계(曹溪)에 계시는 육조를 찾아뵙게 되었다.
한참 선정에 들어 있는 육조의 선정이 끝나기를 기다려 남악화상이 참배를 올릴 때에 육조가 묻기를,
"그대는 어느 곳에서 왔는가?"
하니,
"예, 소승은 숭산에서 왔습니다."

하고 육조가 대답하자, 눈을 지그시 감고 명상에 잠기던 남악은 다시 또 묻기를,

"무엇이 그대를 숭산에서 이곳 조계까지 오도록 하였으며, 도를 구하여 이곳에 온 그대는 누구인가?"
하고 재차 물으셨다. 이에 대하여 남악은 그 자리에서 그에 대한 답변을 하지 못했다.

그 후, 남악은 오랜 세월 동안 육조의 물음을 가슴에 새겨 곰곰이 생각해 보았다.

오랜 참선 끝에 육조의 무엇, 즉 하물(何物)을 깨닫게 되어 스스로 답하기를 '설사일물즉부중(說似一物即不中)'이라고 하였다. 유명한 말이다. 그 하물이란 일물에 대하여 무엇인가가 벌써부터 밖으로 비뚤어진다는 말이다.

남악은 다시 육조를 찾아가 처음 찾아뵈올 때 받은 물음에 '설사일물즉부중'이라고 답했다. 이 말을 듣고 육조는 다시 묻기를,
"그대는 역시 그것을 수행하여서 스스로 이를 실증(實證)할 수 있겠는가?"
했다. 이에 남악이 답하여 말하기를,

"그것을 수행하여 실증하는 것은 곧 더럽혀지지 아니하는 것입니다. 수행하여 증오(證悟)하는 것은 어렵지 않지만 더럽혀지면 그만 헛일이 아니겠습니까?"

육조는 이 답을 들으시고 크게 기뻐했다.
"오직 더럽혀지지 아니하는 일사(一事)만이 제불(諸佛)의 발염(發念)하는 점이다. 너는 이미 달(達)하였도다. 기쁘고 기쁜 일이로구나."

□ 말을 두들겨야지

 언젠가 남악화상(南嶽和尙)이 마조(馬祖)와 같이 있을 때였다. 그런데 마조는 오직 좌선만 열심히 하고 있었다. 이를 지켜보던 남악은 이를 불법(佛法)의 기(器)로 알고 마조에게 물었다.
 "당신은 도대체 좌선만 하여 무엇을 하려고 하는 것입니까?"
 "오직 불(佛)이 되고자 함이오."
 이러한 마조의 답을 듣고 아무런 이야기가 없던 남악은 어느 날 마조의 앞에서 병을 주워 돌 위에다 열심히 갈고 있었다. 이를 지켜 본 마조는 왜 남악이 병을 돌에 갈고 있는지, 그것을 갈아서 도대체 무엇에 쓰려고 하는 것인지 도무지 이해가 가지 않았고, 여간 궁금하지가 아니하여 남악에게 그 까닭을 물었다.
 "그 병을 돌에 갈아서 무엇에 쓰려고 그렇게 열심히 병을 갈고 있는 것입니까?"
 남악은 그 질문을 기다렸거나 한 듯이,
 "이거 말씀이오? 이것을 갈아서 거울을 만들어 볼까 하여서 이렇게 갈고 있는 중이라오."
 "그 병을 갈아서 어떻게 거울을 만든다는 말씀입니까?"
하고 마조가 물었다. 이에 남악이 답하여 되묻기를,
 "그러면 당신은 좌선하여 어떻게 부처가 된다는 말입니까?"
 마조는 할 말이 없었다. 마조는 남악에게 예를 올리고 가르침을 청하므로 남악이 비유하여 말하기를,
 "그것은 마치 사람이 마차를 부리는 것과 같은 것입니다. 만

일 마차가 움직이지 아니하면 그대는 마차를 두드려서 가도록 하겠는가! 아니면 말을 두드려서 마차를 가도록 하겠는가! 마차를 움직이도록 하기 위해서는 마차를 두드리는 것이 아니고 말을 두드려야 하는 것이 아닌가. 그러함에도 불구하고 그대는 좌선을 배우는 것인지 도대체 알 수가 없다. 좌선을 배우는 것이라면 부처에는 어떤 정해진 상(相)은 없는 것이 아닌가! 법에 있어서는 어떠한 것에라도 그에 집착해서는 안되는 것입니다. 좌불(坐拂)에 기울어지면 부처를 죽이는 결과를 초래하는 것이며, 좌상(坐相))에 기울어지면 깊은 진리에 달할 수 없는 것입니다."

 마조는 이 가르침을 듣고 마치 이른 새벽에 신선한 우유를 마시는 것과 같은 마음의 신선함을 얻었다.

 형식적인 좌선보다는 오직 열심히 마음을 닦고 정진하는 것이 가장 중요하다는 가르침이다.

□ 마음이 곧 부처다

 대매화상(大梅和尙 : 752~835)은 마조(馬祖)의 즉심즉불(卽心卽佛) ―마음이 곧 부처― 라는 가르침을 듣고 크게 깨친 바 있어 훗날에 매자영(梅子英)의 구적(舊跡)이라 일컫는 산중의 선경(仙境)에 들어가서 은거하고 있을 때였다.

 어느 날 마조의 법자(法子)인 염관화상(鹽官和尙 : 842~?)은 그 선경에 가게 되었을 때 산 계곡에 깔린 구름과 안개 때문에 길을 잃고 헤매다가 선인(仙人)과 같은 노승(老僧)을 만나게 되었다.

　그 노승을 만났기 때문에 가까스로 목숨을 건진 염관은 노승에게 공손히 여쭙기를,

"스님께서는 이곳에 들어와 사시게 된 지가 몇 년이나 되었습니까?"

하고 묻자, 그 노승은 답하기를,

"이곳은 사방이 산으로 둘러싸여 있기 때문에 여름이 되면 오직 나무와 숲이 우거질 뿐이고, 가을이 되면 단풍이 들고 또 겨울이 오면 흰 눈이 쌓일 뿐 이곳에 달력이 있을 까닭이 있겠소."

할 뿐이었다.

　염관화상은 노승의 극진한 간호로 원기를 회복하여 노승에게 작별을 고하고 어디로 가야만 이 산을 벗어날 수 있겠는가 여쭈었다.

　노승이 만면에 웃음을 가득 띠며,

"발길 가는 대로 따라가시구려! 흐르는 물길을 따라 가노라면 결국 바다에 이르지 아니하겠소."

하였다.

　염관화상은 돌아와 그의 스승인 마조에게 이 사실을 말하니 마조는 이내 그 노승이 대매화상임을 알아보고 편지를 띄워 대매화상을 영접하려 하였으나 대매화상은 이에 응하지 아니하고 오히려 그 후부터 사람이 찾아오는 것을 꺼려하여 세인이 알지 못하는 곳으로 옮겨 다니면서 나뭇잎으로 만든 옷을 입고

송화(松花)가루의 생식만 하면서 오직 인적이 없는 깊은 산중으로만 숨어 은거했다.

□ 부처는 존재하는 것인가?

장졸수재(張拙秀才)가 서당화상(西堂和尙)에게 부처(佛)의 유무(有無)를 물었다. 과연 부처는 존재하는 것인가, 아니면 존재하지 않는 것인가?

유가(儒家)에 아래와 같은 이야기가 전하고 있다.

유가의 어느 성인(聖人)이 그의 여러 제자들과 같이 있을 때 어떤 사람이 들어와서 하는 말이,

"엊저녁에 저희 집의 소가 새끼를 낳았는데 그만 죽고 말았습니다. 오늘 저녁이 저희 집의 제삿날이온데 이런 불결한 일을 당하였으므로 제사를 지내지 않아도 불효가 아닌지요?"

그 성인은 이 말을 듣고,

"그렇다, 불길한 일을 당하였으므로 제사를 지내지 않아도 불효는 아니다."

고 답하여 주었다. 방문했던 사람이 나가고 나자, 또 다른 사람이 달려 왔다.

"선생님, 오늘 아침 저희 집 소가 죽은 송아지를 낳는 불상사를 당하였으나 오늘 저녁이 마침 저희 집 제삿날이온데 불길한 일을 당하고도 제사를 지내는 것은 선영에 대한 불효가 아닌지요?"

하고 물었다.
"그렇다, 그것은 불효가 아니다."
라고 일러 주었다.

 같은 경우의 일에 임하여 상이한 질문을 한데 대하여 스승이 이도 아니오, 저도 아닌 답을 하는 것을 귀담아 듣던 제자들이 스승에게 그 연유를 물었다. 이에 그 성인(聖人)은,
"한 사람은, 죽음을 다루었으니 죽음을 다룬 손으로 선영의 제사를 모실 수 없다는 생각이니 그도 옳은 일이오, 또 다른 사람은 비록 죽음을 다루었으나 선영의 제사를 지내야겠다는 마음이니 그 또한 옳은 일이 아닌가."
라고 설명해 주었다고 한다.

 어느 날인가 장졸수재(張拙秀才)는 서당화상(西堂和尙)에게 다음과 같이 질문하였다.
"산하대지는 존재하는 것입니까? 그렇지 않으면 존재하지 않는 것입니까? 또 삼세제불(三世諸佛)은 존재하는 것입니까? 아니면 존재하지 않는 것입니까?"
 서당화상이 이에 답하여 주기를,
"그것은 존재하는 것입니다."
 이 답에 대하여 장졸수재는,
"틀렸습니다. 그것은 존재하는 것이 아닙니다."
 이번에는 서당화상이 장졸수재에게 묻기를,
"스님은 누구에게서 참선을 배우셨습니까?"
하고 묻자, 장졸수재는 경산노사(經山老師)에게서 참선을 배웠

다고 말했다. 다시 서당화상이 장졸수재에게 묻기를,

"그러면 스님은 가족이 몇 명이나 되오?"

"예, 처와 두 아들이 있습니다. 그런데 경산노사에게는 가족이 몇이나 되는지요?"

이 물음에 서당화상은 크게 노하며,

"장졸! 무슨 그런 소리를 하십니까?"

"경산노사는 고불(古佛)이시기 때문에 가족 같은 것이 있을 리가 없질 않겠소. 노사(老師)를 욕되게 하는 말은 다시는 입밖에도 내지 마십시오."

그 말에 장졸은 그만 머리를 숙였다. 장졸은 후에 석상경제화상(石霜慶諸和尙 : 807~888)에 참하여 크게 깨달았다고 한다. 그는 세상에 유명한 시게(詩偈)를 남겼으니, '광명적조하사편(光明寂照河沙遍) 범성함령공일가(凡聖含靈共一家)'가 바로 그것이다. 지혜의 광명이 셀 수 없이 많은 국토를 비치고, 범부(凡夫)도 성자(聖者)도 모두 나(我)라고 하든가 남이라고 하는 다른 둘이 아닌 것이다.

□ **자성(磁性)의 본체**

어느 날 조주화상(趙州和尙)께서 대동화상(大同和尙)을 만나려고 투자산(投子山)으로 오르다가 중도에 대동화상을 만났다. 비록 조주화상과 대동화상은 만난 적이 없었지만 조주화상은 그가 대동화상임을 이미 알아보고 물어 봤다.

"혹 스님께서 대동화상이 아닙니까?"

이에 대동화상은 엉뚱하게 다음과 같이 답변했다.

"예, 나는 시장에 장보러 가는데 혹 돈 가진 것이 있으면 보시 좀 하겠소?"

라고 오히려 되물었다.

조주화상은 이에 낯을 붉히지 아니하고 이내 투자산으로 먼저 올라가 대동화상이 돌아오기를 기다리고 있었다.

해질 무렵이 되어 날씨가 어둑어둑해지자 그때서야 대동화상이 돌아왔다. 손에는 기름단지가 쥐어져 있었다. 이에 조주화상이 말하기를,

"제기랄! 투자(投子 : 대동화상의 별호) 투자하기에 대단한 인물인줄 알았더니 막상 와보니 하찮은 기름장수로구먼."

하고 내뱉다시피 말했다. 대동화상은 본시부터 검소한 사람이었으므로 스스로 기름을 팔아서 생활을 꾸려나갔던 것이다.

이에 대동화상이,

"당신은 내 손의 기름단지는 볼 수 있어도 내 정체는 모르는구료!"

했다.

"그럼 당신의 정체를 나에게 보여 주시오."

하고 조주가 묻자 대동화상은,

"자 기름이오, 기름. 기름 안사겠소?"

하고 기름장수로 둔갑해 버렸다.

□ 사자(死者)가 살아나면

어느 날 조주화상께서 대동화상에게 물으시기를,
"아주 죽어버린 자가 만일 갑자기 살아난다면 그때는 어떻게 하겠습니까?"
하니 대동화상이 답하여 말하기를,
"밤늦게 쏘다녀서야 되겠습니까? 내일 아침에 다시 오시구료."
라고 답했다.

시비가 서로 엉켜서 엉망진창이 되면 비록 성현일지라도 이를 가리기 어려우며 역순(逆順)이 서로 얽혀 있으면 비록 부처(佛)라 한들 이를 가리겠는가. 비범한 인물은 칼날 위로 걸어갈 수 있는 것이다.

□ 털구멍으로 들어간 바닷물

〈유마경(維摩經)〉의 불사의품(不思議品)에 '수미산(須彌山)이 겨자씨 속으로 들어간다' 또는 '온 세상의 바닷물이 하나의 털구멍 속으로 들어간다'라는 말이 있다.

세계의 중심 묘고산(妙高山)과 그 둘레를 도도히 넘쳐 흐르는 바닷물, 이 큰 산이 겨자씨 속으로 들어가고, 그 헤아릴 수 없이 많은 바닷물이 하나의 털구멍으로 들어간다는 뜻일 것이다.

중국 당나라의 이발(李勃)은 대단한 독서가로서 일찍이 만권(萬卷) 서적을 독파하였으므로 세인(世人)은 그를 일러 이만권(李萬卷)이라고 칭했다.
　그가 어느 날 여산의 귀종사(歸宗寺)에 계시는 지상(知常)화상을 방문한 길에 지상화상에게 불전(佛典) 즉 앞의 〈유마경〉의 수미산을 겨자씨 속에 넣을 수 있다는 뜻을 도저히 모르겠노라고 하면서 그 뜻을 물었다. 이에 지상화상은 크게 웃으며, "귀공은 세인들이 이만권이라 칭하지 않습니까? 그런데 귀공은 어떻게 그 작은 두뇌에 만권의 책을 넣을 수 있겠습니까?" 했다. 이발은 지상화상의 비유에 크게 깨달음을 얻었다고 한다.

□ 하늘에서 들려오는 방울소리

　어느 날 보화화상(普化和尙)이 성내로 들어가 뭇 사람들에게 승의(僧衣)를 보시하고 다녔다. 그러나 사람들은 어느 한 사람도 보화화상이 주는 승의를 받으려 하질 않았다. 하루 종일 돌아다니면서 이 사람 저 사람 만나는 사람들에게 승의를 주고자 하였으나 뜻을 이루지 못했다. 그 사이에 사람을 시켜서 튼튼하고 좋은 관(棺)을 하나 사오도록 했다.
　결국 자기의 승의를 보시하지 못하고 지쳐서 사원으로 되돌아오는 보화화상을 보신 임제(臨濟)는 조용히 보화화상을 불러 그대를 위하여 승의를 한 벌 지어 놓았노라고 말했다.

다음 날, 날이 밝자 보화화상은 즉시 다시 성내로 들어가서 뭇 사람들에게 고했다.

"임제께서 나를 위하여 승의를 지어 주셨으니 나는 이제 이 성(城)의 동쪽에서 죽겠노라."

이 소리를 들은 대중들은 고승이 죽는 것을 지켜보기 위해서 구름처럼 모여들었다. 그러나 보화는 죽지 않고 3일간을 죽는다고 소리치므로 사람들은 보화의 말을 믿으려 하지 않고 오히려 싱거운 사람이라는 말만 남기고 모두 사라져 버렸다.

이리하여 나흘째 되던 날 아무도 따라오는 사람도 없이 혼자 있게 되었으므로 그는 성 밖으로 나가서 자신이 스스로 관 속으로 들어간 후 마침 그곳을 지나가는 사람을 불러 자기가 들어간 관에 못을 박아 달라고 부탁했다.

관 옆을 지나가다 이 같은 부탁을 받은 그 사람은 보화의 부탁에 따라 관에 단단히 못을 박았다. 이 소문이 온 장안에 금새 퍼졌다.

이곳저곳에서 사람들이 모여들어 다투어 관을 열었다. 그러나 응당 그 관 속에 들어있어야 할 시신이 온데간데없이 사라져 버렸다. 보화는 이미 관에서 탈출했던 것이다.

그 곳에 모였던 수많은 사람들은 오직 하늘에서 들려오는 방울소리만 들었을 뿐이며, 그 방울소리는 점점 하늘 저 멀리 사라져 갔다.

□ 해타고(解打鼓)만 되풀이

　화산화상(禾山和尙 : 891~961)이 여러 제자들을 불러 모아 다음과 같이 가르쳤다.
　"글을 배워 얻은 지식을 이른바 문(聞)이라고 하고, 배워야 할 것을 다 배워 더 이상 배울 것이 없는 것을 인(鄰)이라 하며, 이 두 가지를 초월한 것을 이른바 진과(眞過)라고 한다."
　이에 한 중이 자리에서 일어나 묻기를,
　"진과(眞過)란 무엇입니까?"
하고 묻자 화산은,
　"해타고(解打鼓)!"
라고 답하셨다. 다시 그 중이,
　"진과를 초월한 성제(聖諦)의 제일의(第一義)란 무엇입니까?"
하고 다시 물었다.
　"해타고!"
　화산화상은 똑같은 대답만 되풀이 하였다.
　"우리의 마음이 곧 불심(佛心)임은 잘 알고 있습니다만 비심비불(非心非佛)이란 무엇을 말하는 것입니까?"
하고 물었다.
　"해타고!"
화산화상은 같은 말만 되풀이 했다.
　"만일 부처님 같은 성인(聖人)이 다시 오신다면 이를 어떻게 맞으시려 하십니까?"

하고 물었으나 화산화상의 답변은 역시 전과 다름이 없었다.
"해타고!"

지상화상(知常和尙)의 맷돌 돌리기와 가문화상(可文和尙)의 법사(法嗣)인 선도화상(善道和尙)의 흙나르기, 설봉화상(雪峰和尙)의 3개의 나무공 등이 어찌 화산화상의 해태고를 따르겠는가?

각자가 맡은바 충실히 행하는 것, 그것이 바로 진과(眞過)이니라.

□ 법(法)을 전수받으라

백장화상(白丈和尙)이 어느 날 거느리고 있는 여러 제자들에게 말하기를,

"불법(佛法)은 작은 것이 아니다. 나는 일찌기 마조대사(馬祖大師)로부터 일할(一喝)을 당한 적이 있는데 그 후 3일 동안이나 귀가 멍하고 눈앞이 캄캄하여 마치 칠흑같은 어둠 속을 걷는 것 같았다."

고 하자, 거기에 모였던 많은 제자들은 백장화상이 말한 이 뜻을 그 어느 누구도 이해를 하지 못하고 눈을 굴리는 것이었다. 그 가운데에서도 황벽(黃檗)이란 제자 한 사람만이 그 뜻을 헤아리고 혀를 내둘렀다.

이를 눈여겨 본 화상은 황벽에게,

"이제부터 그대는 마조대사에게 사법(嗣法)하라."

하였다. 이에 황벽은 크게 당황하여 말하기를,
"천부당만부당한 말씀입니다. 소승은 오늘 스님의 말씀을 듣고 마조대사의 놀랍고 무서운 움직임만을 보았을 뿐입니다. 만일 미천한 제가 마조대사의 법사라고 한다면 앞으로 저의 법의 자손을 잃어버리는 것이옵니다."
이 말을 받아 백장께서는,
"과연 제자의 소견이 그 스승과 같다면 그 스승의 덕은 반감되는 것이고, 그 소견이 스승의 소견보다 우월하다면 법을 전수받을 수 있는 것이다. 그러하니 너는 스승인 나보다 뛰어난 움직임이 있는 것이다."
했다.

□ **불법(佛法)의 뜻은 무엇입니까?**

어떤 스님이 임제화상에게 물었다.
"스님, 불법의 궁극적인 뜻이 무엇이나이까?"
이에 임제화상께서 가지고 계시던 불자(拂子 : 모기나 파리 등 해로운 벌레를 쫓는 부채)를 세우시더니 그 스님을 향하여 내리쳤다.
또 다른 스님이 전과 똑같은 질문을 임제화상께 하였다. 임제화상은 역시 불자를 들어 보이시더니 내려치시고 말씀하시기를,
"대중들이여, 잘 듣기 바란다. 불법을 구하여 얻고자 하는 자

는 생명을 혹 잃지나 않나 하고 두려워 말지어다. 나는 일찌기 20여년 전에 황벽화상에게서 배움을 받고 있을 때에 세 번이나 불법의 궁극적인 뜻을 물었다가 세 번 다 얻어맞았노라. 그렇다, 그것은 마치 솜방망이로 스치는 것과 같았노라. 나는 지금도 그 가르침을 받고 싶구나. 어느 뉘 나를 때려 줄 자 없겠느냐?"

하고 물으니 한 중이 자리에서 일어나,

"스님, 제가 때리겠습니다."

하면서 방망이를 받으려 함에 화상께서 이를 바로 후려쳤다.

□ 네놈의 종아리를 후려칠 것을

황벽화상은 천성(天性)의 선장(禪匠)이었다.

황벽화상이 천태산(天台山)에서 하루를 즐기다가 어떤 스님을 만나 그와 동행하게 되었다. 그들은 비록 처음 만난 사이였지만 마치 죽마지우를 오랜만에 만난 것처럼 서로 담소하며 즐겼다.

그런 중에도 황벽화상은 동행하는 그 스님의 됨됨이를 살폈던바, 안광이 사람을 꿰뚫어보는 것처럼 빛나는 것이 보통 사람과는 달라 보였다.

둘이서 이런저런 이야기를 나누며 큰 여울에 이르렀다. 여울은 급류가 사납게 흐르고 있었다.

황벽은 그 거센 물결 때문에 건너지 못하고 주저하고 있었던 터에 동행한 그 스님은 황벽의 손을 잡으면서,
"같이 건너가십시다."
라고 하면서 이까짓 급류쯤이야 아랑곳없다는 표정이었다.
"먼저 건너시구료."
 황벽의 말이 떨어지자마자 동행하던 그 스님은 그러면 자기가 먼저 건너겠노라면서 마치 평지를 걸어가는 것처럼 성큼성큼 급류 위를 건너가는 것이 아닌가?
"어서 건너오십시오."
 뒤를 돌아보며 손짓까지 하는 것이 아닌가? 이에 황벽은 불호령을 내렸다.
"이 자료한(自了漢)아! 내가 그런 것을 알았으면 네놈의 종아리를 후려칠 것을!."
하고 꾸짖자,
"당신이야말로 진정한 대승(大乘)의 법기(法器)로다."
란 말을 남기고는 연기처럼 홀연히 사라져버렸다. 자료한이란 자기만이 피안에 이르면 그걸로 족하다고 하는 소승의 나한(羅漢)을 말하는 것이다.

□ 마음이 멸(滅)하면 모두 멸한다

 한 중이 임제화상에게 물었다.

"대통지승불(大通智勝佛)은 오랫동안 좌선(坐禪)하였지만 불법이 현전(現前)하지 아니하여 불도(佛道)를 이룰 수 없었다고 하였는바, 이 깊은 뜻에 관한 가르침을 받고자 하나이다."
하니 답하여 가로되,

"대통(大通)이란 자기의 처처(處處)에서 그 만법의 성상(性相)이 없음을 두루 꿰뚫음을 말하며, 지승(智勝)이란 모든 것에 의심과 의아함이 없이 법(法)도 없는바 없음을 말함이다."

"그러면 부처는 무엇이나이까?"

"부처(佛)라는 것은 마음이 청정하고 광명이 막힘이 없이 환히 비침을 부처라 하느니라."

"오랫동안 좌선하였다 함은 무엇을 말함입니까?"

"오랫동안, 즉 십겁을 좌선하였다 함은 바로 보시(布施)·지계(持戒)·인욕(忍慾)·정진(精進)·선정(禪定)·지혜(智慧)·선교방편(善巧方便)·원(願)·역(力)·지(智)의 열 가지 바라밀을 말하는 것이다. 불법이 현전하지 않는다는 것은 부처는 본래 남(生)도 없고, 법은 변함도 없으니 어찌 불법이 현전하겠는가? 불도를 이룰 수가 없다는 것은 부처가 또다시 부처를 지을 수 없는 것이다."

그러므로 고인(古人)이 이르되,

'부처가 비록 항상 세간(世間)에 있으나 세간 법에 결코 물들지 않는다 하였다. 마음이 생기면 여러 존재물(存在物)이 생기고, 마음이 멸하면 모든 존재하는 것이 멸한다.'
라고 했다.

□ 마음의 청정(淸淨)

어떤 중이 임제화상에게 물었다.
"스님, 참 부처와 참 법과 참 도가 무엇이나이까?"
이에 임제화상께서 다음과 같이 말씀했다.
"참 부처(眞佛)란 다름아닌 마음이 청정함을 이름이오, 참 법(法)이란 마음이 밝게 빛남이요(光明), 참 도(道)란 어느 곳, 어느 것이나 걸림과 막힘이 없음이니라.
이 셋은 셋이면서 바로 하나(唯一)이니라. 진불(眞佛)・진법(眞法)・진도(眞道)란 빈껍데기인 이름뿐이며, 참으로 존재하는 것은 아니다. 진정한 도를 배우는 사람은 마음에 그침이 없는 것이다. 일찌기 달마조사는 인도에서 중국에 오신 후 오직 미혹(迷惑)함이 없는 사람을 찾았던 것이다. 달마조사는 이조(二祖)인 혜가선사(慧可禪師)를 만났는데, 혜가선사는 달마선사의 가르침을 깨닫고 비로소 자신이 헛되게 이름(名)만 좇고 있었음을 깨달았다. 그러니 만일 첫번째의 가르침에 깨달음을 얻으면 불조에 대하여 스승이 되고, 두번째의 가르침에 깨달으면 인간과 천상(天上)의 스승이 됨이며, 세번째의 가르침에 깨닫는다면 자신도 구할 수 있을 것이니라."

□ 그대는 어디서 왔는가?

 장사화상(長沙和尙)이 어느 날 앙산화상(仰山和尙)과 함께 달을 보고 있었다. 앙산화상이 달을 가리키면서 말했다.
 "인간 모두가 저것을 가지고 있지만 오직 사용을 잘못할 뿐이다."
이 말을 받아서 장사화상이,
 "잘되었습니다. 제가 한번 부려 보겠습니다."
라고 하자, 앙산이 이를 받아 그렇게 하도록 허락했다. 장사화상은 갑자기 앙산화상에게 대들어 발로 걸어차서 넘어뜨렸다.
 앙산이 먼지를 툭툭 털고 일어나면서,
 "사숙(師叔 : 불법상의 숙부)께서는 마치 한 마리의 대충(大蟲 : 호랑이)같사옵니다."
하였다. 이후 세상 사람들은 장사화상의 일을 저 승명(僧名)의 경잠(景岑)에서 연유하여 경대충(景大蟲)이라 했다.

 백장화상과 그의 제자인 황벽화상에게도 이와 흡사한 이야기가 전하고 있다. 백장화상이 어느 날 황벽화상에게 물었다.
 "그대는 어디서 왔는가?"
 이에 황벽화상이,
 "대웅산(大雄山)에서 버섯을 따 왔습니다."
라고 답했다.

"그대는 호랑이를 만났느냐?"
하고 백장화상이 묻기가 바쁘게 황벽화상은 즉시 한 마리의 무서운 호랑이가 되어서 어흥, 어흥 사납게 짖기 시작했다. 이에 백장화상이 도끼를 들고 이를 치려고 하였으므로 황벽화상은 그 스승에게 대들어 맨손으로 내려쳤다. 이에 백장화상은 크게 기뻐하고 껄껄 웃으면서 홀연히 돌아갔다.

대충(大蟲), 즉 호랑이는 대기대용(大機大用: 굉장한 움직임)에 비유되어 선서(禪書)에 자주 등장한다.

□ 무봉탑(無縫塔)을 만들어 주시오

노환에 시달리면서 입적할 날만 기다리는 혜충국사(慧忠國師)에게 어느 날 당나라 숙종황제가 문병차 찾아와서 물었다.
"국사님, 좀 어떠하십니까? 짐이 바라는 바는 아니지만 만일 국사님께서 입적하신다면 그 후에 무엇이 필요하시겠습니까?"
이 말을 받아 혜충국사는,
"소승에게 무엇이 필요하겠습니까만 흙무덤인 무봉탑이나 하나 만들어 주시길 바랄 뿐입니다.
했다.
숙종황제는 혜충국사의 말뜻을 정확히 알아듣지 못했다. 이어서,
"그러시다면 스님께서 바라시는 탑의 모양은 어떠한 것입니까?"

하고 물으시매 혜충국사는 오랜 침묵 끝에 조용히,
"폐하, 이제 아셨습니까?"
하고 물었다.
"어찌 제가 알겠소이까?"
하고 황제가 말하자, 혜충국사는,
"소승의 제자인 탐원이 탐원산에 있는데, 그는 소승의 마음을 미루어 짐작할 수 있을 터이니 그 자에게 물으시도록 하십시오."
했다.
 얼마 후 혜충국사께서 입적하시자 숙종황제께서는 탐원화상(耽源和尙)을 불러 혜충국사께서 말씀하신 무봉탑에 대하여 물으셨다.
이에 탐원화상은 다음과 같은 시 한수를 지어 답하여 말씀 올렸다.

　상강(湘江)의 물 흘러흘러 남으로 가고
　담강수(潭江水) 흘러흘러 북으로 가니
　두 손바닥 마주쳐야 소리난다네
　한 손으로 어이 소리내어 보리오
　그 무봉탑엔 보물도 가득할사
　이 우주는 한 그루의 그늘 없는 나무
　그 밑에 커다란 배 떠 있도다
　허나 고관대작이야 어이 이를 알아낼꼬.

□ 진실한 보은(報恩)의 뜻

　황벽화상께서 평소에 생각하시기를, '출가한 후에는 은혜를 버리고 무위(無爲 : 인간의 조그마한 희망, 즉 바람을 끊고 깨달음을 얻는 경지)에 들어가는 것만이 진실한 보은이다'라고 굳게굳게 믿었기에 생가에는 한 번도 들리지 않았다. 그러나 역시 하나의 연약한 나이인지라 나이 많으신 모친의 소식이 몹시 궁금하여 자기도 모르게 발길이 생가를 향하여 옮겨지고 있었다.
　한편 출가하여 오랫동안 소식이 끊긴 자식 생각에 눈물로 밤을 지새우던 그의 노모는 그만 눈이 짓물러 봉사가 되고 말았다.
　그 모친은 자식을 한번이라도 만나보고자 하는 모정(母情)에, 행여 자식을 만나지 않을까 하여 사람들의 통행이 잦은 곳을 찾아 접대소를 베풀어 지나가는 길손들의 발을 손수 씻어 주고 있었다. 그것은 자기 아들의 왼발에 혹이 나 있었기에 혹 행인의 발을 씻어주다가 아들을 만날 수도 있으리라는 애틋한 생각에서였다.
　그때 마침 생가로 발길을 옮기던 황벽화상도 그곳을 지나게 되었다. 접대소에서 행인의 발을 씻어 주고 있는 노파가 자기의 모친이며, 모친이 남의 발을 씻어 주는 까닭을 안 황벽화상은 일부러 그 접대소에 들어가 혹이 나 있지 않은 오른발을 내밀면서 모친에게 씻도록 하면서 석가모니 부처님의 출가 이야기를 들려주며 모친에게 설법하셨다.
　오른발을 다 씻은 황벽화상은 곧 자리에서 일어나 오던 길을 향하여 다시 떠나갔다.

　이를 지켜보던 사람들에게서 지금 떠나간 사람이 바로 당신의 아들이라는 말을 듣고 노파는 미친 사람처럼 황벽의 뒤를 쫓아가며 애타게 아들의 이름을 불렀다. 그러나 어머니의 목소리를 뒤로 하고 황벽화상은 나룻배에 몸을 실었다.

　나룻배가 떠나간 후 황급히 도착한 노파는 그곳이 깊은 강이라는 것도 모르고 쫓아오다가 그만 강물에 빠져 급류에 휘말려 익사하고 말았다.

　저쪽 대안(對岸)에서 그 모습을 바라보고 있던 황벽화상은 급류에 휘말려 드는 모친을 보고도 손을 쓸 수 없는 안타까움에 비통한 소리로,

　'일자(一子) 출가하면 구족천(九族天)에 생할 것이며, 만일 구족천에 나지 않으면 제불(諸佛)이 나를 기만한 것이 되리라.'라고 하면서 통곡했다고 한다.

　이것이 이른바 선문(禪門)에 인도향어(引導香語 : 장례식에서 導師가 死者에게 하는 法語)의 시초라고 한다.

□ 알아도 30방(棒), 몰라도 30방(棒)

　임제화상께서 어느 날 덕산화상(德山和尙 : 782~865 朗州의 덕산 고덕선원에 계시던 宣鑑禪師)이 다음과 같이 말씀하심을 들으셨다.

"잘 말할 수 있어도, 즉 잘 알아서 대답을 잘 해도 30방을 때리고, 몰라서 대답을 못하더라도 30방을 때리겠다."

이에 임제화상께서 낙보(樂普)를 보내어서 알아서 대답을 해도 때리고 몰라도 때리는지 그 이유를 묻고, 만일 덕산화상이 때리려고 하거든 몽둥이를 되받아 밀쳐 버리라고 하셨다.

이에 낙보는 덕산을 찾아가서 임제화상께서 시킨 그대로 실행하였던바 덕산화상은 이내 자기의 방장실(方丈室)로 들어가 버렸다. 낙보가 돌아와 임제화상께 그대로 아뢰었더니 이에 임제화상이 말했다.

"나는 그를 보통이 넘는다고 생각했다. 그래 너는 덕산을 잘 보았느냐?"

이에 낙보가 무어라고 대답을 하려 하자 임제화상께서 곧바로 후려 갈겼다.

□ 선승(禪僧)은 하나도 없다

어느 날 황벽화상께서 손아래의 여러 제자 선승(禪僧)들에게 말하였다.

"너희들은 마치 술 찌꺼기에나 취해 있는 놈들이 아니고 무엇이냐? 너희들이 할 일 없이 개떼처럼 이 절, 저 절을 기웃거리고 다니면서 그저 밥이나 죽이나 얻어먹고 다니니 그래가지고 어떻게 너희들이 도(道)의 경지에 이르겠느냐? 우리나라(당나라)에는 진실한 선승(禪僧)은 하나도 없느니라. 너희들은 이리 저리 쏘다니면서 스승은 마음 밖에 있지 않고, 오직 마음 안에 있음을 알라."

이에 한 중이 벌떡 일어나 황벽화상에게 항의하듯 말했다.
"스님! 지금 각처에는 선당(禪堂)을 열고 선(禪)을 가르치는 선사(禪師)들이 이루 헤아릴 수 없이 많은데 어찌 선사가 없다고 하십니까?"

이에 황벽화상은,
"내가 말하는 바는 선(禪)이 없다는 것이 아니라, 이 세상 어느 곳에든 선이 없는 곳이 없다. 하지만 진정한 선승이 없다는 뜻이로다."
라고 했다.

□ 임제화상과 황벽화상

임제화상이 어느 해 하안거(夏安居 : 비가 오는 우기에 3개월간 금족 수행하는 것)의 도중에 금지된 법규를 깨뜨리고 황벽산에 올라가서 스승인 황벽화상이 오직 경문만 읽고 있는 것을 보고,
"소승은 이제까지 노사(老師)를 큰 인물로 생각하고 있었사온데 어찌하여 스승께서는 그토록 경문만 읽고 계십니까?"
하고 그곳에서 하산하려고 하매 황벽화상이 말했다.
"너는 어이하여 금지된 규율을 어기어 하안거를 도중에 깨뜨

리고 와서 아직 안거도 끝내지 못하고 그냥 가려고 하느냐?"
 이에 임제화상이 말씀을 여쭈었다.
 "예, 저는 이곳에 안거하러 온 것이 아니라 오직 스님께 잠깐 인사나 드리려 왔을 뿐입니다."
 이에 황벽화상은 임제화상을 크게 나무라고 쫓아내버렸다.
 산을 내려오던 임제화상은 이 일이 의심이 나서 되돌아 와 안거를 마쳤다. 임제화상이 스승에게 하직 인사를 드리자 황벽화상이 묻기를,
 "너는 어느 곳으로 가려느냐?"
하니,
 "하남(河南)이나 하북(河北)으로 돌아가겠습니다."
하고 임제화상이 채 말을 끝도 맺기 전에 황벽화상이 내려치려 하자 임제화상은 도리어 그 손을 꺾고 황벽화상을 내려쳤다. 이에 황벽화상은 크게 기뻐하시면서 임제를 인가(印可)했다.

 □ **예배는 하여 무엇하나?**

 당나라의 대중천자(大中天子 : 16대 선종, 846~859)가 천자에 즉위하기 전에 난을 피하여 선림(禪林)에 숨어 지내고 있을 때 염관선사(鹽官禪師)가 계시는 곳에서 서기 노릇을 하고 있었다. 그 때에 황벽화상이 수좌(首座)였다.
 대중서기(大中書記)는 황벽선사가 키가 일곱 자나 되는 커다

란 몸을 굽혀 정중하게 예배하는 것을 보고,

"불자(佛者)에 구하지 않고, 법자(法者)에 구하지 않고, 승자(僧者)에 구하지 않는다 하였는데 굳이 예배는 하여서 무엇을 구한단 말인가?"

하고 물었다. 이에 대하여 황벽선사는 아주 태연하게,

"불자에 구하지 않고, 법자에 구하지 않고, 승자에게도 구하지 아니하면서 항상 이렇게 예배하는 것이다."

라고 답하였다. 다시 대중서기가 황벽선사를 조롱하듯이,

"무슨 소리야, 그 난폭한…"

대중서기의 말이 채 끝나기도 전에 황벽선사는 벽력같은 소리를 지르면서,

"여기가 감히 어디인줄 알고 난폭이니 무어니 하느냐?"

고 꾸짖으며 대중서기를 내리쳤다.

"예배하는 주관(自己)도 또한 예배당하는 객관(他人)도 그 본성(本性)은 공적(空寂 : 본체(本體)는 하나요, 나와 남은 둘이 아님)이라고 갈파했다.

□ 무위(無位)의 진인(眞人)

임제화상이 말했다.

"우리들의 몸속에는 하나의 불(佛)이나 중생이나 그 어떤 것에도 한정되지 않는 진(眞)의 인간(實存)이 있어 항상 그대들

의 감각기관을 통하여 들어갔다 나갔다 한다. 즉 그대들이 보는 것, 듣는 것, 생각하는 것에 생생하게 움직이고 있다. 아직 그것을 자각체인(自覺體認)하지 못하는 자는 심안(心眼)을 열고 보아라."

이에 한 중이 물었다.

"스님, 무위(無位)의 진인(眞人)이란 무슨 뜻입니까?"

임제화상이 선상에서 내려서더니 그 중의 가슴을 힘껏 내리치면서,

"무위의 진인의 주제에 무슨 쓸데없는 소리를 하느냐?"

하고 그냥 방장(方丈)으로 돌아갔다.

불도(佛道)라고 하는 것은 자기 구명(自己究明)의 도이다. 불타(佛陀)라고 함은 자각자(自覺者)이다. 선(禪)은 그 진인(眞人) 즉 무상의 자기(無相之自己)의 자각 이외에 아무것도 아닌 것이다.

□ 대화없는 굴복

천평화상(天平和尙)이 여러 곳을 두루 돌아다니며 여행하다가 어느 날 서원(西院)의 사명화상(思明和尙)을 찾아가게 되었다. 천평화상은 입버릇처럼 말하기를 이 세상에는 불법(佛法)을 제대로 아는 사람은 한 사람도 없다. 더 가관인 것은, '이 하늘 아래에는 나와 말상대가 될 사람은 하나도 없다'고 아주 기고

만장이었다.
 어느 날 사명화상이 이 소리를 들으시고,
 "천평(天平)!"
하고 불렀다. 천평이 자기를 부르는 소리에 고개를 돌리니 사명화상이 꾸짖기를,
"안되겠군!"
하였다. 천평이 사명화상에게 다가가려고 자리에서 일어서자 사명은 다시,
 "안되겠는걸!"
하셨다. 천평화상이 옆에 이르자,
 "내가 지금까지 안되겠다고 했는데, 이는 내가 안되겠다는 말이겠는가?"
하고 물었다. 이에 천평화상이,
"제가 잘못했습니다."
하고 용서를 빌었다. 사명화상은 이 말을 듣고 혀를 차며,
 "안되겠는걸!"
하였다. 천평화상은 그만 말문이 막히고 말았다. 그 후 천평화상이 큰 스님이 된 후에 휘하의 제자들을 불러 모아,
 "내가 처음 여러 곳을 떠돌아다닐 때에 사명화상이 계시는 곳에 간 적이 있었다. 그때 사명화상께서는 나에게 수차에 걸쳐서, '안되겠구나' 하고 꾸짖으신 일이 있다. 그런 후 나에게 말씀하시기를 여름을 함께 지내면서 서로 의논해 보자고 하셨으므로 나는 그에게 '안되겠습니다'라고 비록 말은 여쭙지 안했지만 내가 남쪽을 향해 길을 떠날 때 이미 그 말씀을 해준 것

임을 깨달았다."
라고 하셨다.

□ 정법안장(正法眼藏)을 멸하겠습니까?

　임제화상께서 임종시에 당신의 거처를 가지런히 정리하시고 모여 든 여러 무리들에게 말씀하셨다.
　"내가 죽은 후에 나의 정법안장을 분멸(分滅)하면 안된다."
　이에 대하여 그의 고제(高弟)인 삼성(三聖)이 앞으로 나아가서 진중히,
　"어이하여 스승님의 정법안장을 멸하겠습니까?"
하니, 임제는 다시 삼성에게 물으셨다.
　"이후에 사람들이 너에게 물으면 너는 그에 대하여 어떻게 답하겠느냐?"
　삼성은 거기에서 일할(一喝)하였다. 이에 임제화상은,
　"나의 정법안장이 이 눈먼 노마에서 멸(滅)할 줄이야 생각지도 못하던 일이다."
하시고 그만 임종에 드셨다. 그것은 삼성의 일할(一喝)을 증명한 것이다. 정법안장을 멸각(滅却)한다는 것은 번뇌·망상의 혼미함은 보리·열반의 깨달음이란 진공무상(眞空無相)의 절대무(絕對無)의 경지를 말하는 것, 즉 정법안장은 멸하므로 진(眞)의 청정법안(淸淨法眼)이란 뜻이다.

□ 진리는 결코 설명할 수 없다

  남전화상(南泉和尙)이 어느 날 백장화상(百丈和尙 : 〈열반경〉을 늘 애독하였으므로 涅槃和尙이라고도 함)을 찾아갔다가 다음과 같은 질문을 했다.
  "스님, 역대 조사(祖師)님들께서 사해대중을 위하여 설법하지 못하신 궁극적인 진리가 아직도 존재합니까?"
  이에 남전화상이 답했다.
  "예, 그것은 모든 것을 초월한 것이 아니겠습니까? 그것은 마음도 또한 부처도 아니고 더욱이 물건은 아니라오."
  다시 백장화상이 질문했다.
  "그것으로 설명이 다 끝났습니까?"
  "나의 생각은 이미 말하지 않았습니까? 그런데 스님의 생각은 어떠신지?"
하고 남전화상이 물으시니 백장화상이,
  "나는 천하사(天下事)를 논하는 학자가 아니기에 감히 성현(聖賢)이 설명치 못한 바를 말할 수 없습니다."
라고 말하자 남전화상이,
  "어이구, 나도 모르겠소이다."
라고 답하였다.
  "허허, 소승도 지나치게 지껄였나보구료."
  백장화상이 멋쩍은 듯 웃으셨다.
  진리는 결코 설명될 수 있는 성질의 것이 아니다. 부처님께서도 결코 말씀하시지 않으신 그 진리, 그 진리를 부질없이 논하는 승려가 되어서는 아니될 것이다.

□ 마음의 그림자

임제화상께서 다음과 같이 말씀하셨다.
"불법을 배우고자 하는 사람은 명확한 주관(主觀)을 구하지 않으면 안된다. 명확한 주관이 서면 죽고 사는 것에 애착을 갖지 않으며, 가고 옴이 어느 것에 구애받질 아니한다. 수승(殊勝)함을 구하려고 원하지 않더라도 결국은 빼어나게 되는 것이다.
옛부터 성현들은 모두 사람을 구하는 길이 나름대로 있었다. 내가 너희들을 가르침은 오직 미혹(迷惑)에 빠지지 아니하고 사람들이 스스로 배우려 하지 않음은 믿음이 없기 때문이다. 만일 믿음이 철저하지 못하다면 분망(奔忙)히 여러 경계에 정신을 빼앗겨서 결국 자기를 속박하게 되고 마침내는 자유를 구속받게 되는 것이다. 배우는 사람은 마음속에 믿음을 가지려 하지 아니하고 그저 밖을 향하여 달릴 뿐이다. 그렇기에 설사 무엇을 구하여 이를 비록 얻었다 하나 그저 장난에 불과한 것을 얻었을 뿐이고, 진정한 진리인 부처는 얻지 못한다. 결코 그르침이 없도록 하라.
지금 부처를 만나지 못하면 생사의 법 바퀴를 돌고 돌다가 마침내는 말이나 소의 뱃속에서 다시 태어나리라. 삼계(三界)가 편치 못하니 이는 불난 집과 같아 거하기 어렵도다. 죽음은 노소나 귀천을 가리지 않고 이 시간에도 목숨을 빼앗아 간다. 그러니 오직 밖으로 구하지 말 것이니라. 오직 순일한 마음 위에 맑고 깨끗한 광명이 있으니 이것이 이른바 법신불(法身佛)이요, 한 순일한 마음속에 차별 없는 광명이 있으니 이것이 곧 자신 속의 화신불(化身佛)이다. 이 세 가지는 즉 자기 자신이니 오직 안으로만 구하기 때문에 이러한 공용(功用)이 있는 것이다."

고인(古人)도 다음과 같이 말했다.

"불신(佛身)은 현상(現象)에 의하여 세워진 것이고, 불국토(佛國土)는 법성(法性)의 본체(本體)에 의하여 논의가 된 것이다." 라고.

법신(法身)의 불신(佛身)이나 법성(法性)의 불국토(佛國土)는 곧 마음의 그림자이다. 그러니 이 마음의 그림자를 다스리는 사람이 모든 부처의 본원이고, 이는 돌아가야 할 귀의처(歸依處)임을 알아야 한다.

□ 너의 물음이 무엇이냐?

남원화상(南院和尙)은 말씀하셨다.

"제방(諸方)의 사가(師家)는 오직 졸탁동시(啐啄同時 : 새가 알을 깔 때에 새끼가 알 속에서 쪼는 것은 졸. 어미새가 밖에서 쪼아

주는 것은 탁. 어미는 스승에, 새끼는 학인에 비유하여 기가 서로 통함을 말함)의 안(眼)뿐이지 졸탁동시의 작용은 아니다."
 이에 어떤 스님이 물었다.
 "졸탁동시의 작용이란 어떠한 것을 말하는 것입니까?"
 남원화상은,
 "작가(作家)와 선자(禪者)의 만남은 졸탁 아님이니 그래서 이는 동시에 잃어버림이다."
하셨다. 이에 질문을 했던 그 스님이,
 "스승님, 그것은 소승이 스승님께 올린 질문과는 다르옵니다."
하니, 화상이 물었다.
 "너의 물음이 무엇이냐?"
 "예, 저의 물음을 그만 잊어버렸습니다."
 채 답이 끝나기가 무섭게 남원화상이 그 중을 내리쳤지만 그 중은 수긍할 수가 없었다.
 그 후 운문(雲門)의 문하(門下) 스님이 이 문답을 듣고 비로소 종지(宗旨)를 깨달았다.
 남원에 도착하고 보니 이미 남원화상은 임종을 하신 후였다. 거기에서 법사(法嗣)의 풍혈화상(風穴和尙 : 896~973)을 방문하니 풍혈화상이 물었다.
 "너는 그때 선사(先師)의 졸탁동시의 작용을 물었었는데 그 후 깨달은바 있는가?"
 이에 운문의 문하스님은,
 "예, 하나의 커다란 도리를 깨달았습니다."

하고 답했다.
 풍혈화상이 다시 물었다.
 "어떤 일이란 말이냐?"
 "예, 소생은 그때에 그 큰 불빛의 그림자 속을 걸었기에 이를 똑바로 비춰 볼 수는 없었습니다."
 이는 풍혈화상이 이를 증명하심인 것이다.

□ 막대기 아래의 깨달음

 풍혈화상(風穴和尙)이 남원선원(南原禪院)에서 원두(園頭 : 밭일을 하는 것) 노릇을 하고 있을 때에 남원화상이 잠시 머리를 식히시려고 거닐다가 풍혈에게 다가와서 물었다.
 "너는 남방에서 왔다고 들었는데 남방의 일방(一棒)은 어떻게 상량(商量 : 어떤 물건의 가치를 계량하는 것에 그 어원을 두고 있는 것으로, 이에서 변하여 회답한다, 또는 참구한다는 뜻)을 하느냐?"
 이에 풍혈화상이,
 "예, 이루 헤아릴 수 없는 상량을 합니다. 하온데 이곳에서는 어떠한지 말씀하여 주시옵소서."
하고 가르침을 청하였다. 남원화상은 방(棒)을 잡으시고 풍혈화상에게 가르쳤다.
 "막대기 아래의 깨달음은 그 어떤 기회에 이르더라도 결코 그 스승에게라도 이를 양보하지 않음이다."

이 말씀에 풍혈화상은 즉시 깨달음을 얻었다. 남원화상이 다시 덧붙여 말씀하였다.

"너는 지금 큰 법을 너의 손에 가지고 있음이 결코 우연이 아니다. 너는 임제화상의 임종의 일을 들었느냐?"

"예, 듣고 있습니다."

풍혈화상이 답을 올리자 남원화상께서 말씀을 계속했다.

"어느 누가 알 것인가?

나의 정법안장이 앞 못보는 노마에서 멸할 줄이야!"

"그분은 평소에 마치 사자와 같이 사람을 만나면 그를 죽이고만 사람이다. 지금 임종을 당하여 무릎을 꿇고 하는 것은 무슨 까닭이냐?"

풍혈화상이 답했다.

"정법의 밀부(密付 : 신비한 付法)가 그칠 때 스승의 전신심(全身心)이 멸한 것입니다."

이에 남원화상이 말했다.

"삼성(三聖)은 왜 침묵을 지키고 있었느냐?"

풍혈화상이 답했다.

"예, 이미 친히 밀부를 승한 입실(入室 : 스승의 방에 들어가 도의 깊은 뜻을 얻음)의 진자(眞子)입니다. 문외(門外)의 건달패와는 전혀 다른 것입니다."

□ 할(喝)도 방(棒)도 참의 선장(禪匠)

　달마대사의 진중(眞中)에, 할(喝)을 토하는 임제화상과, 방(棒)을 가지고 겨누는 덕산화상(德山和尙)의 세 폭이나 되는 큰 정상(頂相 : 禪僧의 畵像)을 볼 수 있다. 이것을 마(摩)·덕(德)·임(臨)이라고 칭한다.
　'임제의 할(喝), 덕산의 방(棒)이라 하고 방(棒)·할(喝)을 선문(禪門)의 기용(機用)의 대표로 삼고, 이 두 사람을 조석(祖席)의 영웅으로 삼고 있는 바이다. 그러나 방(棒)할 만큼은 선기(禪機)가 아니다.
　조주화상과 같이 세치 밖에 되지 않는 혀로서 사람들을 잘 굴복시킨 구순피선(口脣皮禪)의 예도 있기는 하다.
　수산화상(首山和尙)에게 어느 중이,
"너 한번 해 보아라."
하니, 이에 그 중이 말했다.
"봉사다."
하니 그 중은 다시 말했다.
"요 봉사야! 그저 아무 데나 할하면 무엇하느냐?"
　그 중은 정중히 예배를 올렸다.
　할도 방도 오직 참의 선장(禪匠)의 수단만이 그를 이용할 수 있는 것이다.

□ 우주의 진면목

 어느 날 참선 중인 법안화상(法眼和尙)에게 한 중이 찾아와서 뵈옵고자 청했다. 그 중은 무언가를 화상에게 물어 보고자 해서였다.
 그 중이 화상에게 물었다.
 "소승은 혜초(慧超)라고 하옵니다. 한 가지 묻겠습니다. 요즈음 선승들의 화제에 오르내리는 부처의 진면목이 무엇인지 가르쳐 주십시오."
 이에 대하여 법안화상께서는 물음을 받으신 질문에는 답을 하시지 않고 엉뚱하게 말씀하셨다.
 "응, 네가 바로 혜초라는 자인가! 우주란 참모습이나 그 자체란 말로써는 표현될 수 없는 것이다. 진리라는 것도 또한 말로나 그림으로 그를 표현할 수 없는 것이다. 우주는 넓고 커서 하늘도 이를 덮을 수 없으며, 땅에도 이것이 놓여질 수 없는 것이다. 그렇지만 우주는 가느다란 털끝을 통해서도 우주의 진면목을 깨달을 수 있다."

□ 망상의 굴레를 벗어나라

 어느 날 설봉화상(雪峰和尙)은 갑자기 여러 제자들을 모으더니 이렇게 말했다.

"저 앞산에 커다란 독사 한 마리가 나와서 기어 다니고 있으니 빨리 가서 그것을 잘 봐두도록 하여라."

이에 혜릉화상(慧稜和尙)은,

"오늘도 경내가 온통 그 뱀 이야기로 겁에 질려 벌벌 떨겠구만."

했다. 어떤 중이 마침 그곳에 묵고 있는 현사화상(玄沙和尙)을 찾아가 그 독사 이야기를 해드렸다. 이에 현사화상은,

"응, 그래 혜릉같은 이는 담보가 커서 가보겠구만... 하지만 그가 갔다고 나까지 갈 수야 없는 일이지."

하므로 그 중이 다시 물었다.

"설봉화상도 그곳에 가셨는데 왜 스님은 그곳에 가시지 않으십니까?"

이에 현사화상은 조용히,

"뱀에게 물려 죽는다면 굳이 앞산까지 올라 갈 필요가 뭐 있겠느냐?"

하고 의미심장한 말을 했다.

운문화상은 설봉화상이 앞산에 가서 독사를 꼭 보라고 했을 때 가지고 있던 주장(柱杖)을 설봉 앞에 내던지면서 말하기를,

"자 여기에 독사가 있다."

라고 했다고 한다.

진리의 크기로 말하면 그 크기가 헤아릴 수 없는 것이지만 이를 작다고 보면 그것은 마치 겨자씨보다도 더 작은 것이다. 이같이 무한대하고 또한 무한소(無限小)한 진리를 마음껏 주무를 수 있는 것은 오직 자기 자신뿐인 것이다. 그러므로 망상의

굴레에서 벗어나서 깨달으려면 오직 오랜 껍질, 즉 구습(舊習)을 떨쳐버려야 하는 것이다.

□ 물외(物外)로 나가 버리다

 어느 날 저녁에 마조화상이 아끼는 제자인 서당(西堂), 백장(百丈)과 남전(南泉)를 데리고 달구경을 했다.
 이때 마조화상이,
 "정임마(正恁磨)의 시(詩)란 무엇인지 알고 있느냐?"
하고 물었다. 이에 서당이,
 "정히 좋은 공양을 하는 것입니다."
라고 했고 백장은,
 "정히 좋은 수행을 하는 것입니다."
라고 답했다. 그러나 남전은 옷을 털고 일어나더니 먼저 가버렸다. 이에 마조화상께서 말씀하셨다.
 "경(經)은 서당에 듣고, 선(禪)은 백장에게 돌아간다. 남전만큼은 홀로 물외(物外)로 나가버린다."
 일본의 어느 스님은 다음과 같이 말했다.
 "오늘날에는 진정한 선승(禪僧)은 그 어느 곳에서도 찾아볼 길이 없다. 참으로 물외(物外)로 초출(超出)하여 명리를 떠난 큰 인물은 예나 지금이나 퍽 드문 일이다."

□ 애석한 일이구나!

　설봉화상(雪峰和尙)이 암자에 묵으며 수도생활을 하고 있을 때 두 사람의 중이 찾아와서 예배를 올렸다.
　설봉화상은 그들을 보자, 문을 열고 얼른 달려가서 하는 말이,
　"웬일이냐?"
하고 물었다. 이에 당황한 두 중은,
　"스님! 무슨 일이십니까?"
하고 오히려 의아하다는 듯이 물었다.
　설봉화상은 실망한 듯 그만 고개를 푹 숙이고 다시 자기의 암자로 발길을 돌렸다.
　그 후 두 중은 우연히 암두화상(巖頭和尙)을 찾아간 적이 있었다. 이들을 맞은 암두화상이,
　"승들은 어디서 왔는가?"
하고 물었다.
　"예, 만나 뵈었습니다."
　"그래, 뭐라고 말씀하시던가?"
　이런 저런 설봉화상에게서 일어났던 일을 자세히 들은 암두화상은,
　"그리고 또 무엇이라고 하더냐?"
하고 물었다.
　"예, 아무 말 없이 고개를 숙인 채 그냥 암자로 가버렸습니다."
하니 암두화상은,

"참 애석한 일이구나. 그때 그에게 무언가 한 마디를 해주었어야 할 것인데 그렇게 했더라면 천하의 어느 누구도 설봉을 감당하지 못했을 텐데…"
하면서 탄식을 했다.
 두 중이 하안거(夏安居)가 끝나가자 다시 이전의 이야기를 꺼냈다. 이에 암두화상은,
"왜 그걸 이제야 묻느냐?"
하고 나무라면서 언짢아 하셨다.
"예, 아무래도 도저히 알 수 없는 공안(公案)이기 때문에 늦었습니다."
하고 두 중이 궁색한 답변을 하자,
"설봉과 나는 함께 배우고 깨우쳤지만 방법은 다른 것이다. 그래 설봉선사에게 무슨 말을 들려주었어야 하는지 그 한 마디를 알고 싶으냐?"
고 했다. 그것이 바로 이것이다.

  차별과 평등이 하나가 되는 것
  함께 배우고 깨달았지만
  방법이 틀리니 그저 훌륭하구나
  그 훌륭함을 잘 살펴 주어라.

□ 끝이 없는 진리

 어느 날 용아화상(龍牙和尙)이 취미화상(翠微和尙)을 찾아 평소에 의문 나는 것을 물으셨다.
"스님, 달마선사께서 중국에 온 까닭이 무엇인지 말씀하여 주십시오."
이에 취미화상은 어느 개가 짖느냐는 듯이 물어 온 말에는 답도 하지 않고 용아화상의 옆에 있는 선판(禪板)을 가리키면서,
"그 선판을 나에게 주게나."
하고 선판을 가져오도록 하였다. 용아화상이 이에 얼른 자리에서 일어나 선판을 가져다주자, 그것을 받은 취미화상은 다짜고짜 용아화상을 후려쳤다.
 엉겁결에 얻어맞은 용아화상은 태연히,
"때리실 테면 얼마든지 때리십시오. 하지만 저를 때리신다고 달마대사께서 중국에 오신 목적이 이루어지겠습니까?"
하면서 태연자약했다.
 이에 용아화상은 다시 임제화상을 찾아가,
"달마선사께서 중국에 오신 목적이 무엇입니까?"
하고 취미화상에게 물었던 대로 다시 물었다. 이에 임제화상은,
"응, 자네 옆에 있는 그 방석을 좀 가져다주게나."
했다. 용아화상이 방석을 가져다 드리매 임제화상 역시 그 방석으로 용아화상을 내리쳤다.
"치시고 싶으시면 얼마든지 치십시오. 그렇다고 달마선사께

서 여기 중국에 오신 목적이 이루어지겠소?"
하고 아무 일 없었다는 듯이 태연했다고 한다.

 진리(眞理)는 말로나, 글로나, 또는 그림으로 그것을 온전히 표현할 수 없다고 하여 그것이(진리) 사람의 눈이나 손이 미치지 못하는 곳에 있는 것도 아니요, 흐르는 강물 위에도, 높은 산봉우리에도, 길거리에도, 어느 곳이고 인간의 생각이 미치는 곳에는 어디이고 존재하는 것이다. 이 진리를 알지 못하여 허둥대는 사람도 있지만 태산을 움직이고 흐르는 강물의 흐름을 멈추게 하는 자도 또한 있는 것이다.

□ 한 나무의 꽃

 어느 날 육환대부(陸亘大夫 : 764~834 당나라의 어사대부로 관리의 죄를 다스리는 중요한 직책)가 남전화상을 만나서,
 "구마라습의 제자이신 조법사(肇法師)께서 천지와 나는 한 뿌리(同一根)에서 나온 것이고, 만물과 나는 하나의 것이다(天地與我同根 萬物與我一體)라고 하셨는데, 대단한 것이 아닙니까?"
하고 물은즉 남전화상은 뜰 앞에 피어 있는 꽃을 가리키면서,
 "대부! 세상 사람들은 저 한 그루의 꽃을 마치 꿈결처럼 바라보고만 있지!"
라고 했다.
 상대적 지식에서 생기는 사량분별(思量分別)을 버리고 만법

일여(萬法一如)의 관점에서 생각한다면 쇠로 만들어 놓은 꽃나무에서도 꽃은 피는 것이다.

 그와 같은 일이 실현 가능한 것인가 의심하겠지만 쇠꽃나무에서 핀 꽃을 보고 놀라 실수를 저지르고 비록 자유인이라 하더라도 사량분별을 모두 버린 인물을 만나면 코를 꿴 송아지처럼 부자유하게 그저 끌려갈 뿐이다.

 듣는 것과 보는 것은 결코 하나가 아니다. 거울을 들어서 산천을 비춰보면 거울에 산천이 나타나지만 실제로 그 거울 속에는 아무것도 없는 것(山河不在鏡中觀)이다.

□ 있지도 없지도 아니한 것

〈아함경〉에 이런 이야기가 있다. 한 바라문 교도가 어느 날 부처님을 찾아와서 물었다.

 "있는 것도 아니고 없는 것도 아닌 것에 대하여 말씀하여 주십시오."

 그러나 부처님께서는 아무런 말씀이 없이 그를 유심히 바라보고만 계셨다. 그러자 그 바라문 교도는 부처님의 태도에 크게 깨우침을 얻고 말했다.

 "부처님의 크신 자비로움이 저의 어리석고 혼미하며 망녕된 생각이 걷히어 마치 구름을 뚫고 해를 바라보듯 깨끗하게 되었습니다."

이 바라문 교도가 떠난 뒤에 아난(阿難)이 부처님께 여쭈어 말했다.

"세존이시여, 그 바라문은 무엇을 보고 깨우쳤다고 하는 것입니까?"

이에 부처님이,

"세상의 빼어난 준마가 오직 채찍의 그림자만 보고서도 마구 달리는 이치와 매한가지인 것이다."

라고 가르치셨다.

□ **일깨움의 두 가지**

어느 경우에나 또는 어떠한 상대를 만난다 하더라도 이를 물리치거나 또는 이를 공격할 만한 책략을 펼 수 있으며, 또한 뛰어난 능력을 가지고 있다면 그는 역량 있는 인물이 될 수 있는 것이다.

그럼 이야기를 들어 보기로 하자. 어느 날 암두화상(巖頭和尙)은 자기를 찾아온 중을 맞아,

"그래, 승은 어느 곳에서 왔소?"

하고 물었다. 그 중이 장안(長安)에서 왔노라고 대답을 하자,

"그러면 황소(黃巢)의 난(亂)이 평정되었으니 칼을 하나 주워 왔겠지?"

하고 다시 물으니까 그 중은,

"예, 하나 주워 왔습니다."

이 말을 들은 암두화상은 마치 자기의 목을 치라는 듯이 목을 내밀고는, '꽥'하고 목이 달아나 죽는 사람의 시늉을 했다.

이에 그 중은 짐짓,

"그렇습니다. 스님의 목은 이미 떨어져 땅에 뒹굴고 있습니다."
라고 답변하자, 암두화상은 껄껄껄 한바탕 유쾌하게 웃었다.

그 중은 그 후에 설봉화상(雪峰和尙)을 찾아갔다.

그 중을 대면한 설봉화상은, "어느 곳에서 왔느냐?"
고 물으시고 암두화상에게서 왔음을 들은 후에,

"설봉화상은 암두화상이 무엇이라고 하던가?"
라고 물었다.

그 중이 암두화상을 만나 오간 이야기며, 그때 있었던 일들을 자세히 이야기하자 이를 들은 설봉화상은 몽둥이로 그 중을 쳐서 내쫓아 버렸다. 이 이야기는 가르침을 주는 두 가지의 방법을 이야기하여 주는 것이다. 암두화상은 부드러운 웃음으로 가르쳤고, 설봉화상은 억센 가르침으로 배우는 자를 일깨웠던 것이다.

□ **배우고 가르침에 나이가 없다**

조주화상(趙州和尙)이 그의 스승인 남전화상(南泉和尙)을 처음 만났을 때 남전화상은 비스듬히 자리에 누워 있었는데, 조주화상에게,

"어디서 온 중인가?"

하고 물으니 조주화상은 서상원(瑞像院)에서 왔음을 밝혔다. 다시 남전화상이,

"서상(瑞像)을 뵈었는가?"

고 다시 물었다. 이에 조주화상이 답했다.

"예, 서상화상은 뵈옵지 못하였지만 누워 있는 여래는 뵈었습니다."

이 말이 끝나기가 무섭게 남전화상이 자리에서 일어나 다시 물었다.

"주인은 계시던가?"

"예, 있었습니다."

남전화상이 이어서 다시 물었다.

"그래, 그분이 어떤 사람이던가?"

"예, 아직 3월이라고는 하지만 날씨는 무던히 추웠습니다. 노사(老師)께서 존체 건안하심을 축하하더이다."

라고 말하며 즉시 남전화상을 스승으로 모시고 인사말을 올렸다. 이후 40년간 조주는 남전화상을 스승으로 섬겼으며, 남전화상이 입적한 후 3년상을 치른 후 60세의 노구를 이끌고 다시 행각에 나섰다.

'비록 일곱 살 먹은 어린 아이일지라도 자기보다 뛰어나면 그에게서 가르침을 받고, 비록 1백세가 넘는 노인일지라도 자기보다 부족하면 이를 가르치리라.'

이렇게 생각하고 80세가 되어 비로소 조주의 관음원(觀音院)에 들어가 오래도록 장수하니 세수(世壽) 102세였다고 전하며,

세상 사람들은 이를 일러 조주고불(趙州古佛)이라 칭한다.

□ 보통 놈이 아니구나

　보화화상(普化和尙)이 매일 같이 시가(市街)에 나와서 방울을 울리면서,
"밝은 것으로 오면 밝은 것으로 이를 쳐부수고, 어두운 것으로 보면 어두운 것으로 이를 쳐부수며, 사방팔면(四方八面)에서 오면 선풍(旋風)처럼 이를 쳐부셔 버리고, 만일 허공으로 오면 계속적으로 이를 쳐부순다."
라고 하니 이에 임제화상은 '당신의 시자(侍者)를 보내어 모두 이렇게 오지 아니한다면 어떻게 하느냐고 말하여라'고 지시하셨다.
　시자가 스승이 시키는 대로 말을 하자, 보화화상은 시자를 떠밀어 버리고,
"내일 대비원(大悲院 : 鎭州에 있던 작은 절로서 후에 3성의 제자들이 머물던 곳)에서 재(齋)가 있느니라."
하므로 이 말을 시자가 임제화상에게 전하자 임제화상이,
"나는 벌써부터 그 자가 보통 놈이 아니라고 생각했었다."
라고 하셨다.

□ 마음속의 대왕(大王)

 조주화상이 어느 날 자기의 거실에서 좌선을 하고 있을 때였다. 이때 화상의 한 시자(侍者)가,
 "스님! 대왕(大王)이 오셨습니다."
하고 말씀드렸다.
 대왕이라고 함은 조왕(趙王)인 왕용(王鎔)을 말함이니 당시 조주성시(趙州城市)가 속한 진부(鎭府)의 부주(府主)인 것이다. 당나라에 명목적으로는 종속되어 있었으나 실은 당(唐) 왕실 북방의 번진(蕃鎭)인 지위에 있었으므로 편의상 부주라고는 하지만 반독립국가적인 권력을 휘두르는 하북(河北)의 군벌(軍閥)의 한 사람이었다.
 이러한 실력자인 대왕인지라 시자는 즉시 그 내방을 보고하였던 것이다. 시자의 전갈을 들은 조주화상은,
 "대왕만복(大王萬福)."
이라고 하면서 정중히 예를 올렸다.
 "아닙니다. 스님! 지금 또 한 분의 대왕이 오시는 것을 너는 보지 못할 따름이다."
하셨다.
 이 이야기에 황룡혜남(黃龍慧南 : 1002~1069)의 게(偈)에 이르시기를,
 "시자, 오직 손(客)만 대접할 줄 알았지, 제향(帝鄕)이 오심은 모르는구나. 조주화상께서는 풀섶에 뛰어 들어가 사람을 구하

매 온몸이 흙탕물이 되었구나."

　조주화상은 어떻게든지 하여서 그의 시자를 깨우치려고(자기 몸속의 대왕을) 온몸이 흙탕물이 되었어도 그 시자는 제향 즉, 마음속의 대왕을 깨닫지 못하였다는 이야기이다.

□ 모든 존재와 관계하지 않는 자

　방거사(龐居士 : 740~808년 중국 禪界의 대표적인 인물)가 석두화상(石頭和尙)에게 물었다.
　"스님, 모든 존재와 관계하지 않은 자란 어떠한 사람입니까?"
　이에 석두화상은 손으로 입을 막았다. 이에 방거사는 크게 깨달았다.
　그는 마조화상(馬祖和尙)을 뵙고 또 물어 봤다. 이에 마조화상이,
　"그대가 서강(西江)의 물을 한 입에 다 마신다면 그 일을 이야기해 드리겠습니다."
　방거사는 이 말이 떨어지자마자 곧 현묘(玄妙), 즉 심오한 진리의 종지(宗旨 : 一宗一派를 말하며, 한 경전에서 말하여 나타내는 뜻)를 깨달았다.
　조주화상에게 어떤 사람이 이와 똑같은 질문을 하였다. 이에 조주화상이,
　"그런 사람은 결코 인간이 아니다."

라고 답했다. 그 사람은 다시 물었다.

"모든 존재와 완전히 관계를 끊고 독탈무의(獨脫無依 : 아무 것에도 의지하지 않고 독립하는 것)의 진인(眞人)이 무엇입니까?"

이에 조주화상은 그런 자는 결코 인간이 아니라고 일축해 버렸다.

참말로 어느 것에 의지하지 않고 완전한 독립을 한 사람은 상의상관(相依相關)의 만법(萬法: 모든 존재)과의 교제 중에 일어나는 것이다.

인간이라 하면 사람과 사람 사이의 관계를 말하는 것이다.

진인은 일도방법(一度方法)과 려(侶)가 아닌 경지에 들어가도 그 열반, 즉 깨달음의 불지(佛地)에 안주하지 않고, 또 이류중행(異類中行)하여 어디까지나 만법(萬法)과 여에 보살도(菩薩道)를 행하지 않으면 안된다.

□ 핥고 맛봄을 범하지 말라

어느 날 한 중이 임제화상에게 묻기를,

"스님, 달마조사께서 서방의 인도로부터 우리 중국에 온 이유가 무엇 때문입니까?"

하고 물었다. 이에 임제화상께서 답했다.

"만일에 어떤 뜻을 마음에 품고 있다면 그것은 자기 자신도 구할 수 없는 것이다." 이에 다시 그 중이,

"스님께서 뜻이 없어야 한다고 하셨는데 만일 뜻이 없으면 어떻게 이조(二祖) 혜가선사(慧可禪師)께서는 법(法)을 얻으셨다고 말씀하겠나이까?"
하고 물은즉,
"얻었다는 것은 다시 말하여 얻지 못하였다는 뜻이니라."
"그렇다면 얻지 못했다고 말할 것 같으면 얻지 못했다는 뜻은 무엇이나이까?"
라는 되물음에 대하여 답했다.
"네가 모든 것에 집착하고자 하는 마음을 버리지 못하고 그에 미련을 가지고 있기에 일찍이 조사께서 말씀하시기를 장부가 되었어도 머리를 몸뚱아리 위에 얹고 다니면서도 머리를 찾는구나 라고 하지 않았느냐! 그러니 참나(眞我)로 돌아가서 조불(祖佛)과 참나가 다르지 아니함을 깨닫고 바로 일이 없는 것을 법을 얻었다 할 수 있는 것이다. 모르는 사람은 보시(布施)·지계(持戒)·인욕(忍辱)·정진(精進)·선정(禪定)·지혜(智慧)의 육도(六道)를 가리켜 불법이라고 한다. 그러나 이는 장엄문(莊嚴門)이요, 불사문(佛事門)이지 결코 불법은 아닌 것이다."
시(詩)에 이런 말이 있다.

칼끝의 꿀을 혀로 핥지 말며
독약을 혓바닥에 대어 맛보지 말라.
핥고 맛봄을 범하지 않고
분명 비단옷 입고 고향에 돌아가리라.
어느 뉘 허공의 달빛을 잡을손가.

□ 진정한 견해란 무엇인가?

어느 중이 임제화상에게 물었다.
"어떤 것을 마(魔)라고 하옵고, 또 어떠한 것을 불(佛)이라고 하나이까?"
이에 임제화상께서 말씀하셨다.
"너희들의 생각에 의심이 생길 때 이를 마(魔)라고 일컫는 것이고, 만법이 생기지 않고 마음이란 본래 없는 것임을 깨닫는 동시에 마음에 티끌만큼도 더러움이 없이 오직 청정(淸淨)하면 곧 불(佛)이니라. 그러므로 마와 부처란 더러움에 드는 것과 깨끗함의 이경(二境)이니라. 예도 없는 것이며, 그렇다고 이제(現在)도 또한 없다. 얻는 자는 바로 얻어서 오랫동안 수행(修行)하였다는 세월이 필요없는 것이다. 지금 법문(法門)을 듣는 자 그야말로 어느 곳이든지 걸리지 아니하고 시방세계(十方世界)를 꿰뚫어서 삼계(三界)에 자유자재로 행동하는 것이다. 그는 일체경계에 비록 들어간다 하더라도 결코 거기에 이끌리지 않는다. 눈깜짝할 사이에 법계에 들어가면, 부처(佛)를 만나면 부처에 설하고, 조사(祖師)를 만나면 조사에 설하고, 마(魔)를 만나면 마에게 설한다. 일체처(一體處)를 향하여 여러 국토를 돌아다니면서 사해대중(四海大衆)을 교화하지만 현재에 결코 매달리는 법이 없다. 어느 곳이든지 다 청정하여 광명이 온누리를 꿰뚫어 만법(萬法)이 하나와 같다.

배우는 자들이여, 어설프게 나는 선(禪)을 알았노라, 또는 도

(道)를 깨우쳤노라 하고 자만하지 말라. 이런 것들은 모두 지옥에 떨어지는 업(業)을 짓는 것이다. 진실한 도인(道人)은 결코 틀린 것을 구하지 아니하고 바른 견해를 구하려 한다. 진정한 견해가 무엇인가를 알고 깨달아 원만해진다면 그때 비로소 깨달음을 얻는 것이 되는 것이다."

□ **명색이 선객(禪客)이냐?**

　방거사(龐居士)가 오랫동안 약산(藥山)의 유엄화상(惟儼和尙)과 같이 있다가 그곳을 떠나려고 할 때 유엄화상은 여러 선객(禪客)을 시켜서 방거사를 문까지 전송하도록 했다.
　그때 마침 흰 눈이 하늘에서 펑펑 쏟아지고 있었다. 이에 방거사는 하늘을 쳐다보더니,
　"야, 멋있다. 저 탐스러운 눈송이가 다른 곳에는 하나도 떨어지지 아니하는구나."
하고 혼자말처럼 뇌까렸다.
　전송을 나왔던 선객 중에 성씨가 전(全)이라고 하는 자가 불쑥 이 말을 받아서,
　"그럼 어디에 떨어진단 말이요?"
하고 받아 물었다. 방거사는 여기에 떨어지지 않았느냐는 듯이 전을 후려쳤다.
　이에 전이 발끈 화를 내면서,

"이거 너무 하시지 않습니까?"
하고 대들자 방거사가,
"너같은 놈이 그래도 명색이 선객이라고 거들먹거리고 있으니 네깐 놈은 죽어도 싸지."
하고 나무라자 그 선객이,
"그럼 거사님은 무엇이라고 하시겠습니까?"
하고 물은즉, 이번에는 방거사가 더 힘차게 후려갈기며 소리를 지른다.
"이 눈뜬 소경같은 놈아! 그걸 말이라고 지껄여."
 이를 들은 설두화상은 아깝다는 듯이 나 같으면 그 선객 놈의 대가리를 까버렸을 텐데... 했다.
 혼자서 고고히 활동하거나 중생제도를 위하여 진흙투성이가 된 사람은 감히 근접하기가 어려운 것이다.
 그런 사람 앞에는 그저 망설이다가 아까운 세월을 다 보내고 말 뿐이다. 그렇다고 하여 그런 사람 앞에서 자꾸 따지려 든다면 지옥에 떨어지기 십상이다. 그러므로 인간은 햇빛이 하늘에 휘황찬란하게 비치는 것과 같아야 하고 시원한 바람이 온 대지 위에 가득하듯이 해야 한다.

□ 우주의 참모습

 어떤 절대(絶對)에 의거한 한 마디는 비록 헤아릴 수 없이 많은 성현(聖賢)이라 하더라도 이를 명확히 전하여 줄 수는 없는 것이다.

눈앞의 한 오라기 실이 영원에 이어지는 것과 같이 우주의 참모습이 그대로 드러나 있는 이야기가 바로 여기에 있다.

어느 중이 지문(智門)의 광조화상(光祚和尙)에게 이렇게 물었다.

"반야(般若)의 본체(本體)가 어떠한 것인지 말씀하여 주십시오."

이에 광조화상은 답했다.

"그것은 조가비가 밝은 달빛을 머금는 것이니라."

이에 지지 않고 그 중이 되물었다.

"그러면 반야의 작용(作用)은 무엇입니까?"

이에 광조화상이,

"그것은 토끼가 머금은 달빛으로 새끼를 배는 것이니라." 하셨다.

□ 다가오는 운명을 지키라

어느 중이 양개화상(良价和尙 : 807~968)에게 다음과 같이 물었다.

"추위와 더위가 닥칠 때에는 어떻게 하여야 합니까?"

이에 양개화상께서 대답하셨다.

"왜 춥지도 덥지도 않은 곳으로 가지 아니 하고 그런 질문을 하는가?"

이에 그 중이 다시 묻기를,

"그렇다면 춥지도 않고 덥지도 아니한 곳이 어디입니까?" 하고 묻자,

"추우면 너를 얼려 죽일 것이고, 만일 더우면 너를 쪄 죽이지 별수 있겠느냐?" 라고 답하였다.

이 이야기는 생사(生死)의 문제가 다가왔을 때 어떻게 하면 이를 해탈할 수 있는가 라는 물음에 대하여, 생사가 없는 곳으로 가면 되는 일이고, 살아있는 동안은 최선을 다하여 생(生)을 살 뿐이고, 죽음에 이르면 이에 따를 뿐이라는 가르침이다. 그러므로 우리 인간은 눈에 비치는 찬란한 빛만을 좇을 일이 아니라 담담히 다가서는 운명을 기다려 힘껏 일할 뿐이다.

□ **문종황제의 금살생(禁殺生)**

지금으로부터 약 1천 3백년 전의 일이다.

중국의 당나라 문종황제(文宗皇帝)는 부처님께 귀의하여 신앙심이 대단히 돈독한 분이었다.

분주한 국정을 살피는 여가에 틈만 있으면 큰 사찰에 거동하여 부처님께 예배는 물론 재를 베풀어 대중을 공양하고 큰 스님을 청하여 설법을 듣곤 하였다. 또한 내전에 불당을 따로 정

하여 놓고 관음상을 모신 뒤에 아침저녁으로 예배하며 기도를 올리고 불도 공부에 특별히 정진했다.

특히 종남산(終南山)의 유정선사(惟政禪師)를 청하여 '화엄경'의 강설도 듣고 '법화경'의 강설도 들어 불교에 관한 조예가 깊었다. 그리고 유정선사를 왕사나 다름없이 섬기고 그의 말이라면 전적으로 믿었다.

황제는 이와 같이 신심이 강한 까닭인지 국가에 대사가 있을 때면 꼭 관세음보살에게 기도하여 현몽을 얻게 되었다. 그래서 그 현몽에 의하여 일을 처리하면 아무리 처리하기 어려운 일이라도 저절로 풀리게 되어 소원대로 되는 일이 많았던 것이다.

황제가 불교에 귀의한 뒤로부터 어육(魚肉)의 반찬을 멀리하고 소반찬으로 식사를 하여 왔는데 그 가운데 조개만은 특별히 기호 음식이라서 냉큼 끊을 수가 없었다.

다른 고기반찬인 네발 달린 수육(獸肉)이라든지 강물이나 바다에서 나는 생선 같은 것은 먹을 생각이 없는데 유독 조개만은 끊을 수가 없었다. 가는 조개는 국도 끓여 먹고 볶아 먹기도 하고 혹은 날조개살을 그대로 양념하여 먹기도 했다.

어느 날 아침에 수라상에 조개를 지져 올렸더니, 여느 날처럼 조개가 벌어진 것을 하나하나 들어서 살을 떼어 초장에 찍어서 맛있게 먹었다. 그런데 그 가운데 껍데기가 벌어지지 않은 것이 있었다. 젓가락으로 아무리 뒤적거려도 껍데기가 열리지 않는 것이었다. 그래서 황제는 손으로 집어서 힘을 들여 쪼갰더니 짝 소리가 나며 갈라졌다. 그런데 이게 웬 조화인가, 조개 살점이 금방 변하여 관음상을 나타내며 광명을 발하는 것이 아닌가.

 보살의 상호가 조금도 틀림없는 상아 뼈로 조성한 관음상이었다. 이목구비가 수려하고 사지육체가 갖추어져 도사리고 앉은 좌상이었다.

 마치 누가 조개살을 빼서 돌리고 일부러 관음상을 박아 넣은 것만 같았다. 그러나 누가 무슨 까닭으로 그렇게 할 리도 만무하거니와 방금까지도 조개살이 붙어 있지 않았던가? 참으로 수수께끼 같아서 알 수가 없는 일이었다.

 황제 혼자서는 도저히 이해할 수 없는 일이었다. 그래서 종남산에 있는 유정선사를 불렀다. 선사는 또 무슨 일이 생겼나 하고 급히 궁중으로 들어갔더니 황제는 조개 속에서 나온 관음상을 보이면서,

 "스님, 이것을 보시오. 이것이 조개 속에서 나왔구료. 조개 속에서 진주가 나온다는 말은 듣기도 하고 보기도 하였습니다마는 불상이 나온다는 말은 고금을 통해 듣지도 못하고 보지도 못하였는데 이렇게 관음보살상이 나왔으니 이게 어찌 된 일입니까?"

 "이것은 32상으로 응화신(應化身)을 나타내어 중생을 교화하시는 관음보살의 화신(化身)이라고 합니다."

 "32상 가운데 불신 · 보살신 · 벽지불신 · 범왕신 · 소왕신 · 재상신 · 장군신 · 비구신 · 비구니신 · 장자바라문신 · 부녀신 · 8부금강신 · 집금강신 등은 있으되 조개신은 보지도 못하였는데 이것을 어떻게 32응신의 화신이라고 하십니까?"

 "불신은 백억화신을 나타내신다고 하지 않았습니까? 백억화신 가운데 어찌 조개로 나타내는 화신인들 없었겠습니까?

"관음보살은 보살이요, 부처가 아니거늘 어찌 백억 화신을 나타낸다고 말씀하시나요?"

"관음보살은 과거에 이미 성불하신 부처님이건만은 중생을 제도하기 위하여 대자대비하신 원력으로 보살이 되셨다고 하지 않았습니까?"

"이런 것이 모두 경전 가운데 있거늘 폐하께서는 어찌 의심하십니까? 아니 믿으십니까?"

"〈관음경〉의 보문품에 보면 관음보살이 각각 그 형상을 나타내어서 설법하신다고 하였는데 이 조개는 비록 관음상을 나타냈으나 설법이 없으니 어찌 된 일입니까?"

"폐하께서는 이 조개 속에서 관음상이 나온 것을 아무 사람이나 볼 수 있는 일이라고 생각하십니까? 또는 보통인으로서는 볼 수 없는 비상하고도 특수하며 기이한 일이라고 생각하십니까? 또는 이것을 관음보살의 신통변화라고 믿으십니까? 아니 믿으시니까?"

"짐도 처음 보는 희괴한 일이라 관음보살의 신통변화라고 깊이 믿고 있습니다."

"그러시다면 폐하께서는 관음보살의 설법을 듣고 계신 것이 아니겠습니까? 법문을 들으신 것이 아니면 어찌 믿사오리까? 귀로 듣고 믿으나 눈으로 보고 믿으나 보고 듣는 견문이 한가지라고 생각합니다. 관음보살은 설함이 없이 설하시는 무설이설(無說而說)이온즉 폐하께서는 들리지 아니하여도 들은 것으로 생각하시어서 불문이문(不聞而聞)이 되셔야 합니다."

문종황제는 유정선사의 이 말을 듣고 한 소식을 얻은 듯이 크게 깨달아 기뻐하고 국내 사찰에 칙령을 내려 어느 집에든지 관음상을 모시게 하라고 했다. 그리고 수라상에 조개 반찬도 올리지 못하게 했다. 조개 속에서 나온 관음상을 산관음이라 하여 원불로 모시고 호신불을 삼았다는 것이다.

이와 같이 관음보살이 조개 속에서 나타난 것은 황제가 다른 음식은 모두 끊었으면서도 유독 조개의 살생 행위만은 버리지 못한 것을 깨우쳐 주기 위함이요, 또 하나는 황제의 지극한 신심을 가상히 여긴 까닭이라 하겠다.

흔히 영험은 인간이 하나의 신비로 생각해 버리지만 지극한 정성이면 하늘도 통한다는 뜻이라고 하겠다.

□ 기도의 공덕으로 척추병이 완쾌되다

충청도 공주에서 미곡상을 하는 임영달(林榮達)이라는 사람이 있었다. 그에게는 수만이라는 아들이 있었는데, 어릴 때부터 척추병을 앓더니 필경 꼽추가 되고 말았다.

임씨는 이런 아들을 위해 좋다는 약은 다 써보았으나 백약이 무효였다. 임씨는 아들을 볼 때마다 가슴이 아팠다. 부모도 부모려니와 당사자의 고통은 더 말할 나위도 없었다.

외척뻘 되는 지월(指月) 스님께서 어느 날 공주에 왔다가 수만이에게 지성으로 기도를 해보라고 말을 건네자,

"아버지께서 허락만 하여 주신다면 무슨 일이라도 해보겠어

요. 안팎 곱사등이어서 난장이를 면하지 못하고 있으니 병신의 신세로 살아가면 무슨 즐거움이 있겠습니까?"
하고 눈물을 흘렸다.

지월스님은 너무나 보기가 딱해서 임씨에게 권유하여 30일간의 기도를 하여 주기로 하고 수만이를 데리고 화계사 뒤 삼성암(三聖庵)으로 올라가서 독성님께 기도를 하기 시작했다.

기도 법사는 지월스님하고 수만이는 '나반존자'만 부르며 절을 무수히 하라고 했다. 삼성암은 옛날부터 기도처로서 유명하여 기도 손님이 끊이지를 않는 곳이었다.

여러 사람들은 불구자인 병신을 데리고 와서 기도하는 지월스님을 보고 깔깔 웃으며,

"스님도 어이가 없소. 이만저만한 병도 아니고 20년이나 되었다는 꼽추를 고쳐 달라고 하니 그게 될 말입니까?"
하고 혀를 끌끌 차며 조롱했다. 그러나 지월스님은 굳건히 30일간 목탁이 부서지도록 두드리며 나반존자만을 불러댔다. 지월스님은 목소리 좋기로 유명한 스님이라 여러 기도 대중들은 지월스님의 목소리에 도취되어 다시 무어라 말을 하는 사람이 없었다.

수만이는 기도 회향날에 그대로 정근을 하다 잠이 와서 엎드려 깜박 졸았는데 비몽사몽간에 어떤 동승이 어디로 가자고 했다. 그래서 따라갔더니 기암괴석이 널려 있고, 이름모를 화초가 만발한 선경인데 백발노승이 앉아 있었다.

노승은 수만이를 보고 '거기 앉아라' 하고 명했다. 그리고 '너의 신체가 그렇게 불편하니 가엾구나' 하며, 장삼소매 속에서

금침과 은침을 꺼내더니 금침으로는 수만의 앞가슴을 찌르고, 은침으로는 등뼈를 찔렀다. 그런 후 말하기를 '앞으로 한달만 지나면 완쾌될 것이니 속히 집으로 가도록 하여라'고 했다.

수만이는 꿈속의 일이었지만 어찌나 고마운지 '노스님! 감사합니다. 이 은혜를 무엇으로 갚사오리오' 하고 절을 하고 나오다가 깨고 보니 꿈이었다.

수만이는 이 몽사가 있은 뒤로 삼성암에서 1개월을 더 눌러 있었는데, 매일같이 눈에 띄일 정도로 몸이 자유로워지더니 1개월이 지나자 병원에서 수술을 받은 것 이상으로 정형이 되었다. 곱사등이 퍼져서 키도 날씬하게 커지고 뚱뚱하게 부은 것 같던 앞가슴도 훌쭉하게 들어가서 언제 꼽사였던가 싶게 성한 사람이 되었다.

지월스님께 조롱하던 사람들도 머리를 갸웃거리며, '이건 참 성현의 영험이오, 기적입니다. 두통이나 가슴앓이나 체증같은 병이라면 모르겠지만 꼽추가 펴져서 나아 버린다는 것은 고금에 없는 기적이오.'라고 하면서 모두들 성현의 일이라도 이럴 수가 있나 하고 감탄하기를 마지 않았다.

수만이는 몸만 병신이었지 얼굴은 잘 생겨 병이 낫고 보니 아주 미남이 되었다. 이때 삼성암으로 기도를 왔던 신도들은 누구나 놀라지 않는 사람이 없었다. 그의 아버지 되는 임영달도 아들을 데리러 와서 보고 기쁨을 감추지 못했다.

이런 소문이 인근 동네에 퍼져서 삼성암에서 나올 때에는 구경꾼이 수없이 모여 들어 수만이를 보고 감탄했다. 수만이는 그 길로 가서 결혼하여 행복하게 잘 살았다고 한다.

□ 성자 이차돈의 순교

　신라 법흥왕(法興王)때 아도(阿度)스님은 불법을 펴려다가 무지몽매한 사람들의 반대로 뜻을 이루지 못했고, 미추왕께서도 천경림에 절을 지으려다가 신하들의 완강한 반대로 뜻을 이루지 못한 것을 뼈저리게 느끼고, 이것을 다시 이뤄볼까 하는 생각을 주야로 간절히 했다.
　언젠가 법흥왕이 신하들을 돌아보고 말씀하시되,
　"짐이 창생을 위하여 복을 닦고 죄를 멸할 장소인 절을 세우고자 하는데 경들은 어떻게 생각하오?"
하고 물었다. 그러나 중신들은 왕의 뜻을 거스려 말하되,
　"우리나라에 고요한 명신(明信)이 있는데도 불구하고 타국의 객신을 받아 절을 지어 모시는 것은 불가한 줄 아뢰오."
하고 완강하게 반대했다. 이에 왕이 탄식하여 말하되,
　"아! 짐이 부덕한 소치라 불법을 이룰 수 없으니 누구와 더불어 일을 같이 할 것인고?"
　이때에 충의가 깊고 불심이 돈독한 사인(舍人) 이차돈은 왕의 뜻을 알아차리고 아뢰었다.
　"전하의 뜻을 신이 실천해 볼까 하나이다."
　"네가 할 일이 아니다."
　"나라를 위하여 몸을 바치는 것은 신자(臣者)의 절개요, 임금을 위하여 목숨을 바치는 것은 백성의 의리거늘 아무리 나이어린 신이기로서니 못할 바가 있겠나이까? 그러므로 천경림에 절

을 짓게 하겠사오니, 거짓 왕명을 전한 죄로 신의 머리를 베이시면 비상한 일이 있을 것이오니 그것을 보면 만민이 다 굴복하여 그 후로는 감히 어명을 어기지 못할 줄로 생각하나이다."

"너의 뜻은 가상하나 짐승의 목숨도 아끼는 나로서 어찌 무죄한 충신인 너를 죽일까보냐?"

"버리기 어려운 것은 목숨이오나, 신이 저녁에 죽으면 아침이 되어서는 대교가 성하여져서 부처님의 해가 다시 중천에 오르고 대왕께서 길이 편안하시게 되리라 믿사옵니다."

"너는 참으로 나라를 위하는 충신이요, 불법을 지키는 대보살이라 하겠다. 착하고 착함이여! 너의 이름은 영원히 남으리라."

왕은 이렇게 칭찬했다.

그 이튿날 왕이 백관 군중을 모아놓고 노한 얼굴로 말했다.

"너는 어찌하여 중신들이 반대하는 것도 불구하고 왕명이라 사칭하고, 천경림 숲속에 절을 짓게 하였느냐?"

라고 꾸짖자, 이차돈은,

"비록 왕명을 거짓 전한 것은 만번 죽어도 지당하오나, 대왕께서 하시고자 하신 일을 실행하였사옵기로 상을 받아도 떳떳하다고 아옵나이다."

"그러나 짐으로서는 두 가지의 길을 좇을 수가 없으니 어찌하면 좋겠는가?"

하고 왕이 신하를 둘러보니, 중신들이 일제히 입을 모아,

"이차돈은 위로는 왕명을 어기고, 아래로는 천하 사람의 뜻을 거슬렸사오니 참죄에 처함이 지당하다고 아뢰오."

하였다. 그러므로 왕은 이차돈에게 논죄하되,

"너는 중신들이 반대하는 것에도 불구하고 자의로 어명이라 전하고 천경림에 절을 짓게 하였으니 참죄를 줌이 마땅하다고 생각하노라."

하니 중신들이,

"지당하신 분부라고 아뢰오."

하였다. 이차돈은 아무 말도 하지 않고, 중신들을 쳐다보고 비웃는 표정을 하고 있었다. 왕이 분노하여 이차돈을 참하라 명하니, 이차돈은 천지신명에게 맹서하고,

"대서법왕(大書法王)이 불법을 일으키고자 하므로 목숨을 돌아보지 않고 그에 응하였을 뿐이니, 하늘은 상서를 기리사 만민에게 두루 보이소서."

하는 서원을 외쳤다.

이윽고 옥리가 이차돈의 목을 베이니 목에서는 붉은 피가 흐르지 않고 흰 젖이 한 길이나 뿜어 용출(湧出)하고, 그의 목은 날아서 금강산(현 경주의 금강산)에 떨어졌다. 그 순간 청명하던 하늘이 갑자기 어두워져 일월이 빛을 잃고, 천둥에 땅이 진동하니 성왕은 슬퍼하여 눈물이 용포를 적셨고, 중신들은 겁이 나서 어찌할 줄을 몰랐다. 이러한 상서가 있은 후 백성들은 앞을 다투어 불교를 신봉하게 되었으며, 불법은 날로 번성하여 태평성세를 이룩했다.

□ 타지 않는 불경(佛經)

약 2천년쯤 전에 인도의 가섭마와 축법란 두 사람이 천안통(天眼通)으로 중국을 살펴보니 중생들의 대승 근기가 성숙하였고, 오대산은 문수보살이 계신 곳이지만 불교가 미치지 못하여 찾는 이가 없는 것을 알고 부처님의 탱화와 불경을 가지고 중국에 가려고 했다.

중국의 한나라 효명(孝明)황제는 영평(永平) 7년 정월에 신장이 열 척이나 되고, 햇빛같이 찬란한 황금 사람이 뜰에 내려오는 꿈을 꾸었다.

이튿날 아침 신하에게 꿈 이야기를 하니 한 신하가 말했다. "신이 〈주서이기(周書異記)〉라는 책을 보니 거기에 '서쪽에 대성인이 탄생하였는데, 천년 후에는 그 교법(敎法)이 이 나라에 미치리라' 씌었더이다. 지금 폐하의 꿈이 그 징조인 줄로 아뢰오."

황제는 이에 왕존, 채암 등 여러 신하를 월지국에 보냈는데 마등과 법란 두 스님을 만나 불경과 불상을 가지고 함께 영평 10년 12월에 당시 수도인 낙양(洛陽)으로 돌아왔다. 불경과 불상을 황제에게 올리니 과연 꿈에 보던 것과 똑같은 황금 사람이었다.

황제는 마등과 법란에게 꿈이야기를 하였더니 두 사람은 이렇게 대답했다.

"그 꿈은 부처님께서 불법을 폐하게 부족하심이오니 원컨대

유의하십시오."
라고 하자, 황제는,
"부처님이 세상이 나셨는데 어찌하여 이 나라에 오시지 않았습니까?"
라고 하자 마등이,
"큰 성인은 때에 따라서 인연을 베푸십니다. 인도는 삼천대천세계의 중심이옵고, 여러 성현들이 한꺼번에 나서 근기가 성숙하였으므로 거기 나시었고, 다른 데는 인연이 미치지 못하였으므로 오시지 않았사오니, 비유컨대 물이 맑으면 달이 비치고 흐리면 비치지 아니하는 것과 같나이다. 그리고 그 교법이 퍼지는 것도 때에 따라 빠르기도 하고 늦기도 하옵니다."
라고 하자 황제는 다시,
"이 나라에는 성인이 계신 데가 없습니까"
라고 다시 묻자, 이번에는 법란이 말했다.
"이 나라 오대산에는 문수보살이 계셔서 천인·용왕·신인들을 교화합니다마는 계율과 선정을 닦는 이가 아니면 뵈옵지 못하옵니다."
라고 아뢰었다.

마등과 법란은 〈사십이장경〉을 번역하여 바치고 이듬해 오대산을 순례하고 와서 황제께 여쭈어 절을 짓게 하고 오대산 모양이 인도의 영추산과 같다고 해서 '영추사'라 이름하였더니 황제는 불법을 처음 믿는다는 뜻으로 '대부영추사(大孚靈鷲寺)'라 하고 비로소 수십 명의 승려를 두어 있게 하였다.

이 오대산에는 본래 도교(道敎)를 받드는 도사들이 살았는데 불교가 들어오자 도교가 빛을 잃게 되었다. 그래서 영평 14년 정월에 오대산 도사 백록(白鹿)과 오악(五嶽)의 도사 저선신 등이 서로 의논하고 황제께 여쭈었다.

"도교와 불교가 어느 것이 옳고 그른지 분간하지 못하오니 두 종교의 경전을 불로 태워 보아서 타는 것을 쫓아내고 타지 않는 것을 받들게 할지이다."

황제는 그 시험을 허락하고 정월 보름에 '백마사'에 거동하셨다.

도사들은 제단을 쌓고 제를 올리면서 도교의 책들을 단의 한 가운데 놓았고, 마등은 부처님의 사리와 경전과 불상 등을 서쪽에 모시었다. 제를 마친 후에 도사들은 횃불을 들고 단을 돌면서 울고 고축하였다.

"저희들이 태극대도원시천존(太極大道元始天尊)과 여러 신령님께 아뢰나이다. 이제 서역의 불법이 우리나라에 들어왔는데 임금이 사교를 믿어서 바른도가 쇠퇴하게 되었사옵기 저희들이 도경을 단상에 모시옵고 불로 영험을 보이어서 어리석은 마음을 열어 보이고 정도와 사교를 판단하려 하나이다."

축원을 마치고 경전에 불을 지르자 이게 웬일인가, 불이 닿기가 무섭게 활활 타서 재가 되는 것이었다.

도사들은 깜짝 놀라면서 타지 않기만을 바랐지만 어찌 할 수가 없었다. 그런데 불경과 불상은 맹렬한 불에는 타지 않고, 사리의 광명이 일산으로 화하여 허공에 덮였다. 그래서 마등과 법란은 몸을 솟아 공중에 올라가서 여러 가지로 변화를 나타내면서 게송으로 황제에게 아뢰었다.

"여우는 사자와 종류가 다르고, 등불이 해와 달에 미칠 수 없느니 시내를 바다에 비길 수 있으랴. 법 구름이 온 누리에 가득히 덮이고, 감로수는 초목을 흡족히 적시며 처음 보는 신통으로 중생들을 깨치다."

이렇게 포교한 마등과 법란은 서역 인도로 돌아갔다.

□ 부처님을 만나보다

당나라에 무착선사(無着禪師)라는 큰스님이 있었다.

무착은 성품이 영특하고 마음이 선량하였는데, 7세 때에 용천사(龍泉寺)의 율사를 찾아가서 머리를 깎고, 대승경전과 수많은 게송을 외었다. 신앙이 돈독하고 학법이 뛰어나서 득도한 지 20년에 스님의 법을 계승했다.

다시 금릉(金陵) 우두산(牛頭山)에 들어가 충선사에게 참선하는 방법을 묻고 부지런히 정진하기를 잠시도 쉬지 아니했다. 충선사는 다음과 같이 말했다.

"그대는 너무 총명한 것이 허물이 되니 진리와는 떨어지느니 만일 총명한 허물만 없다면 크게 깨달으리라. 삼세제불이 중생의 마음 밖에는 한 가지 법도 얻음이 없느니라. 요술 같은 눈병이 없어지면 허공은 본래 청정하니라."

무착은 이 말을 듣고 법을 보는 눈을 뜨게 되어 각지로 유람하려던 생각이 없어지고 산중에 있기로 결심했다. 그 후에는 오대산에 들어가 화엄사에 머물면서 경루 아래에 앉아 입정삼매에 들어 좌선을 했다.
 어느 날 새벽이 되자, 흰 광명이 동북방에서 뻗쳐와 무착의 머리에 비치더니 얼마 후에 사라지고 무착은 몸과 마음이 상쾌해졌다. 법의 즐거움을 얻은 것이다.
 날이 샐 무렵에 광명이 뻗치던 곳을 생각하고 동북쪽으로 가다가 누관곡(樓觀谷) 어귀에 이르러 성인이 계신 데를 생각하며 백번 절하고 앉아 쉬다가 잠깐 잠이 들었다. 소 모는 소리를 듣고 문득 깨어보니 어떤 노인이 칡베(葛衣) 옷을 입고 소를 끌고 앞으로 지나가는 것이었다.
 무착은 노인에게 예를 올리고 물었다.
 "노인은 어디서 오시나이까?"
 "산중에서 동냥 나가는 길이오."
 "댁은 누구입니까?"
 "이 골짜기 안에 있습니다."
 이번에는 노인이 무착에게 물었다.
 "그대는 어디로 가려는가?"
 "금강굴을 찾아가는데 길을 모릅니다."
 "내 처소에 가서 쉬면서 차나 한잔 마시세."
 무착은 노인을 따라서 북으로 50보쯤 가니 아담한 암자가 하나 있었다. 노인은,
 "군제야!"
하고 부르니 동자가 나와서 소를 끌고 들어가고, 노인은 무착을 데리고 방으로 들어갔다.
 방안은 더없이 정결하고 방안의 장식품들은 세상에서 흔히

볼 수 없는 희귀한 것들이었다. 주객이 마주 앉아 묻고 답하되,
"그대는 어디로부터 오는가?"
"남방에서 옵니다."
"좋은 염주를 가지고 왔는가?"
무착은 염주를 노인에게 주었다.
"그대의 것을 내놓게."
"그것이 제 염주올시다."
"그대의 것이라면 어째서 남방에서 왔다 하는가?"
이때 동자가 차를 가지고 와서 한 잔은 무착의 앞에 놓고, 한 잔은 노인에게 드렸다. 노인은 찻잔을 들면서,
"남방에서도 이런 것이 있는가?"
"없습니다."
"이런 것이 없으면 무엇으로 차를 마시는가?"
"……"
"남방에는 불법을 어떻게 행하는가?"
"말세 비구들이 계율을 지키는 이가 드뭅니다."
"대중은 얼마나 되는가?"
"3백 내지 5백명이 됩니다."
이번에는 무착이 노인에게 물었다.
"여기는 불법이 어떻게 유지됩니까?"
"앞에도 셋씩, 뒤에도 셋씩."
노인은 또 물었다.
"무슨 일을 하는가?"
"항상 마음공부를 하려 하오나 요령을 얻지 못하였습니다."

"얻지 못하는 것이 요령인걸…"
노인이 다시 물었다.
"그대 처음 출가하여서부터 무엇을 구하는가?"
"성불하기를 서원합니다."
"첫 마음에 얻느니라. 나이는 몇 살인가?"
"서른 한 살이옵니다."
"서른 여덟 살이 되면 복이 오겠군. 여기서는 조심해서 다니게. 발을 다치기 쉬우니. 이제 나는 피곤하여 한잠 자겠으니 그대는 그만 가게나."
"날도 저물었으니 하룻밤 쉬었으면 하나이다."
"그대는 두 친구가 있으니 그것이 탈이야. 그래 여기서는 잘 수 없네."
"저는 본래 친구도 없고 미련도 없습니다."
"미련이 없다면 왜 여기서 자자고 하는가. 미련이 있으니까 그것이 친구 아닌가? 그대 가사를 가졌는가?"
"비구계를 받은 후부터 항상 가사와 바리때를 가지고 있나이다."
"그래, 중은 할 수 없는 일이 아니면 가사를 떠나지 않는 법이지. 잘 자게나."

무착은 하직하면서 또 물었다.
"의심나는 일이 있사와 여쭈려 하나이다. 오탁악세에 있는 중생은 선근이 없사오니 어떻게 하오면 해탈할 수 있겠나이까?"
노인은 게송으로 대답했다.
"사람이 잠간 동안 좌선하는 것은 칠보탑을 쌓는 일보다 나으리. 칠보탑은 필경에 티끌이 되지만 좌선은 깨달음을 이루게 되리."

게송을 마치자 동자를 시켜서 무착을 바래다주라고 했다. 무착은 동자에게 물었다.

"아까 노인 말씀에 '앞에도 셋씩, 뒤에도 셋씩'이라 하셨는데 그게 얼마인가?"

"금강신(金剛神)의 등 뒤에 것입니다."

무착은 어리둥절하여 자리를 떠나면서,

"금강굴이 어디 있는가?"

동자는 몸을 돌려 가리키면서,

"이것이 반야사(般若寺)입니다."

무착은 그 말을 듣고 돌아보니 동자도 절도 간데없고 다만 산빛이 창창한데 숲만 우거졌을 뿐이다.

한편 처량하고 한편 신기하여 한참 주저하노라니 문득 이상한 구름이 사방으로 퍼지면서 둥근 광명이 거울처럼 비쳤다. 여러 보살의 그림자가 오락가락하듯, 촉병(觸瓶)과 육환장과 연꽃과 사자들이 어렴풋이 보이는 것이 아닌가.

이때에 무착선사는 감개가 무량하여 한 게송을 읊었다.

  온 누리가 그대로 장엄한 도량
  부처님 뵈옵고 말씀들었네.
  그중에 무슨 법 말하였던가
  돌아보니 고요한 산과 나무뿐.

화엄사로 돌아와서 지난 일을 대중에게 자세히 말하고 그 뒤 금강굴 앞에서 열반에 들었다.

□ 분신으로 갚은 빚

제(齊)나라의 천보(天保)황제의 세번째 왕자는 전생의 두생 동안 출가하여 계행이 청정하였으므로 나면서부터 지난 세상 일을 환하게 알았다.
 과거 주(周)나라 때부터 항상 진(晉)나라, 초(楚)나라의 대신 집 아들로 태어나면서 사람 천여 명을 죽였고, 남에게 살해되기도 일곱 번이나 한 일을 기억하고는 세상이 싫은 생각이 나서 왕자의 호사도 귀찮았다.
 열 살이 되던 해에 고칠 수 없는 중병이 들어서 목숨이 위태하였다. 그래서 오대산에 들어가 지성으로 불공하면서 문수보살을 친견하려 하였으나 오래 되어도 보지 못하고 속으로 의심만 하였더니 꿈에 어떤 노인이 와서 이렇게 말했다.
 "그대는 과거에 부질없는 살생을 얼마나 하였는데 지금 성인을 만나려고 하면서 그만한 수고도 참지 못하고 게으른 생각부터 내느냐? 그대의 몸까지도 그대의 것이 아니니 각별히 힘쓸지어다."
 왕자는 생각하기를 '이 몸으로 과거의 빚을 갚아야겠다' 하고, 문수보살의 형상 앞에서 몸을 불살라 공양하면서 이렇게 축원했다.
"제가 지금 이 육신을 불살라 문수보살께 공양하오니, 인연 공덕으로 지난 세상에서 내 손으로 사람을 죽이고, 남을 시켜 사람을 죽이던 한량없는 묵은 빚을 한꺼번에 갚아버리고, 다시 사람으로 태어나 어려서 중이 되고 보리를 이룰 때까지 영원히 살생하지 말지어다."

불이 꺼진 뒤에 내시 유겸지가 뼈를 주어 영추산 서쪽에 탑을 쌓아 간직하고 황제는 분신한 자리에 절을 지었다.

□ 비구가 머리를 만져 깨치다

중국 위나라의 영변(靈辯)법사는 현옹산에서 출가하였다.
희평(熙平) 원년에 〈화엄경〉을 머리에 이고 오대산 봉우리를 밤낮으로 돌아다니면서 발이 부르터 피가 나는 데도 쉬지 않고 3년 동안을 꾸준히 도를 닦았다.

어느 날 저녁 소나무 아래 앉아 있으니, 문득 마음이 환하게 밝아지면서 난데없는 비구가 와서 머리를 만져 주며,
"그대가 오랫동안 애를 쓰니 마땅히 신심으로 삼매에 들어가리라."
하고는 어디론지 사라졌다. 그 후부터 무슨 글이든지 보기만 하면 이치를 알게 되었다.

1백 권 논을 지어 〈화엄경〉을 해석하였고, 효명황제의 존경

을 받아 식건전(式乾殿)에서 경의 깊은 뜻을 강설하니 대신들이 경청하였으며, 그 후에 오대산에서 열반했다.

□ 신비한 걸승(傑僧)

옛날 사람들은 한산자(寒山子)를 머리가 돈 가난뱅이라고 업신여겼다.
그는 당흥현의 서쪽 70리 되는 천태산의 한암(寒巖)에 숨어 살면서 국청사에 이따금 찾아갔었다.
이 국청사에는 습득이라는 공양주가 있어서 식당에서 남은 음식을 대통에 넣어 두면 한산이 왔다가 갈 때에 가져 갔다. 형상은 비록 남루하였으나 말 한마디 행동 하나가 뜻에 맞으면 잠자코 생각하는 듯하였고, 말에는 항상 깊은 뜻이 들어 있었다.
나무껍질로 모자를 만들어 쓰고, 떨어진 옷에 나막신을 신고 다녔으니, 마치 보살이 나타나 중생을 교화시키는 것 같았으며 복도로 다니며 노래도 하고 가끔 하는 말은 '애닲다, 온 세상이 체바퀴 돌듯 하는구나' 했다.
어떤 경우는 마을에 가서 소치는 아이들과 더불어 웃고 노래하면서 뜻을 동조하거나 반대하거나 스스로를 즐기었으니, 철인이 아니고는 그 진의를 판단할 수 없었다.
여구윤이 단구(丹丘)목사가 되어 도임 길을 떠나려는데 갑자기 두통이 나서 택일하는 이와 의사들을 불러 치료를 하였으나 효험이 없었다. 마침 풍간선사가 천태산 국청사(國淸寺)에 있노라 하면서 찾아왔다. 병을 말하였더니, 선사는 웃으면서,
"사대(四大)로 된 몸이라 병도 날 수 있는 것이니, 그 병을 치료하려면 깨끗한 물이 필요하오."
라고 했다. 여구윤이 다시 물었다.
"국청사에 가면 스승으로 섬길 만한 사람이 있겠습니까?"
이에 선사는,
"보고도 알지 못하며, 알고도 보지 못하오. 반드시 보려거든 형상에 집착하지 말아야 합니다. 한산은 문수보살의 화현으로 국청사에 숨어 있고, 습득은 보현보살인데 모양이 거지같습니다. 미친 사람처럼 왔다갔다 하면서 부엌일을 합니다."
이렇게 말하고 가버렸다.
여구윤은 그 길로 태주에 도임하여 3일 만에 당흥현에 사람을 보내어 한산과 습득이 있는가를 조사하였더니 그 고을 서쪽으로 70리 되는 곳에 한암(寒巖)이란 굴이 있는데 굴속에 빈한한 사람이 있으면서 국청사에 가서 자는 것을 노인이 보았다 하며, 국청사의 부엌에 한 행자가 있는데 이름이 습득이라 한다고 보고 하여 왔다.
절에 가서 알아보니, 과연 선사의 말과 다르지 않았으므로, 여구윤은 스승님을 찾으려고 국청사에 직접 찾아가 물었다.
"이 절에 풍간선사가 계셨다는데 그가 있던 방은 어디며, 또 습득과 한산은 지금 어디 계십니까?"
이에 도교라는 스님이,
"풍간선사가 있던 방은 장영각 뒤에 있는데 지금은 비어 있고

가끔 호랑이 한 마리가 왔다갔다 할 뿐이고, 한산과 습득은 부엌에 있습니다."

스님이 여구윤을 인도하여 풍간선사의 방에 가 문을 열자 호랑이 발자국만 남아 있었다. 도교스님이 다시 덧붙였다.

"선사가 계실 적에는 쌀을 찧어 대중에 공양하였고, 밤에는 흔히 노래를 했었습니다."

여구윤은 하는 수 없이 방문을 닫고 말았다. 부엌에 가 보니 아궁이 앞에 두 사람이 불을 쬐면서 웃고 있었다. 여구윤이 엎드려 절을 했다.

두 사람은 소리를 높여 나무라면서, 손에 손을 잡고 허허 웃더니 이렇게 말했다.

"풍간이 또 부질없는 소리를 한 게지. 아미타불은 모르고 우리에게 절은 왜 하는가?"

스님들이 우루루 몰려 와 놀라면서,

"목사님께서 가난뱅이에게 왜 절을 하시는 겝니까?"
라고 했다.

이때 두 사람은 손을 맞잡고 절을 떠났다. 사람을 보내어 데려오라고 하니, 두 사람은 달음질하여 한암으로 가버렸다.

여구윤은 스님들에게 말하여,

"그 두 분을 다시 모셔다가 깨끗한 방을 비워 계시게 하라."
라고 당부한 후 고을로 돌아가 새옷 두벌과 향과 약을 갖추어 국청사로 보내어 공양하라 하였으나, 두 사람은 끝내 국청사로 돌아오지 않았다.

옷을 가지고 갔던 사람은 한암으로 가서 옷을 공양했더니 한

산은 큰 소리로,

"이 도둑놈! 이 도둑놈!"

하고 굴속으로 들어가면서,

"여러분, 모두 잘 있으시오."

하더니 굴 문이 막혀 버렸고, 습득도 어디로 갔는지 보이지 않았다.

  도교스님으로 하여금 그들이 지난날에 남긴 행적을 찾아보라 명하였더니, 나무쪽과 석벽에 써 놓은 시와 마을 집 벽에 쓴 글발이 300여 수가 나왔고, 또 습득이 성황당 벽에 써 놓은 게송도 얼마를 찾게 되었다. 그래서 이들을 모아서 책을 만들어 세상에 유전했다.

□ 풍간선사(豊干禪師)의 일화

  풍간(豊干)이라는 당나라 선사는 어떠한 사람이었는가? 그는 천태산 국청사에 은거했는데, 머리카락은 눈썹까지 자랐고 항상 베옷을 입고 지냈다. 누가 불교의 교리를 물으면 언제나,

"때에 따라서…"

라고 대답할 뿐이었다.

  한번은 노래를 부르면서 범을 타고 산문으로 들어오는데, 수행이 얕은 자들은 놀라는 이가 많았다. 이 무렵 풍간과 한산, 습득은 서로 지통하는 사이였다.

하루는 한산이 풍간선사에게 물었다.
"구리거울을 닦지 않으면 어떻게 되지?"
"어름 병은 영상이 없고, 원숭이는 물속에 달을 건지느니."
이에 한산이 말한다.
"그것은 비치는 것이 아니야, 다시 말해 보게."
풍간이 다시 말했다.
"만 가지 공덕 가져오지 않고, 날더러 무슨 말을 하라고."
하루는 풍간선사가 한산과 습득에게 말했다.
"나와 함께 오대산에 가면 내 친구요, 함께 가지 않으면 친구가 아니야."
한산과 습득이 대답했다.
"나는 안 갈테야."
풍간이 다시 말했다.
"그럼 내 친구가 아닌가?"
한산이 말했다.
"그대 오대산에 가서 무엇하려나?"
이 말에 다시 풍간이 물었다.
"문수보살에게 예배하려고."
한산이 말했다.
"그대 내 친구가 아니군."
얼마 후에 선사는 혼자서 오대산에 들어가다가 한 노인을 만났다.
풍간이 물었다.
"문수보살 아니십니까?"

노인은 되물었다.

"문수보살은 둘이 아니지?"

선사가 절하고 일어나기도 전에 노인은 보이지 않았다. 풍간선사는 오대산을 다니면서 곳곳을 순례하다가 3년만에 남방으로 돌아갔다.

□ 습득(拾得)은 보살의 화신인가?

습득(拾得)은 과연 어떠한 스님이었을까, 여러 가지 구전이 많이 전해내려 온다.

어느 날 풍간선사가 적성 지방을 지나다가 길가에서 울음소리를 듣고 찾아보니 열 살쯤 된 아이였다. 그 마을에서 소를 모는 아이인가 물어 보았더니 집도 성도 이름도 모른다고 했다. 그래서 국청사로 그 아이를 데리고 와서 선방에 두고 찾는 이를 기다렸는데 수십일이 지나도 찾는 이가 없었다. 그래서 별좌(別座) 일을 보는 영습에게 맡겼다.

3년을 지나는 동안 말도 하게 되었고, 식당에서 부전일을 보면서 향을 사르고 촛불을 켜고 마루를 훔치게 하였더니, 하루는 불상과 마주앉아 불기의 밥을 먹고, 성승상 앞으로 가더니, 소승(小乘) 나한이라고 타박하면서 불쌍한 일이라고 했다.

그것을 보고 영습이 대중에게 말했다.

"습득이가 미쳤으니 식당 부전을 그만두게 하자."

고 말하며, 부엌에서 설거지를 하게 했더니, 상에 떨어진 밥찌꺼기를 주워 대통에 넣어두면 한산이 왔다가 가지고 가곤 했다.
 어느 때는 혼자 말하기를,
"내게 구슬 한 개가 있어 오음(五陰) 속에 묻었는데 아무도 아는 이가 없다."
하니, 대중스님들이 모두 바보라고 불렀다.
 국청사의 산신당에 스님네가 마지를 올리고 향과 등촉을 보살피는데, 향촉이나 식물(食物)을 까마귀가 가끔 물어가곤 했다.
 하루 저녁은 대중이 같은 꿈을 꾸었다. 꿈속에서 산신이 말하기를,
"습득이 나를 때리면서 '네가 산신으로서 가람을 잘 수호해야 할 터인데, 도리어 스님의 공양을 받느냐. 만일 영험이 있다면 까마귀가 식물을 가져가는 것을 금하지 못하느냐. 이후부터는 스님들의 공양을 받지 말아야 한다'고 하더라."
하니 아침에 대중이 큰방에 모여서 꿈 이야기를 하였는데, 여러 사람의 꿈이 모두 같았고, 영습의 꿈도 그러했다. 영습이 등불을 끄려고 산신당에 가니 산신의 몸에 매 맞은 흔적이 있었다.
 영습이 그 사연을 대중에게 알려 모두 산신각에 모여 보고서 꿈꾸던 일과 같다고 하였다. 그래서 습득이 범인인 줄을 알고 절 안이 소란하여 그 사연을 관가에 보고하였더니, 공문이 오기를, '성현이 자취를 감춘 것은 보살의 화신이니 공경하여 존칭하라' 했다.
 또 한번은 원두를 도와서 마소를 기르게 하였는데, 반달마다 하늘에 들리도록 노래를 부르고, 포살하면서 스님네가 계를 설

하는 곳에 소를 몰고 법당 앞에 이르러 문에 기대서서 손뼉을 치고 웃으면서,

"한가들 합니다그려. 여럿이 머리를 맞대고 무엇하는 거요?"
한다. 계를 설하는 스님들이 노하여,

"저 바람둥이 바보가 지랄을 한다."
고 해도 습득은 웃으며 말하는 것이었다.

"성내지 않는 것이 계율이고, 출가한 이는 마음이 청정해야지, 내나 당신네나 불성은 마찬가지고 모든 법이 차별이 없는 것이다."

스님들이 법당에서 나와 습득을 때려 보내고 소를 끌고 가라고 하였다. 습득은,

"나는 소를 기르지 않소. 이 소들은 모두 전생에 이 절에서 일 보던 스님들인데, 모두 당호가 있어서 부르면 대답하는 것이오."

그러고는 그 자리에서 습득이 부른다.

"전생에 홍정율사(弘靖律師) 나오라!"
흰 소가 소리를 지르며 나왔다.

"전생에 전좌(典座)였던 광초(光超)나오라."
이번에는 검은 소가 나왔다.

"직세였던 정본(靖本)이…"
암소가 대답하고 나오고,

"원주 보던 법충(法忠)이."
송아지가 음매하면서 지나갔다.

이번에는 큰 소 한 마리를 붙들고,

"전생에 계행을 갖지 않고 짐승처럼 무지하더니 이제 이 모양

이 되었으니 누구를 원망하랴. 부처님의 법력이 크시지만 너는 영원히 은혜를 저버렸네."
라고 했다.

 이 일을 보고는 대중이 놀라 어찌할 줄 모르고, 이 사실을 또 관가에 알렸다. 관가에서 출두하라고 하였으나 응하지 아니하였다.

 절 안에 승속들이 모두 깜짝 놀라 보살이 인간에 오셨다고 찬탄했다.

 여구윤 태수가 와서 절한 후에 습득은 한산자와 손을 잡고 떠난 뒤에는 종적을 모르더니, 그 뒤 국청사 스님이 남산에 올라가서 나무를 하다가 범승을 만났는데 바위굴에서 해골을 가지고 나오면서 습득의 사리라 했다.

□ **참회를 분신으로**

 참회를 하는 수도자는 많았으나 여기 복운스님처럼 분신으로써 참회를 한 분은 흔치 않았다.

 당나라 스님 복운(福運)은 대주(代州)의 총인사(總因寺) 스님으로 몸에 치료할 수 없는 병이 들어서 여러 해를 고생하더니, 필경에 오대산에 가서 죽기를 기약하고 수도했다.

 하루는 금강굴 앞에서 참선하다가 피곤하여 잠이 들었는데, 어떤 사람이 물로 몸을 씻어주는 꿈을 꾸고 깨어나니 숙명통

(宿命通)을 얻게 되었다. 그래서 지난 일을 생각하니 과거에 법사가 되어 신도들의 이양(利養)을 탐내어 부정한 생각으로 법을 말하였고, 그 과보로 죽어서 소가 되고 개가 되어 그 빚을 갚다가 이번 생에 사람이 된 것이다.

 그런 줄을 알고 슬프고 놀라움을 이기지 못하여 백일 동안 향을 먹으며 몸으로써 문수보살께 공양하여 지난 세상의 죄를 참회하기로 결심하고, 장작을 쌓아놓고 그 위에 가부좌를 틀고 앉아서 손수 불을 지르고 고요하게 죽으니, 이목구비에서 광명이 나와 하늘에 비치고, 구경하는 사람이 슬퍼하고 찬탄하는 소리가 천지를 진동했다.

□ 성인을 알아보지 못하다

 옛 중국의 고대 제나라때 명욱스님은 정주(定州) 사람으로 어려서부터 마음이 어질고 착했다.

 일찍이 〈화엄경〉을 읽다가 오대산에 문수보살이 계신 것을 알고, 경을 가지고 들어가서 여러 곳을 찾아 헤매었다.

 하루는 어떤 스님을 만났는데 용모가 이상하였다. 서로 인사하면서,

 "어리석은 사람을 인도하소서."

하였고, 얼마 후에 어디서 오느냐고 물어 사는 곳을 말했다.

 명욱스님은 친구를 만났다고 기뻐하면서 의심없이 3일 동안

동행하다가 동대(東臺)에 이르렀는데 쓰러져 가는 집이 있고, 중이 몇 사람 있는데 얼굴들이 핼쑥하고 행동도 변변치 못했다. 명욱스님은 보잘 것 없다고 생각하면서 날이 저물어 할수 없이 그 집에서 자게 되었다.

한밤중이 되어 동행했던 스님이 병이 나서 위독하더니 날이 새어도 차도가 없고, 악취가 나서 코를 들 수가 없었다. 그 스님이 말하기를,

"나는 병이 심하여 동행할 수 없으니 스님은 먼저 떠나시오." 한다. 명욱스님은 함께 더는 머물 수도 없어서,

"순례를 마치고 돌아가는 길에 찾아뵙겠습니다."
하고, 떠나 두어 걸음 걷노라니 뒤에서 이상한 소리가 들렸다. 이에 돌아보았더니 집도 스님도 없어졌다. 그제서야 성인의 소위인 줄을 깨닫고 자기의 미련함을 개탄하였으나 이미 때는 늦었다.

10여일을 헤매면서 다시 뵈옵기를 원하였지만 모두 허사였다. 고향으로 돌아와서 큰스님께 그런 사실을 말하니, 큰스님은 이렇게 말했다.

"그대에게 두 가지 허물이 있으니 하나는 스님을 보고 변변치 못하게 생각한 것이고, 또 하나는 병난 동행자를 버린 것이다. 그래서 보살을 만나고도 알아보지 못한 것이니라."

명욱스님은 그 말을 듣고 일생을 잊지 않고 병난 이를 보호하는 것으로 수행을 삼았다.

□ 여성 걸식자

위나라 때에는 오대산 영추사에서 춘삼월마다 무차법회(無遮法會)가 열렸는데, 남녀, 상하, 빈부귀천을 막론하고 많은 음식을 차려놓고 성대히 잔치를 했다. 먹는데 평등하고 법에게도 평등하게 한다는 뜻이다.
　하루는 어떤 여인이 두 아들과 개 한 마리를 데리고 왔는데, 몸에는 아무것도 가진 게 없어, 머리털을 깎아서 시주를 했다.
"나는 급히 볼일이 있어 곧 가야 하겠으니 먼저 밥을 주면 좋겠소."
라고 말했다. 여자는 또 개도 먹어야 하겠으니 한 몫 더 달라고 하므로 할수없이 한 몫을 더 주었다.
　여인은 또 말하기를, 내게는 태아가 있으니 한몫 더 주어야겠다고 했다. 이번에는 주장이 벌컥 화를 내면서,
"그대는 스님네의 잿밥에 욕심이 너무 많도다. 배 안에 있는 것은 아직 낳지도 않았는데 무슨 밥을 먹는단 말인가! 그렇게 탐욕이 많아서 무엇하느냐!"
고 했다. 그 여인은 꾸중을 듣더니 이렇게 게송으로 말했다.

　　쓴 박은 뿌리까지 쓰다
　　단 참회는 꼭지도 달다
　　삼계에 몸둘 곳 없어
　　스님의 꾸중을 받노라.

말을 마치고 공중으로 몸을 솟아 보살이 되고, 개는 사자가 되고, 두 아이는 하늘동자가 되어 구름 끝에 서서 또 게송을 읊는 것이었다.

중생이 평등을 배운다면
경계를 따라 마음이 물결치고
온몸을 다 버린다 해도
미워하고 사랑하니 어찌하리오.

그때 천여 명의 대중은 공중을 향하여 눈물을 흘리며 애원했다.
"보살이시여, 저희들에게 평등한 법문을 들려 주소서. 이 몸 다하도록 받들어 행하리이다."
공중에서 또 게송으로 답했다.

마음을 땅처럼 가지고
수대(水大) 화대 풍대와도 같이 하라
둘이 없고 분별이 없으면 끝가지 허공 같으리.

회주(會州)스님이 참 성인을 몰라 뵈었다고 팔을 들고 제 눈을 도리질 하는 것을 대중들이 말렸고, 여인이 몸을 솟던 곳에 탑을 쌓고 보시한 머리카락을 모셔 공양했다.

□ 지극한 정성으로 선인을 만나다

　불가(佛家)에서는 이 세상에 사는 많은 사람들 중에 옷깃 한 번 스치고 지나려 해도 수없는 세월동안 인연을 쌓아야 한다고 한다.
　수(隋)나라 고절(高節)은 정주(井州) 사람이다. 그는 말을 배울 적부터 '나무불, 나무불' 하고 다른 말을 하지 않더니, 열 일곱이 되던 때에 세상이 싫어서 출가를 했고, 부모는 살림을 돌보지 않는다고 해서 만류하지도 않았다.
　어느 날 부모에게 하직 인사를 하고 오대산에 들어가서 험한 것도 가리지 않고 샅샅이 찾아다녔다.
　하루는 북대의 뒷골짜기에서 고행하는 스님을 만났는데, 오막살이집에서 풀뿌리를 캐어먹고 지내고 있었다.
　고절은 기쁜 마음으로 선지식을 만났다고 생각하고, 나아가 절하고 제도하여 달라고 애원하면서 모시고 있겠다고 했다. 이에 스님은,
　"너도 내가 먹는 풀을 먹고 지낼 수 있다면 중이 될 수 있다."
고 했다. 고절은 풀뿌리와 나뭇잎을 따서 먹고 샘물을 마시면서 여러 날 지내다가 또 득도하기를 청하였다. 그러자 스님은,
　"〈법화경〉을 외면 중을 만들어 주리라."
했다. 고절은 이레만에 〈법화경〉을 모두 외고 다시 중이 되기를 간청했다. 스님은 또 이렇게 말했다.
　"네가 이렛동안 고요히 앉아서 산란한 마음을 거두어들이면

득도하게 되리라."

 고절은 나무잎을 배부르게 먹고, 이레 동안을 좌선하다가 일어나니 몸과 마음이 경쾌하여지고 환희에 찬 마음을 금할 수가 없었다. 그래서 스님 앞에 나아가 절을 하고 여쭈었다.

 "거룩하시어라 스님이시여! 제가 이제 법력을 얻었사오니 대자대비로 저를 출가시켜 주십시오."
이에 스님은 이렇게 말씀하셨다.

 "나는 아니 늙어서 너를 제도하여 도를 얻게 할 수 없다. 들으니 장안(長安)에서 중을 여러 사람을 만든다 하더라. 너는 빨리 장안에 가서 와륜(臥輪)선사를 찾아 의지하라."

 이 말에 고절이 다시 청했다.

 "스님의 당호를 일러 주소서. 제가 일생동안 받자오리다."
 스님은 또 이렇게 말했다.

 "내 이름은 해운(海雲)이니, 그렇게 알아라."

 이 말에 고절은 눈물을 흘리면서 하직하고 장안으로 가서 와륜선사를 찾아 뵈었다.

 "어디서 오느냐?"

 이에 고절이,

 "오대산에서 옵니다. 저희 스님의 말씀을 듣고 찾아왔나이다."

 "너의 스님이 누구냐?"

 "스님은 해운화상이올시다."

 고절의 말에 와륜선사는 깜짝 놀라면서 이렇게 말하는 것이었다.

"해운비구는 〈화엄경〉에 나오는 선재동자의 셋째 선지식인데, 만겁의 공덕을 쌓지 않고는 만나지 못한다. 네가 그런 대성인을 모르고 나에게 왔으니, 그것은 대단히 잘못한 것이다."

고절은 그제야 깨닫고 가슴을 치면서 한탄하고 오대산을 향하여 다시 뵈옵기를 원하면서 와륜선사를 하직했다.

오대산에 다시 들어가 오두막을 찾았으나 이미 흔적이 없고, 다만 잡목만이 우거져 있을 뿐이었다.

□ 신기한 돼지

송나라 건양(建陽) 땅에 조씨라는 사람이 돼지를 기르며 살고 있었다. 그런데 그중 한 마리가 유달리 이상하여 털은 금빛이고 영생이풀만 먹으므로 동네 아이들이 영생이라 부르고, 사람이 붙들려면 다른 것들은 놀라 달아나는데 영생이는 순순히 붙들려 우리로 들어가곤 했다.

그래서 조씨도 유달리 영생이를 사랑하여 여러 해를 죽이지 않고 잘 길렀다.

태종의 태평흥국 때에 변총(辨聰)이란 스님이 오대산 청향사에 가서 여름을 지내는데, 어떤 늙은이가 대중 곁에 오가면서 행동이 괴상하여 대중이 모두 업신여겼지만, 변총스님은 그를 존경했다.

해제가 되어 변총이 그곳을 떠났는데, 늙은 스님이 편지를 주면서 서울에 가거든 영생이를 찾아서 전해달라고 했다.
 변총이 편지를 받아 가지고 오다가 도중에서 뜯어보니 그 사연은 이러했다.
 '그대가 세간에 온 지 오래인데, 중생들을 조복하기에 힘이 들지 않는가? 중생이 조복되거든 그대도 스스로 조복하고, 중생제도가 끝나면 빨리 돌아오라. 오래 지연하다가는 나쁜 인연에 끌리어 세상일에 빠지기 쉬우느니라.'
 변총은 깜짝 놀라 편지를 다시 봉하고 걸음을 재촉하여 광제하(廣濟河)에 이르렀다.
 변총이 우리에 가서 '영생이'하고 불렀더니, 한 돼지가 벌떡 일어서는 것이 아닌가. 편지를 던져 주니 돼지는 받아먹고 사람처럼 서서 죽었다.

☐ **부처님을 뵈오려는데**

 수나라 해탈화상(解脫和尙)은 대주(代州)에 살던 형(邢)씨였다.
 일찍이 집을 떠나 소과사(昭果寺)에 들어가서 출가하고, 비구계를 받은 후에, 포복산(抱腹山) 지소선사(志昭禪師)에게 가서 출세간하는 도를 배우고 있었다.
 지소선사는 해탈을 유망하게 여겨서 하루는 중생에게 말하기를,
 "해탈은 참선하는 공부가 투철하게 너희에게 미칠 수 없으니, 예사 중생과 같은 일을 시키지 말라."

고 하였다. 얼마 후에 소과사에 돌아와서 낮에는 대승경전을 읽고 밤에는 참선을 했다.

한번은 동네에 갔다가 풀옷을 걸친 비구가 반석 위에 가부좌하고 앉아 있는 것을 보고, 앞에 나가 절하고,

"부처님을 뵈오려 하오니, 그 길을 가르쳐 주소서."

하였다. 비구가 금련화가 핀 곳을 가리키므로 머리를 돌리고 보는 사이에 그 비구는 사라지고 말았다.

해탈은 반석 곁에서 부르짖고 사모하면서 밤낮으로 예배하며 부지런히 정진했다. 오랜 뒤에 그곳에서 다시 비구를 보았는데, 뚜렷한 광명 속에 반신을 나타내고 말했다.

"해탈하는 일은 제가 하는 것인데, 어찌 다른 사람에게 구하랴."

이렇게 말하고는 간 데가 없었다.

해탈은 그때부터 산란하던 마음이 없어지고 무생법인을 깨닫게 되어, 큰 즐거움을 얻고는 이러한 서원을 세웠다.

'내가 이 법을 얻었으나 혼자만 기뻐할 것이 아니라' 일체 이렇게 발원하고 곧 삼매에 들었더니, 여러 부처님이 몸을 나타내고 게송을 하는 것이었다.

부처의 적멸한 깊은 법을
여러 겁을 수행하여 비로소 얻었네
네 이제 법눈을 밝게 됐으니
우리들도 너를 따라 기뻐하노라.

해탈은 이 게송을 듣고 다시 물었다.
"적멸한 법을 어떻게 설명하면 남을 가르칠 수 있겠나이까?"
부처님은 말씀하셨다.

방편의 지혜로 등불을 삼아
마음의 경지를 비추어 보라
진실한 법의 성품 궁구하려면
다른 것들은 보이지 않나니.

대주 군수(代州郡守)가 해탈화상을 청하여 동헌에서 보살계를 받았고, 오대산으로 돌아오는데 길에서 날이 저물었다. 향을 사르고 예불을 해야겠는데, 길가에서 어떻게 할까 하고 주저하자, 공중에서 이런 소리가 들려 왔다.

합장은 연꽃이요
이 몸이 공양거리
착한 마음향 되어
찬탄하는 구름
부처가 향 맡으면
너를 건지리
부지런히 정진하고
의심하지 말지어다.

그 후부터 소문이 널리 퍼지고 법의 은혜가 두루 미치어, 진리를 탐구하는 이가 모두 찾아들고, 선의 이치를 깨달은 이도 많았다.
 50여년을 교화 중생하더니 그 뒤에 종적을 감추고 말았다.

□ 문수보살 만났어도 알지 못했다

 당나라때 장안의 법순화상은 속성이 두(杜)씨였다. 그래서 두순화상이라고도 하며, 당시 유명한 재상 두여회(杜如晦)의 일가였다. 젊어서부터 수나라 문제의 존경을 받아 월봉을 올리며 공양했다. 병든 사람을 앞에 앉히고 화상이 마주앉으면 잠깐 동안에 병이 완쾌하고, 귀먹은 사람도 화상이 불러놓고 말하면 듣게 되고, 벙어리도 화상이 가서 말하면 말을 하게 되었다.
 미친 사람도 다른 이를 시켜 붙들고 앉게 하고 화상이 마주앉아 선정에 들면 잠깐 동안에 정신을 회복하여 고맙다고 인사하고 물러가곤 했다.
 한번은 강을 건너게 되었는데 모시고 가던 시자가 겁이 나서 건너지 못한 것을 화상이 데리고 물에 들어서니 강물이 흐르지 않았다. 그 신기함이 이러 하였으나 화상은 항상 태연했다.
 화상은 〈화엄경〉 종지를 잘 알아서 임금이 존경하였고, 대궐에 들어가 설법할 때면 황후와 대신들도 존경하여 받들었다. 당나라 태종이 화상에게 물었다.
 "내가 항상 더위를 타는데 화상의 신력으로 고쳐 줄 수 없습니까?"

"폐하께서 성덕(聖德)이 가득하사 천하를 다스리시니 조그만 병을 근심할 것 없나이다. 죄인들에게 특사(特赦)를 내리시면 자연히 회복하겠나이다."

임금이 그 말대로 하여 병이 나으니, 당호를 내려 제심조사(帝心祖師)라 했다.

화상은 일찍이 〈법계관문〉을 지어 〈화엄경〉을 풀이했고, 그 제자인 지엄존자가 화상의 학설을 전주하였으므로 화엄의 제3조라 했다.

화상의 제자 지충(智沖)이 문수보살을 친견하기 위해 오대산에 갈 때에 화상이 편지를 주면서,

"문수보살을 보거든 이 편지를 뜯어보라."
라고 했다.

지충이 오대산에 들어가 깊은 골짜기와 높은 봉우리로 두루 다니다가, 우연히 한 노인을 만났다. 노인이 물었다.

"그대 고달픈 줄도 모르고 애써 다니니 무엇을 구하는가?"
"문수보살을 뵈오려 하는데 어디 가면 뵙겠습니까?"
"문수보살이 장안에 가서 중생을 교화하느라고 아직 돌아오지 않았으면 어떻게 만날까 의문이구나."
"장안에 가셨다면 누구오니까?"
"법순화상이 문수니라."

지충이 발걸음을 돌리자마자 노인은 사라지고 보이지 않았다. 편지를 뜯어 보니 게송이 있었다.

　나그네 이리 저리 돌아다니며

오대산 비탈길을 얼마나 헤매였던가
문수보살 여기 있는데
미타에게 물어 무엇하리오.

지충이 바삐 장안에 왔으나 화상은 이미 열반했다.

□ **죄복은 마음으로부터**

지혜의 등불 밝혀
마음 비치어
갈고 닦은 성품은
부처 이루리.

당나라 안문태수(雁門太守) 이정(李靖)이 서울에 있을 때에는 스님들을 공경하더니, 뒤에 어떤 중이 계행을 어기는 것을 보고 불결한 생각이 들어서 불교를 없애려 했다.
그래서 대주(代州) 차사가 되어 절을 모두 철폐하고, 오대산 중대에서 말을 달려 사냥하다가, 어떤 중이 여자와 한곳에서 목욕함을 보고 매우 분노하여 활을 쏘아 맞혔다. 그리고 바라보니 그 중은 한 어깨를 벗어 드러내고 동남쪽으로 가는 것이었다.
곧 말을 몰아 따라갔으나 몇 걸음 앞서는 데도 붙잡을 수가 없었다. 진용원(眞容院)까지 따라가서 보니, 문수와 보현 두 보살의 상에 자기의 화살이 꽂혀 있는 것이 아닌가. 이정은 눈물을 흘리며 참회했다.

□ 가사(袈裟)를 전수받다

가사는 승려가 입는 법의(法衣)이며, 원래 부처님이 더운 인도 지방에 사는 이를 위하여 만들었으나 후세에 이르러 나라별로 특성을 지니게 되었다.

명나라 여형(如馨)율사의 자는 고심(古心)이며, 강소성(江蘇省) 율양현 사람으로 속성은 양(楊)씨였다. 그는 가정(嘉靖) 때에 서하소암에서 중이 되어 율사의 여러 가지 공덕을 착실히 수행하며 예불 송경을 부지런히 하고 3년이 되도록 스님을 봉양하였다. 그때 경을 공부하는 사람은 많았으나 계율을 숭상하는 이는 드물었다.

어느 날 여형율사는 탄식하며,

'불법이 세상에 널리 포교되려면 계율에 힘을 써야 하고, 율학을 전공하여 부처님 은혜에 보답하리라.'

라고 결심하고〈화엄경〉을 보다가 문수보살이 오대산에 계시는 줄 알아 보살을 친견할 생각으로 바랑을 지고 길을 떠나 3년만에 오대산에 이르러 금강굴 앞에서 서산에 지는 해를 보고 있을 때, 어떤 노파가 흰 머리에 흰 옷을 입고 가사를 받들고 숲속에서 나오면서 그를 부르는 것이었다.

"스님, 성인을 뵈려고 불원천리 하고 오는구려. 이 가사는 스님이 옛날에 입던 것인데, 어찌하다가 중간에 안 입었기에 지금 스님에게 주는 것입니다. 문수보살은 만나기 어려우니 애쓰지 마세요. 설사 보더라도 알지 못하면 무슨 이익이 있겠소."

여형율사는 아무 말도 못하고 있었다. 노파는 두어 걸음 떠나가더니,

"스님, 내가 문수요."

하는 것이었다. 여형이 곧 따라가서 붙잡으려 했으나 노파는 오간데 없고 가사만 손에 들려 있었다. 할수없이 눈물을 흘리며 묘덕암으로 발길을 옮겼다.

그 절에 있는 스님의 꿈에 신장이 와서 말하기를,

"우바리존자가 올 터이니 가서 영접하라."

고 하였다. 그래서 대중이 서로 전하여 신도들까지 향과 꽃을 가지고 길에 줄을 지어 공양했다.

여형율사는 묘덕암에 있으면서 오대에서 광명을 수놓는 것을 보았는데, 광명 속에서 문수보살이 손으로 정수리를 만져 주어서 마음이 환히 열렸고, 다시 여러 곳으로 행각하면서 승속의 귀의를 많이 받았다.

금릉(金陵)의 길상리에 이르러 고림사를 짓고 있으니, 여러 스님들이 몰려 와서 법회가 흥왕하게 되었다.

신종(神宗)황제가 조칙을 내려 오대산으로 오게 하고, 내시 장연(張然)을 보내 황제를 대신하여 보살계를 받게 했는데, 여형이 법좌에 오르매 오색구름이 공중에 서렸다.

내시가 서울에 돌아가 사연을 여쭈니, 황제는 혜운율사(慧雲

律師)라는 호를 내리고 금정비로모(金頂毘盧帽)와 가사·바리때·식장을 보내어 원만히 회향하고 고림사로 돌아왔다.

□ 신비한 선경을 보다

 당나라의 법조(法照)스님은 어떤 사람인지 자세한 기록이 없으나 대력(大曆) 2년에 형주의 운봉사(雲峰寺)에 있으면서 열심히 수행 정진한 것으로 전해진다.
 하루는 큰 방에서 죽을 먹다가 보니 바리때 속에 오색구름이 나타나고, 구름 속의 절이 보이고, 절의 동북으로 50리쯤에 절이 보이고 산 밑에는 시냇물이 잔잔히 흐르며, 북쪽에는 돌문이 있었다.
 문으로 들어가 5리쯤에 절이 있는데, 대성죽림사(大聖竹林寺)라는 금자 현판이 걸려 있었다.
 눈으로는 분명하게 보였으나 마음으로는 어쩔 수 없었다. 그 다음에도 공양 때에 바리때에 비치는 5색 구름 속에 오대산에 절이 나타나는데, 땅은 모두 황금이 되고, 산이나 숲은 없고 순전히 여러 가지 보배로 장엄하게 이룬 못과 누각이며 1만 문수보살이 그 안에 있고, 부처님의 청정한 국토들이 나타나 공양이 끝난 뒤 사라졌다. 그래서 의심을 풀 수 없어 큰 방에 가서,
 "오대산에 갔던 스님이 없느냐?"
고 물었더니, 가연(嘉延)과 담휘(曇暉) 두 스님이,

"오대산에 가 보았노라."
하면서 이야기를 하는데, 바리때 속에서 보았던 것과 틀림없었으나 오대산의 현 형편을 알 수가 없었다.

대력(大歷) 4년 여름에 형주의 호동사(湖東寺)에 있는 누각에서 90일 동안에 다섯 차례 염불도량을 베풀었는데, 6월 2일 미시에 멀리 바라보니 상서로운 구름이 오대산과 절에 덮이니 구름 속에 누각이 있고, 누각 안에는 키가 9척이나 되는 여러 범승(梵僧)들이 석장(錫杖)을 짚고 거닐었다.

형주에 있는 사람들은 아미타불·문수보살·보현보살을 비롯하여 일만 보살과 함께 이 염불회상에 계신 것을 보았으며, 보는 사람마다 너무 감격하여 눈물을 흘리고 예불을 올리는데, 유시(酉時)에 가서야 사라졌다.

법조대사는 그날 저녁 도량 밖에서 어떤 노인을 만났는데, 그는 이렇게 말했다.

"대사는 이전부터 발원하기를 금색세계(金色世界)에 가서 보살을 뵙겠다 하옵더니, 왜 가지 않습니까?"

이 말에 법조는 되물었다.

"세월이 분분하고 길이 험한데 어떻게 가리이까?"

노인이 말하기를,

"빨리 가시오. 길은 그리 험하지 않소이다."

하고는 어디론지 가 버렸다.

법조는 크게 놀라 염불 도량에 들어가서 거듭 서원을 세우되, 여름 안거를 마친 후 떠날 결심으로 물러서지 않으리라 했다. 그 후에 남악(南嶽)에서 법동지 몇 사람과 함께 길을 떠나니,

길은 별로 험하지 않았다.

 5년 후에 오대산에 이르러 불광사의 남쪽에 두 줄기 흰 광명이 비치는 것을 보았고, 이튿날 불광사에 당도하니, 모든 광경이 바리때 속에서 보았던 것과 다르지 않았다.

 그날 밤 4경에 한줄기 광명이 북산으로부터 뻗쳐 와서 법조의 몸에 비쳤다. 법조는 조실에 들어가 그 사연을 대승에게 말하고, 좋은 상서인가 나쁜 징조인가 물었다.

 어떤 스님이 나서며 이렇게 말해 주었다.

 "그것은 문수보살의 부사의한 광명이니, 인연이 있는 사람에게는 그런 일이 가끔 있느니라."

 법조는 그 말을 듣고 즉시 위의를 갖추고 광명을 따라 50리쯤 가니, 과연 산이 있고, 산 아래 시내가 있고 그 북쪽에는 돌문이 있었다. 돌문 밖에는 두 동자가 섰는데 나이 열 살 미만이고, 용모는 단정했다.

 하나는 선재(善財)이고 하나는 난타다(難陀)라 하는데, 법조를 보고 반가이 맞아 예불하고 인도하여 돌문 안으로 맞아들였다.

 북쪽으로 5리쯤 가니 황금 문루가 보이고, 문 앞에 다다르니 큰 절이 있고, 황금 대자로 현판을 썼는데 '대성죽림사'라 했으니 바리때 속에서 보던 것과 틀림없었다.

 주위가 20리쯤 되고, 큰 방이 백여 개인데 방마다 보배 탑이 있고, 땅은 황금으로 되었는데 냇물과 못과 꽃과 나무가 조화를 이루고 있었다.

 법조가 절에 들어가 강당에 이르니, 서쪽에는 문수보살, 동쪽에는 보현보살이 사자좌에 앉았는데, 설법하시는 음성이 역력

하게 들렸다. 문수보살의 좌우에는 1만여 명의 보살이 있었고, 보현보살 옆에도 수없는 보살이 앉아 있었다.

법조는 두 보살에게 나아가 절을 하고 물었다.

"말세 범부이온데 부처님 계신 데가 멀어서 지식은 얕고 법작은 넓고 크오니 어떻게 법문을 닦아야 가장 긴요하겠습니까? 바라옵건대 저의 의심을 풀어 주시옵소서."

이에 문수보살이,

"네가 항상 염불하거니와 지금이 가장 적당한 때이리라. 여러 가지 수행 방법이 있지만 염불보다 나을 것이 없으며, 삼보에게 공양하고 복과 지혜를 닦으라. 이 두 문이 가장 중요하니, 왜냐하면 나는 지나간 겁에 부처님을 관하고 부처님을 염하고, 부처님께 공양한 인연으로 지금 일체종지(一切種智)를 얻었노라. 그러므로 모든 법과 반야바라밀다와 깊은 선정과 내지 여러 부처님이 모두 염불로부터 낳느니라. 또 염불하는 것이 여러 가지 법에 왕이 되느니라. 너는 마땅히 위없는 법의 왕을 항상 염하고 쉬지 말고 정진 수행하여라."

법조가 물었다.

"어떻게 염하리이까?"

이에 문수가,

"이 세계의 서방에 아미타불이 계신데 그 부처님의 원력이 헤아릴 수 없으리라. 네가 항상 염하고 쉬지 않고 정진하면, 목숨을 마칠 때에 결단코 왕생하여 영원히 물러나지 아니하리라."

이렇게 말씀하시면서 두 보살의 금빛 손을 들어 법조의 정수리를 만지면서 말하기를,

"너는 염불한 인연으로 오래지 않아 아뇩다라삼먁삼보리를 얻으리라. 다른 선남선녀도 성불하기를 원하거든 염불만 하면 곧 위없는 보리를 얻게 되리라."
하고 두 보살은 게송을 말씀하시매, 법조는 듣고 환희하여 의심이 없어져서 다시 예불하고 합장했다.

 문수보살은 다시 명하였다.
 "여러 보살원(菩薩院)으로 다니면서 참관하라."
 법조는 차례차례 순례하면서 칠보과수원에 당도하니, 과실이 무르익었는데 주발만큼 컸다. 한 개를 따서 먹었더니 몸과 전신이 상쾌했다.

 보살 앞에 나아가 물러가겠노라 하직하니, 두 동자가 문 밖에까지 바래다 주었다. 고맙다 인사하고 쳐다보니 인홀불견(因忽不見 : 언뜻 보이다가 금방 없어짐)이었다. 비감함 생각이 더욱 간절하여 돌을 세워 기록하였으니 지금까지 남아 있다.

 또 4월 8일에 화엄사의 서쪽 누각 밑에서 좌선하였고, 또다시 법조는 동지 50여 명과 함께 금강굴에 가서 무착선사가 보살을 만났던 곳에서 지성으로 35불께 예배하는데, 법조는 십여 번 절하고 홀연히 그곳이 넓어지고 깨끗하여지면서 유리 궁전이 있고, 문수와 보현과 1만 보살이 '불타파리'와 함께 그 안에 있었다.

 법조가 그 광경을 보고는 기뻐하면서 여러 사람을 따라 화엄사로 돌아왔다. 그날 밤 3경에 화엄원의 서쪽 누각 위에 있노라니 동쪽 산 중턱에 등불 다섯이 있는데 크기가 한 자쯤 되어 보였다. 그것을 보고 법조는 축원하기를,

"등불이 1백 개가 되어 한쪽에 되어지이다."
하니, 등불 1천 개가 되어 줄을 지어 산에 가득했다.

또 혼자 금강굴에 가서 보살을 뵈옵고자 하니, 3경이 끝날 무렵에 '불타파리'가 나와서 법조를 인도하여 굴속으로 들어갔다.

12월 초승에 화엄원의 염불하는 도량에 들어가 음식을 끊고 기한을 정하고 염불하면서 정토에 왕생하기를 기약하더니, 4일 되는 초저녁에 어떤 서역 스님이 도량에 들어와서 법조를 보고 하는 말이,

"그대가 보던 오대산 광경을 왜 다른 이에게 말하지 않는가?"
하고는 어디론지 사라졌다. 법조는 그 스님이 누군지 의심하고 말하지 않았다. 이튿날 신시쯤 되어서 80이 넘은 서역 스님이 와서 말했다.

"그대가 보던 오대산 광경을 왜 말하지 않는가? 여러 사람들이 들으면 보리심을 발하여 큰 이익이 될 것인데."

"보살의 신기한 경계를 숨기려는 마음은 없지만 들으면 의심도 하고 비방할 이도 있겠기에 말하지 않았습니다."

"문수보살이 이 산중에 계시면서도 오히려 비방을 받은 터인데 그대가 본 경계야 말할 것 있겠는가마는 중생들이 듣고 보리심을 낼 것이고, 설사 비방하더라도 내생의 인연이 될 것이 아니오."

법조는 이 말을 듣고 생각나는 대로 기록했다.

그때 강동에 있는 혜종(慧從)이 대력 6년 정월에 화엄사의 숭휘(崇暉)·명겸(明謙) 등 30여 수행승과 함께 법조를 따라 금강굴에 갔다가 반야원에 돌을 세워 기록한 사연을 보고는 지성

으로 예불하며 기뻐하더니, 또 종소리가 들리는데 음향이 웅장하고 귀절이 분명하였다. 여러 사람이 듣고 신기하게 생각했다. 그래서 그 사실을 벽에 기록하니 여러 사람이 보고 신심이 나서 부처님의 지혜를 얻었다.

법조는 또 죽림사(竹林寺)라는 현판을 보던 곳에 절을 짓고 죽림사라 이름했다.

대력 12년 9월 13일에 법조는 제자 8인과 함께 동대에서 흰 광명이 있는 것을 보았고, 또 이상한 구름 속에 오색 광명이 있고, 광명 속에 둥근 붉은 빛 광명이 있는데, 문수보살이 청사자를 타고 계신 것을 여러 사람과 분명하게 보았다.

마침 눈이 소복히 내리면서 오색 광명이 골짜기에 가득하였다. 법조는 그 후에 정성으로 염불하여 밤낮을 쉬지 않더니, 하루는 불타파리가 와서 말하기를 '그대의 연화가 벌써 생겼으니 3년 뒤에는 꽃이 피리라' 하였다.

3년 후 '나는 가노라' 하고 법조는 앉아서 입적했다.

□ 황금등도 마음속에

황금은 옛날이나 지금이나 귀한 보물인데, 불가(佛家)의 황금에 얽힌 이야기를 들어보자.

청나라 조원(照遠)화상은 산서성 태원(山西省太原) 사람으로서 속성은 왕(王)씨였다.

조원촌 영녕사(永寧寺)에서 중이 되었고, 벽운(碧雲)화상으로부터 법을 받았는데 태원군 대숭선사(大崇善寺)에 있었다. 그는 건륭 초년에 오대산에 가서 대라정(大螺頂)에 올라가 등불을 밝히고 예배했다.

한번 절하고 일어나기도 전에 오대산의 꼭대기마다 수백 개의 등이 찬란하게 나타나며 산천이 휘황하다가 예배를 마치자 나타났던 등들이 모두 탑원사(塔院寺)의 탑 속으로 들어갔다.

벽운화상은 유난히 영특하며 성격은 소박했다. 명산대천을 찾아서 유명한 곳은 모두 찾아보았는데 오대산에는 특별한 관심이 있어 13번이나 들어갔고, 여름에 안거한 것만도 아홉 차례였다.

견륭 35년에 다시 오대산에 들어가다가 대회(臺懷)에서 제자 여명을 만났는데, 여명이 벽운화상에게 말했다.

"저희들이 여기 와서 사흘 동안 등불을 보려고 하였으나 한 번도 보지 못했다."

"나는 열세 번을 들어 왔는데, 올 적마다 보았노라. 그대들이 등불을 보려면 나를 따라 오라."

여러 사람들은 듣고도 따라가지 않았고, 오직 정종주(程宗周)만이 따라 갔다.

대라정에 이르니 초저녁에 등불을 뵈오려고 기도하는데, 세 번쯤 절하였을 적에 5대(臺)에 무수한 황금 등불이 나는 것이 아닌가. 종주는 등을 보고 대단히 좋아하면서 대회로 돌아갔다.

벽운화상이 범선령(梵仙嶺)을 가리키며 여러 사람들에게 말하기를,

"여기가 보살이 가끔 나타나는 데다."
하니 여러 사람들은 행여나 하고 바라보는데 구름 속에 금색 사자가 보이면서 풍경소리가 은은히 들리고 하늘에는 찬란한 광선이 퍼지고 있었다.
여러 사람이 엎드려 절하고 보니 구름이 스러지고 다시 나타나지 아니했다.

□ 지혜 얻으려 염통을 씻다

당나라때 법운(法雲)대사는 중국 안문군(雁門郡)의 조(趙)씨로서 성품이 순박하고, 신행이 방정한 분이었다.
그는 어려서 글방에 갔으나 글을 외지 못하였고, 열 두살 때 오대산 화엄사 정각(淨覺)선사에게 가서 머리를 깎고 중이 되어 나무하고 밥 짓기에 고달픈 줄도 모르고 지냈는데, 36세가 되도록 글을 외지 못하여 대중들이 소라고 불렀다.
법운이 하루는 한탄하기를,
"이렇게 어리석은 바보가 오래 살면 무엇하랴."
하고 매섭게 눈이 퍼붓는 데도 불구하고 맨발로 오대산을 돌아다니면서 일심으로 문수보살을 생각하며, 보살을 만나 총명을 얻으려 했다.
이렇게 돌아다니느라고 추워도 옷 입을 생각도 없고 먹어도 맛을 몰랐으며, 안으로 내 몸과 밖으로 물건도 잊어버리고 문수보살만 찾았다. 사람만 만나기만 하면 문수보살이 어디 계시냐고 물으면서, 산을 두루 누볐지만 보살은 어디에서도 찾을 수가 없었다.

절에 와서 밥을 얻어먹으면서도 뜻은 더욱 간절하여 마치 미친 사람 같았다. 다시 동대로 가니 무명 노인이 불을 쬐이고 있었다. 노인 앞에 나아가 공손히 합장하고 문수보살이 어디겠시느냐고 물었다.

"그대는 문수보살을 왜 찾는가?"

"제가 하도 우둔하여 보살을 만나면 총명케 하여 주기를 바래서입니다."

이 말에 노인은 큰소리로 야단을 친다.

"이 말라깽이 천치야, 너는 그를 만날 필요가 없어!"

법운은 미친 노인이라 생각하고 북대로 갔더니, 그 노인이 거기서는 눈을 감고 있는 것이 아닌가. 이상하게 생각하며 정말 문수보살인가 하고 앞에 나아가 절을 했다.

배가 고프고 몸이 얼고 피곤하여 쓰러져서 입으로 피를 토하고 꿈꾸는 듯 정신이 희미하였는데, 노인이 이렇게 말했다.

"그대가 전생에 법사가 되어서 남의 이양을 탐내어 불법을 잘 말하여 주지 않는 탓으로 죽어서 소가 되어 그 빚을 갚았고, 불법을 배워 익힌 공덕으로 지금 다행히 사람이 되었으나 불법을 아끼던 버릇으로 지혜가 없느니라."

하면서 철여의(鐵如意) 끝을 뱃속에 넣어 염통을 꺼내어 보이는데 마치 소 염통 같았다. 샘물에 씻어서 다시 넣어 주고 일어나라고 외쳤다. 꿈을 깨듯이 일어나니, 아픈 데는 없고 전신에 땀이 흘렀다.

 노인을 찾았으나 간 데가 없고 아름다운 구름이 일어나고 부드러운 바람이 옷깃을 스칠 뿐이었다. 하늘을 바라보니 둥근 광명이 거울같이 밝은데 그 노인이 연꽃 위에 앉아서 황홀하게 지나간다.

 법운은 그 후부터 전생에 익혔던 경전이 완연히 기억되어 마치 옛것을 다시 찾는 듯하였다. 몸이 다하도록 불도를 닦으며 발등에 불을 끄듯 하더니, 하루 저녁은 아육왕탑을 돌다가 3경쯤 되어서 흰 광명 줄기가 북대로부터 추봉까지 연접한 것을 보았다. 금빛이 찬란한 누각이 있는데, 선주각(善住閣)이란 현판이 달려 있었다.

 개원 23년 봄에 대중에게 작별하고 입적했다.

□ 보살(菩薩)과 선사(禪師)

 당나라때 도의(道義)선사는 강동(江東) 사람으로서 구주(九州)의 용흥사에서 수도하는데 정신이 쇄락하고 골격이 청수하여 풍채가 사람을 놀랠만 하였다. 개원(開元) 24년에 향주에 있는 보수(普守)와 함께 오대산 청량사(淸凉寺)에 머물었다.

 두 사람이 성지를 찾아 동북으로 향하여 가면서 도의선사는 이렇게 말했다.

 "말세를 당하여 성현이 나타나지 않는데, 이 오대산에는 보살의 자취가 남아 있어서 간 데마다 신비한 경계가 가끔 보이고, 금은 산호와 백호막 등 보물이 뜻밖에 나타난다 하니, 번뇌 망상으로 업장이 두터워 성인의 면복을 뵈올 수 없으니 개탄할 일이다."

이렇게 탄식하면서 허공을 바라보고 머리를 숙이며 고달픈 줄도 모르고 일심정념으로 여러 달을 다녔지만 견고한 믿음이 조금도 해이하지 않았다.

두 사람이 남대의 서북령에 다다랐을 적에, 한 노승이 흰 코끼리를 타고 오는데 풍체가 당당했다.

두 사람이 서로 길을 피하면서, 머리를 숙이니 바람처럼 지나가고, 머리를 들어 바라보니 간 데를 알 수 없고 따라가려 했으나 찬바람이 갑자기 일어나서 청량사로 돌아왔다.

이튿날, 다시 서북령에 올라갔더니 코끼리 탔던 노승이 육환장을 짚고 오다가 도의선사에게 말을 건넸다.

"그대들, 빨리 가면 낮재에 참여할 수가 있으리라."

도의는 노승에게 물었다.

"스님은 어디 가십니까?"

"나는 태원(太原)에 있는 위씨 댁에 공양을 받으러 가는 길인데, 그대는 멀리 가지 말고 돌아오는 길에 다시 만나세."

도의는 절을 하고 일어나는 동안에 노승은 벌써 멀리 가고 말았다. 도의는 보수와 함께 식당에 가서 낮공양에 참여했다.

도의는 이상하게 여기고,

"이 말을 누설하지 말아라."

고 보수에게 당부하니, 보수는 '산중에 그런 일이 가끔 있는 것이다'라 생각하며 대수롭지 않게 여겼다.

얼마 후에 두 사람은 승당을 나와 숲속을 거니는데, 보수는 앞서 가고 도의는 노인의 말을 생각하며 천천히 걸으면서 기다렸다. 문득 황색 장삼에 미투리를 신은 동자가 숲속에서 나와 도의를 보고 합장하며 말했다.

"제 이름은 각일(覺一)이온데 스님의 분부가 구주의 의사리를 청하여 차를 대접하라 하시나이다."

도의는 보수를 불렀으나 보이지 않았다. 혼자 동자를 따라 동북쪽으로 백여 보를 걸어가니 금교(金橋)가 보였다.

다리에 올라서서 바라보니 큰 절이 있는데 삼문과 전각과 승당과 담이 모두 황금빛이요, 복판에 삼층 누각이 있는데 금단청이 찬란하여 정신이 황홀하고 땅은 모두 푸른 유리로 깔렸으며, 어안이 벙벙하여 어쩔 줄을 몰랐다. 가까스로 정신을 가다듬고 지성으로, '나무 문수리보살' 하며 몇 마디 외었더니 정신이 진정되었다.

동자를 따라 동쪽의 제일원(第一院)에 이르니 코끼리를 타던 노승이 앉았다가 말했다.

"대사, 어서 오시오."

도의는 위의를 갖추어 예배하고 꿇어앉아 일어나지 아니하였다. 노승이 동자로 하여금 일으켜 자리를 깔고 앉게 하였다. 도의는 그제야 문안을 여쭈었다.

"화상께서 공양을 받으시는데 불편은 없으셨나이까? 단월의 정성이 지극하더이까? 길이 먼데 어떻게 빨리 오셨나이까?"

노승이 입을 열었다.

"대사, 길은 불편이 없었고, 단월은 지성으로 대접하고, 길은 본래 먼 것 아니니, 돌아오는 데도 빠른 것이었소."

도의는 다시 물었다.

"화상은 무슨 법으로 사람을 교화시키나이까?"

노승은 조용한 목소리로 대답을 하였다.

"봄 나무는 아미타불, 가을꽃은 관세음보살."

도의는 다시 물었다.

"여기가 사바세계입니까, 극락정토입니까?"

노승은 총재로 선상을 한번 치고는 대사를 쳐다보았다.

"대사는 아는가?"

"알지 못하나이다."

"그대가 알지 못한다는 것은 사바인가? 정토인가?"

"제가 그동안 산에 다닐 적에는 언덕이요 초목뿐이더니, 지금 이곳은 금옥이 찬란한 누각과 전당을 이루었기에 정토인지 사바인지 알 수 없사오며, 범부와 성인을 분별할 수 없나이다."

"용과 뱀이 한데 섞이고, 범부와 성인이 함께 산다는 말을 듣지 못했는가? 그대의 분별하는 소견만 없어진다면, 성인과 범부가 어디에 있겠는가?"

말을 마치자 동자는 약차를 권했다. 도의가 차를 마시니, 이상한 향기와 아름다운 맛이 세간에는 있을 수 없는 것이요, 먹고 나니 6근이 쇄락하여 경쾌하길 비길 데 없었다.

노인은 동자로 하여금 도의를 인도하여 여러 곳을 구경시켰다. 동자를 따라서 12대원과 식당을 두루 다니며 보니, 많은 스님들이 경론을 토론하고 혹은 잠자코 좌선하는 위의가 놀라운데, 몇백 몇천인지 수호는 알 수 없었다.
 도의는 동행하던 보수가 이 거룩한 회상에 참여하지 못한 것을 가엾게 생각하고, 문에 나서니 동자와 절은 없어지고 쓸쓸한 수풀뿐이 아닌가?
 그지없이 탄식하면서 보수를 만나 돌아왔고, 그 뒤에 다른 사람이 금각사(金閣寺)를 지었다.

□ 문수(文殊)와 조백(棗栢)

 당나라때 이통현(李通玄) 장자가 오대산에 갔다가 선주원(善住院)에서 이상한 스님을 만나 〈화엄경〉의 대의를 들었는데, 해가 저물자 스님이 떠나려 했다.
 "날이 저물었는데 어디로 가려고요?"
하고 물으니 스님은 북쪽 산을 가리키고는 나는 듯이 가버렸다.
 밤이 되자, 산봉우리에 화광이 충천하기에 주지에게 어떤 불이냐고 물으니, 주지는 산불이 났는가 보다고 대답했다. 장자는 생각하기를,
 "그 스님이 저리로 갔으니 반드시 신기한 광명일 것이고, 불이 아니리라."
하고 지팡이를 짚고 산꼭대기를 향해 올라갔다.
 산꼭대기에 올라 가 보니 불꽃이 더욱 타올라 둘레가 한 마당 쯤 되고, 그 속에는 붉은 금당기(紫金幢)기를 세우고, 이상한

스님이 그 아래 앉아 있고, 임금의 복장을 한 이가 수백명 둘러 앉아 있는데 말하는 소리가 명랑하나 그 뜻은 알 수가 없었다.
 장자는 이렇게 생각했다.
 '만일 내 저 불속에 들어가서 성인을 뵈온다면 타 죽어도 한이 없으리라.'
 장자는 곧 몸을 날려 불빛 속으로 들어가니 마음이 유쾌하기 그지없었다. 앞에 나아가 예배하려는 차에 그 스님과 대중은 어디론지 사라졌다. 장자는 그 자리에 열흘 동안 앉았다가 산에서 내려 왔다.
 서쪽 산골짜기에 갔더니 두 동자가 지나가는데 눈이 유난히 반짝이며 하늘옷을 입고 표연히 걸어갔다. 장자는 머리를 숙여 인사를 했다.
 "지난날 밤에 우리 스님의 광명 속에 뛰어든 이가 당신이 아닙니까?"
 "그러하오. 그대의 스님은 누구신가?"
 "우리 스님은 묘덕(妙德)이십니다."
 "당신이 〈화엄경〉을 널리 펼칠 원을 세우고서 왜 잊었습니까?"
하고는 사라졌다.
 "보살이 〈화엄경〉대의를 일러 주었으니, 화엄론을 의어 경을 해석하리라."
 결심했다. 그러나 이곳은 너무 추우므로 남쪽으로 우양현(盂陽縣)의 방산(方山)에 가서 바위 구멍을 파고 있으면서 논을 지었다.

〈화엄론〉 24권과 결의론(決疑論)을 지어 세상에 펼쳤다. 그 후 어느 봄날 방산의 들집에서 삼매에 들어 입적했다.

□ 삼매 할머니의 신통술

 당나라때 삼매 할머니는 내력은 자세히 알 길이 없으나 오대산 화엄령에 있으면서 한번 선정에 들면 7일만에야 일어나므로 삼매 할머니라는 별명을 가졌다.
 귀신을 부르고 새와 짐승을 시켜서 숲속에 길을 내어 사방으로 통하고, 기운이 대단히 세어 두려운 것이 없었으며, 걸음걸이가 쏜살같아 운주(雲州), 대주로 다니면서 밥을 비는데 아침에 갔다 저녁이면 돌아왔다.
 자선사업으로 돈 안 받는 숙박소를 차려 굶주리고 헐벗은 사람들을 구제하니 찾아오는 이가 날로 늘었다. 죽 한 솥을 끓여 손수 쪽박을 들고 퍼 주면 사람이 아무리 많아도 배부르게 먹고 가곤 했다.
 하루는 선정에 들어 죽을 푸지 못하게 되어 제자들이 대신 푸는데 웬일인지 죽이 모자랐다.
 삼매 할머니가 가서, 주걱으로 죽을 저으면서 '모자라긴 왜 모자란단 말이냐?' 하니 죽이 솥으로 가득하여졌다.
 언제나 오는 이에게 삼매 할머니는 말했다.
 "여러분, 삼계가 불타는 집 같으니 여기 와서 보리의 인(因)을 지으라."

얼마 뒤에 대주(大州) 군수가 요망한 것이라 하여 찾아갔더니 삼매 할머니는 제자들에게 미리 말하고 반석 위에 서서 죽었다.

저절로 불이 일어나 화장하고 재만 남았으므로 군수는 탄식하며 돌아갔다.

때는 정원(貞元) 3년 서기 787년 2월이었다.

□ 동반자로 변한 보살

송나라 소흥(紹興)때 태위(太慰) 여혜경(呂惠卿)이 불교와 유교의 경전을 통달하여 〈화엄경〉의 법계관(法界觀)을 주석하고, 새로운 뜻으로 장자(莊子)를 해석했다.

순시차 오대산 중도에 이르렀을 때 갑자기 구름이 자욱하고 풍우와 뇌성이 심하여 골짜기를 뒤엎는 듯했다.

시중들은 아연실색하여 숨었지만 잠깐 동안에 이무기 같은 것이 구름 사이로 반쯤 몸을 나타내는 걸 보고 태위도 깜짝 놀랐으며, 얼마 후 날이 갠 후 바라보니 어떤 동자가 오는데 몸은 검고 머리는 풀어헤쳐 발에서 어깨까지 장포로 둘렀는데, 오른팔을 올리며 혜경에게 물었다.

"대감은 무엇을 보고 그렇게 놀랍니까?"

혜경은 떨리는 목소리로 말했다.

"전세에 업장이 두터워 험악한 것을 만났노라."

동자는 조용히 입을 열었다.

"이제는 다 사라졌습니다. 대감은 무슨 일로 오셨습니까?"

혜경은 대답했다.

"문수보살을 뵈오러 왔도다."

동자는 물었다.

"보살을 뵈오면 무엇을 하렵니까?"

혜경이 대답했다.

"화엄경을 보니 이치가 너무 어려워서 보살께 여쭈어 일러 주시면 소를 지어 해석하고 세간에 퍼뜨려서 밤중의 등불을 삼게 하며, 발심한 이들이 사리에 순응케 하겠나이다."

동자는 대답했다.

"부처님의 미묘한 뜻은 사리에 순응하여 매우 분명합니다. 예전 스님들이 잘 해석하였으며, 십지품(十地品)같은 글도 내주고 해석한 것이 몇 장에 지나지 않았는데, 요사이에 주석한 것은 백 권이 가깝도록 많아서 성인의 뜻이 오히려 어렵게 되었으니 그런 것은 대도(大道)를 깨뜨리는 것이오."

"동자의 얼굴이 저렇게 얌전한데, 감히 선배들을 비방하는가?"

동자는 웃으면서 말했다.

"대감이 잘못이오. 여기 있는 풀 한 포기, 나무 한 그루가 모두 문수보살의 경계로서 당신이 지금 보고 듣고 있는 것이 진정한 문수보살이거늘 어찌 범부의 망상으로 소홀하게 생각하는가?"

혜경은 그제에 깨닫고 머리를 조아려 합장하니, 동지는 보살로 변하여 금사자를 타고 은은하게 구름 사이로 숨어버렸다.

혜경은 그때 본 장포 두른 동자의 화상을 그려서 세상에 전했다.

□ 마음대로 다니는 사미들

 후위(後魏)때 대부영추사(大孚靈鷲寺)에 있던 세 사미가 오대산에 신선의 종적이 많다는 말을 듣고, 양식을 짊어지고 떠나 숲과 골짜기를 가리지 않고 돌아다녔다.
 양식이 떨어지면 풀잎을 뜯어 먹으면서도 신선을 뵙고야 말겠다는 신념이 강했다. 석달쯤 되던 때에 어느 나무 아래에서 쉬고 있노라니, 어떤 큰 사람이 고개를 넘어오는데 전신이 칠흑같이 검고 광명이 있었다. 사미들은 꿇어앉아 여쭈었다.
 "거룩하신 이여, 도술을 가르쳐 주십시오."
하였으나 큰 사람은 꾸중만 하고 뿌리치고 가버렸다.
 사미들이 얼마쯤 따라가니, 바위틈에 굴이 있는데 큰 사람은 그 굴속으로 갔다.
 사미들은 굴 어귀에 바라고 앉았노라니, 어떤 도인이 구름 위로부터 나는 듯이 내려오는데 외모가 뛰어났다. 그 도인은 사미들을 불러 데리고 굴속으로 들어갔다. 굴속은 매우 광활하고, 명월주(明月珠)를 높이 달아 밝기가 낮과 같았다.
 사미들은 그 도인을 향하여 도술을 가르쳐 달라고 하였더니, 도인은 술을 한 그릇 주면서 도술을 얻었다고 했다. 사미는 스님이 가르쳐 주신 계율을 어길 수 없었다. 도인은 다그치듯 말했다.

"너희가 먹지 않으면 도술을 얻을 수가 없느니라."

이에 사미들은 물러가겠다고 하직하자,

"날이 저물어서 갈 수 없을 테니 하룻밤 여기서 쉬어 가도록 해라."

사미 각자마다 한 사람씩 여자를 보내 주어 같이 자게 했다. 사미들은 생각하기를 '구하는 도술은 얻지 못하고 요물을 만나노라.'

하고 약속이나 한 것처럼 가만히 빠져 나와서 수십 리를 걸어 가는데, 선동이 나는 듯이 따라 와서 말했다.

"큰스님께서 그대들의 계행이 굳은 것을 보시고 참말 법을 배울만하다 하시어 신약을 보내시더이다."

그 약을 먹고 나니 땅에서 날아올라가 허공으로 다니면서 경치가 좋은 데는 어디든지 마음대로 다닐 수가 있었다.

영추사로 돌아와 스님께 하직하고 신선을 찾아다니더니, 그 뒤의 일은 알 수 없다.

□ 성인의 경계를 알지 못하다

당나라때 도선율사(道宣律師)는 이부상서(吏部尚書) 전신(錢申)의 아들로서 어머니가 아기가 설적에 해가 품안에 들어오는 꿈을 꾸었더니, 어려서부터 예법을 좋아하고 행동이 얌전하고 위의가 의젓했다.

 어려서는 글을 읽었고, 자라서는 진리를 연구하면서 이렇다 할 큰스님들 찾아다니며 제자백가와 경(經)·율(律)·논(論) 삼장을 모두 통달하고, 더욱 계율에 엄정하고 불변을 옹호했다. 저술에 힘을 쓰고 율문에 정통하여 천인들이 항상 시위했다.

 〈천령기〉에는 이런 말이 있다. 도선율사가 오대산에 갔다가 중대(中臺)에 이르러 밤에 좌선하고 있었다. 어떤 동자가 곁에 와 서 있으므로 율사가 물었다.

 "그대는 누구인가?"

 "이름은 현창이온데 천인입니다. 제석천의 명령을 받들어 이곳에서 수행하다가 스님을 찾아서 모시고자 합니다."

 도선율사는 의아하듯 물었다.

 "〈화엄경〉을 보면 이 청량산은 문수보살이 계시다하는데 지금 와 보니 범부의 사는 곳과 다름이 없거늘 어찌 선계라 하겠습니까?"

 동자는 의젓하게 말하는 것이었다.

 "대성인의 경계를 범부나 이승으로 헤아릴 수 없나이다. 저는 범부요, 스님은 이승이신지라, 분별이 있는 생각으로는 불가사의한 경계를 찾아볼 수 없나이다. 경계는 하나이나 세 사람의 보는 것이 다르다 하는 말을 스님도 잘 아시리이다. 제각기 업보로 받은 눈이 오매, 보는 것도 역시 다른 것입니다. 제가 알기로는 이 오대산은 푸른 유리 빛이고 다섯 봉우리의 등성이와 골짜기는 모두 보배로 되었사오며, 광명이 항상 찬란하여 밤낮이 다르지 아니하오나, 보살이 계신 데는 저로서는 알지 못하나이다."
 이렇게 말하고는 사라져 버렸다.
 율사는 건봉(乾封) 2년 겨울에 장안의 서명사(西明寺)에서 입적하였으니 서기 667년의 일이다.

□ 문수의 화신 선계대사(善戒大師)

 선계대사는 태주(台州) 임해현 삼강(三江) 사람이니 성씨는 누씨요, 조부의 이름은 세가(世家)니 벼슬이 소경(小卿)에 이르고, 아버지는 원우(原祐)니 인후하여 덕이 있고 거짓이 없었다. 어머니 장(張)씨가 달빛이 물에 들어오는 꿈을 꾸고 잉태했는데, 나면서부터 이렇게 말했다.
 "아버지, 어머님, 나를 낳기에 얼마나 수고하셨나이까? 자라면 중생들을 제도하여 이 세상에 타는 불을 끄오리다."
 부모는 이 말을 듣고 놀라 비밀에 붙이고 말하지 아니했다.
 이름을 돈길이라 짓고 부모들은 '이 아이가 자라면 중이 되어 중생을 제도하려나보다'고 생각했다.
 하루는 어머니에게 일곱 분에게 공양할 음식을 마련하여 달라고 생각하였다. 어머니가 그 까닭을 물으니, 제 친구가 만나러 온다는 것이었다. 부모는 이상하게 생각하면서 음식을 마련하고 기다렸다. 과연 저녁 무렵이 지나자 스님 일곱 분이 집으로 찾아왔다. 아버지는 스님들을 모셔 들이고 물었다.
"어디로부터 오시나이까?"
"남인도에서 오는데, 댁에 훌륭한 아기가 있단 말을 듣고 하례하러 왔습니다."
"이렇게 강림하시니 황공합니다."
 저녁밥을 대접했더니, 스님들은 식사가 끝나자, 아기를 만나겠다고 했다. 어머니가 아기를 안고 나오니, 스님들은 아기를 보고,
"중생의 세계에서 속지 말고 정신을 차려야 한다."
고 부탁하는 것이었다. 아기는 손을 만지면서 웃었다.
 그 스님들이 간 뒤에 아기가 부모에게 말하였다.
"저 일곱 분은 다 불보살의 화현입니다."
 돈길은 다섯 살 되던 때부터 육화대사(六和大師)라 자칭하면서 고요한 것을 좋아하고 세속에 있기를 즐기지 아니하더니, 15세에 이르러 부모를 하직하고 출가했다.
 항주(杭州)에 가다가 혜광화상(慧光和尙)을 만났는데,
"지금 하늘 의원(天醫) '파리다'가 비래봉에 있으니 가서 만나라."
는 것이었다. 돈길은 비래봉으로 갔다. 파리다가 물었다.
"어디에서 오는가?"
 돈길은 대답했다.
"인연을 따라 옵니다."
 파리다가 다시 물었다.
"성은 무엇인가?"

"'불성(佛性)입니다."
하니 파리다가,
"네 몸이 속인인데 어떻게 불성을 아는가?"
하고 묻자 돈길이 거침없이 대답한다.
"나의 몸은 속인이지만 세속으로 인하여 진리를 증득하면, 진리와 세속이 원융하여 둘이 없으며, 둘이 아닌 성품이 곧 불성이 아니오니까?"
파리다는 기이하게 생각하여 머리를 깎고 구족계를 일러 주고 선계(善戒)라고 이름지었다.
선계대사는 금릉(金陵)에 가서 청원화상을 보고 물었다.
"콧구멍이 하늘에 닿았을 때에 어떠합니까?"
청원화상은,
"아침에는 동에서 뜨고 저녁에는 서로 지느니라."
하니 선계대사가 또 물었다.
"어떤 것이 저의 도안(道眼)입니까?"
청원화상이 대답했다.
"부처님도 그것은 모르실걸."
선계대사는 한번 할(喝)하였다. 청원화상은 그만 두었다.
선계대사는 또 인용화상(仁勇和尙)을 찾아갔다. 선계대사가 온줄 알고 법상에 올라가서 불자(拂子)를 들었다. 선계대사가 물었다.
"몸을 솟아 해와 달을 붙잡고 입을 벌려 조수 밀리는 것을 바라봅니다."
인용화상은 불자를 던졌다. 선계대사는 손뼉을 치고 춤추며 가버렸다.

 한번은 살다파나화상을 찾아갔다. 살다파나는 언제나 황소를 타고 다니므로 황소화상이라고 불렀다.

 화상은 길에서 손을 노닥거리며 있었다. 선계대사가 외쳤다.
"뿔나고 털 난 사람!"
 살다파나도 외친다.
"어허 늙은 고오타마, 조계의 조사관(祖師關)을 쳐부수네."
 선계대사는 한번 할하고,
"털 나고 뿔난이 큰 보섭이나 끌고 다니지!"
 살다파나화상은 한번 웃었다. 선계대사는 또 사명사(四明寺)의 대장(大璋)화상을 방문하고,
"맑은 빛이 간데 마다 비치니 더위는 물러가고 서늘해지네." 라고 했다. 대장화상이 말했다.
"앞일은 바라지 말고 지난 일은 생각지 말라."
 선계대사가 응답했다.
"눈먼 것이 무어라고!"
 대장화상도 응답한다.
"어제 저녁 상앗대를 주었으니 급한 여울에 잘 저어 가게."
 선계대사가 응답했다.
"뱃머리 꼭 붙들고 돛을 높이 달았으니, 한꺼번에 저어가기 무엇이 어려워."
 두 사람이 다 같이 할하자, 곁에 있던 보명(普明)은 이내 깨달았다.

순희 2년 봄에 선계대사는 제자 보명, 도전(道全)을 데리고 오대산에 갔다가 돌아오던 길에 동천(潼川)의 화생(化生)나루에 이르렀다.

저쪽 언덕에 오랑사(五郎寺)가 있는데, 그 신이 영험이 있다고 동리 사람들이 정성으로 제사를 지냈다. 그 오랑신(五郎神)이 선계대사가 지나가는 줄을 알고 호랑이로 변화하여 언덕 위에 서 있었다.

선계대사는 벌써 알고 주먹으로 갈겨 붙들고 오랑사에 끌고 가서 호령했다.

네가 1랑인지 5랑인지

복 주고 화 주고 하면서

소나 양을 토식하는구나!

내 이제 무생법을 말하여

원수와 묵은 빚을 벗게 하리라.

라고 했더니 흙으로 빚었던 동산이 망그러지고 사당은 저절로 불타고 말았다.

순희 4년에 선계대사는 항주(杭州)의 천축사로 돌아왔다.

습(什)행인이 지관법(止觀法)을 닦고 있었는데, 선계대사와 동향이어서 두 사이가 매우 좋았다. 습행인이 선계대사에게 말하기를,

"나는 도솔사로 갈 터인데, 스님과 함께 가면 어떠겠는가?"

하였다. 선계대사는 좋다고 승낙하고 동행하여 소흥(紹興)에 이르러 객주집에 들어갔다.

객주집 주인 왕백공(王伯恭)이 슬프게 통곡하므로 웬일이냐

고 물으니, 그 선고(先考)의 소상(小祥)이라고 했다. 선계대사가 물었다.

"그대는 아버지가 태어난 곳을 아는가?"

백공은 비참한 소리로 말했다.

"모릅니다. 바라건데 화상의 자비로 아버지의 태어난 곳을 알으켜 주십시오."

선계대사는 습행인을 보면서 물었다.

"어떻게 할까?"

습행인은 말했다.

"중생을 구제함이 좋겠나이다."

선계대사는 그 집 개를 앞에 불러 놓고,

"네 몸은 사람과 다르지만, 본 성품은 분명하지 않느냐?"

개는 눈물을 흘리면서 백광에게,

"나는 네 애비다. 죄업이 두터워서 이런 몸을 알았다."

고 말하니 백공은,

"참말 우리 아버지라면 무슨 죄를 지었나이까?"

하고 묻자, 개는 사람처럼 말을 했다.

"나는 평생에 불법을 믿지 않고 착한 사람을 모함하고, 보시를 행하지 않았으며, 남이 보시하는 것을 보면 못하도록 방해했다. 그런 인연으로 지금 이런 과보를 받았으니 너는 부자의 정리를 생각해서 두 스님께 간청하여 나에게 법을 말하여 이 개의 몸을 벗도록 해달라."

백공은 이 말을 듣고 발을 구르고 울부짖으며 스님께 구원해 주기를 빌었다.

선계대사는 개에게 법을 말했다.

마음이 동하면 경계가 따라와서
업의 꽃이 무성하고
마음이 공하면 경계도 고요하여
업의 꽃이 저절로 떨어지느니라.
죄도 일정한 죄가 없고
법도 참된 업이 아니니
마음이 그릇되면 업의 바람이 저절로 생겨나고
마음이 바르면 업의 바람이 저절로 그치느니라.
모든 것이 네 마음으로 되는 것이고
남이 주는 것이 아니니라.

개는 법문을 듣고 고맙게 여기는 듯하더니 밤이 되어 먹지 않고 죽었다. 백공이 출가하기를 원하매, 선계대사는 머리를 깎아 주고 승명을 도주라 했다.
선계대사는 임시응변으로 중생을 구제하였고, 습행인은 정토 행업을 닦아서 극락세계에 함께 왕생하기를 서원했다.

순희 6년에 선계대사가 어떤 작은 거리에 갔을 적에, 김병(金炳)이란 사람이 양 한 마리를 묶어놓고 칼을 갈고 있었다.
어린 양은 처량하게 울고 있었다. 선계대사는 딱하게 여겨,
"너는 복과 지혜를 닦지 않았으므로 이제 껍데기를 벗기게 되었구나."

김병은 합장하고 섰고, 양은 울음을 그쳤다. 선계대사가 조용히 타이른다.

"사람이 양이 되고, 양이 사람되는 일이 눈 깜짝할 동안이니라. 〈능가경〉에 말하기를, 일체 중생이 끝없는 옛날부터 나고 죽고 하는 속에서 쳇바퀴 돌듯 하면서, 혹은 부모도 형제도 되고, 아들도 딸도 권속도 친구도 되고 시중도 되었던 이들이, 또 몸을 바꾸어서 새와 짐승이 되는 것이어늘, 어찌하여 잡아 먹겠는가? 그러므로 부처님께서 자비하신 마음으로 살생하는 일을 차마 볼 수가 없어 말씀하시기를, '너희들이 어두운 데로부터 들어가서 이 몸을 받았으므로 남의 것 여덟 냥중을 먹으면 반드시 반근을 갚아야 하느니라' 하셨으니, 만일 허망함을 돌이켜 참된 데로 나아가며, 어두운 데로부터 밝은 데로 들어가서 이 몸을 벗어나려거든 마땅히 삼보에 귀의해야 하느니라."

김병은 이 말을 듣고 너무 기뻐 합장하고 예배하면서 처자를 버리고 출가하기를 원했다.

선계대사는 김병의 머리를 깎고 계를 설하여 주고 이름을 가화(可化)라 지어 주었다.

그 후에 가화가 석교(石橋)를 참배하려고 천태산에 가던 길에 도둑을 만났다. 도둑이 외쳤다.

"어디 가는 놈이더냐?"

가화는 떳떳이 말했다.

"석교에 참배하러 간다."

도둑은 가화의 행리를 수색하여 돈을 빼앗고 뺨을 때렸다. 가화가 큰소리로,

"이 원수야 어찌하잔 말이냐?"
하자, 도둑들이 비웃었다.
"원수지 뭐!"
하면서 나무에다 가화를 비끄러매고 살가죽을 벗기려 하였다. 늙은 도둑이,
"저 사람은 출가한 중이니 죽이지 말라."
하면서 놓아 주었다. 가화가 집에 돌아와서 선계대사에게 말했다.
"노승이 너를 구하지 않았더라면 반근을 갚을 뻔하였구나."
하니 가화는 그 말을 듣고 깨달았다.

순희 8년에 선계대사는 습행인과 함께 강심사(江心寺)에 갔다가 용왕묘의 신이 매우 영검하여서 신이 형상을 나타내면 풍랑이 일어나서 배가 전복, 파손하므로 사공들이 항상 걱정한다는 말을 들었다.

습행인은 강심사(江心寺) 주지 요공(了公)에게 말하였다.
"부처님이 계실 때에 문수보살이 복성(福城)의 동쪽에 가서 경전을 말씀하실 때 바다에 있던 한량없는 용왕들이 와서 법문을 듣고, 용의 세상에 있기를 싫어하고 불도를 구하여 용의 몸을 버리고 인간과 천상에 태어났는데, 지금 이렇게 횡포한 짓을 하는 용을 항복받을 이가 없겠는가?"
이에 요공이 대답했다.
"선계대사가 계시니 그대는 한번 상의해 보라."
선계대사가 습행인의 청을 듣고 용왕묘에 가서 꾸짖었다.
"내가 일찍 너에게 미묘한 법을 말하여 용의 몸을 버리고 인간

과 천상에 나게 하였는데, 너희들이 성내는 마음이 많아서 또 나쁜 세상에 빠졌구나. 네가 옛날 원력을 잊지 않았거든 삼보에 귀의하여 가람을 수호하면 이 나쁜 세상에서 벗어나리라."
 이 말을 마치매 용왕의 등상이 저절로 부서졌다.

 순희 10년 가을에 이웃에 사는 허맹현(許孟賢)이 모친의 상을 당해 선계대사를 청하여 천도하여 달라고 했다.
 선계대사가 말했다.
 "나는 요즈음에는 닭고기를 무척 좋아하는데, 댁에 닭이 많단 말을 들었노라."
 "불사를 마치고 받들어 공양하리이다."
 선계대사는 가부좌하고 앉아서 자제(慈濟) 삼매에 들어 여섯 갈래를 살펴보았다. 그때 그 집 암탉이 담을 넘어서 이웃집으로 날아갔는데, 이웃집에서 잡아먹었다.
 맹현의 꿈에 모친이 현몽하기를,
 "나는 전생에 업장이 두터워서 축생이 되었다가, 이제 보살의 제도를 받아 정토에 왕생하노니, 너는 잊지 말고 선계대사에게 감사하라."
했다.
 맹현이 선계대사에게 꿈 이야기를 했다.
 "그대는 이제 신심이 생기는가? 선한 업을 지으면 좋은 과보를 받고 악한 짓을 하면 나쁜 과보를 받느니라."
 맹현은 그 말을 듣고 깨달은바 일심으로 정토의 업을 닦더니, 죽을 때에 향기가 방안에 가득하였고, 가족들은 화개와 일산이 서쪽으로부터 와서 영접하여 가는 것을 보았다.

 순희 11년 8월에 선계대사가 창국(昌國)으로부터 바다로 가던 길에 슬피 통곡하는 여인을 만났다.

 선계대사가 물었다.

 "왜 그렇게 슬피 우는가?"

 "제가 여러 번 자식을 낳았으나 한 번도 기르지 못했습니다. 무슨 까닭입니까?"

 "과거의 업보로 얽힌 원수를 그대가 알고자 한다면, 내가 그 원수를 불러서 그대와 만나게 해 주리라."

 "저는 여자의 몸이라 그런 원수를 알지 못하오니 스님의 지시를 바라옵니다."

 대사가 손가락으로 땅을 가리키니, 큰 구렁이가 땅을 뚫고 나와서 눈을 번쩍거렸다. 여인은 깜짝 놀랐다.

 "그대는 무서워하지 말라. 저것이 그대의 딸이니라."

 구렁이가 사람의 말을 했다.

 "당신이 나를 죽이지 않았소?"

 여인이 되물었다.

 "내가 언제 너를 죽였느냐?"

 "당신은 딸을 물에 빠뜨렸던 일을 잊었군. 내가 그때 물에 빠져 죽은 당신의 딸이오. 언제고 당신에게 원수를 갚으려 했으나 명부에서는 당신이 돈을 내어 길을 닦은 공이 있다고 하여서 지금까지 당신을 죽이지 못했더니, 지금 문수보살의 계을 받았으매 다시는 원수를 갚으면 아니 되겠소."

 말을 마치고 구렁이는 어디론지 가버리고, 그 여인은 대사에게 예배하고 물러 갔다.
 소희(紹熙) 3년 섣달에 선계대사가 성남(城南)에 가다가 나귀를 타고 가는 진천여(陳天與)를 만났다. 대사가 탄식하되,
 '아들은 아비의 등에 타고 아비는 아들의 채찍을 맞는구나!'
하니, 나귀가 이 말을 듣고는 껑충 뛰어서 진천여를 땅에 떨어뜨리고 꿇어앉는 것이었다.
 선계대사는 노래를 읊었다.

 진무영 진무영!
 사람을 해치고 부자가 되었네
 불·법·승 삼보를 믿지 않으니
 출생의 과보를 언제나 벗으랴.

 나귀는 엎드려 듣더니 사람의 말을 한다.
 "나는 살아서 인과를 믿지 않고 불경을 듣지 않고 노래와 이야기만 좋아하였습니다. 또 동리에서 호구를 조사 정리하면서 백원을 쓰고도 천원을 썼다고 속여 추렴을 거두었으며, 또 자식을 속이고 돈 1백관을 주고 젊은 기생을 첩으로 삼아 흥청거렸더니, 죽은 뒤에 두 번이나 소가 되어 동리 사람에게 빚을 갚느라고 일곱 번 주인을 바꾸었고, 또 죽어서는 다시 나귀가 되어 자식의 빚을 갚느라고 자식의 채찍을 받으면서도 말을 못하고 꾹 참았더니, 이제 스님께서 일러 주는 단이슬 같은 법운문을 듣고 말을 하게 되었습니다. 바라건대 스님께서 자비를 베푸시어 나의 죄업을 씻어 주시고, 해탈을 얻어 축생에 태어나

지 않도록 해 주소서."

 진천여는 이 말을 듣고 통곡하면서 선계대사에게 애걸하였다.
"바라옵건대 고통을 구원하시는 법문을 열고 이 나귀의 몸을 벗게 하소서."

 선계대사는 법을 말했다.
"모든 법은 이름을 빌리었을 뿐, 진실한 것이 아니다. 허망한 마음이 생기므로 이상한 모양이 나타나느니라."

 나귀는 이 법문을 듣고 크게 소리를 지르고 곤두박질하여 죽었다. 진천여의 꿈에 아버지가 이렇게 말했다.
"나는 전세의 죄업으로 짐승의 몸을 받았더니, 문수보살의 법문을 듣고 벗어났노라."

 진천여는 양무제의 '자비참'을 행하고 〈법화경〉을 읽으면서 선계대사에게 설법을 청했다. 선계대사는 법상에 올라 앉아 말했다.
"불보·법보·승보를 삼보라 하였으니, 삼보의 이름은 다르나 그 실상은 하나이며, 오직 청정하고 묘한 마음인지라 묘한 마음이 아니면 참된 중이 될 수 없고, 참된 중이 아니고는 바른 법을 말할 수 없으며, 바른 법이 아니면 부처의 지위를 종득할 수 없느니, 다만 자기의 마음이요, 다른 데서 구할 것이 아니거늘, 너의 아비는 삼보를 믿지 않았으므로 축생이 되었느니라. 〈법화경〉에 말하기를, 만일 약대가 되거나 나귀로 태어나면, 몸에 항상 무거운 짐을 지고 채찍을 맞으며, 풀이나 물만 생각하고 아무것도 알지 못하나니, 이 경전을 비방한 탓으로 그런 죄보를 받는다 하였느니라. 그대가 이미 삼보에 귀의하고 경을 읽고 참회함으로 해서 그대의 아버지가 축생에서 벗어났으니 아득하던 마음이 다시 밝아질 것이 의심없느니라."
이렇게 말할 때에 허공에 소리 있어 외치기를,
"문수보살이 좋은 법문을 설하도다."
했고, 천여의 꿈에 아버지는 이렇게 말했다.
"나는 두 가지 업보를 이미 해탈하였노라. 세상 사람들에게 말하노니, 삼보를 공경하고 경전을 읽어서 희유한 생각을 가지고 게으르지 말라. 어찌타 속세인들 그 묘법을 아는 이 없어 사바에 빠지고서 해탈을 못하네."
이듬해에 천태군이 가물어서 다섯 달 동안 비가 내리지 않았고, 절름발이를 불에 태우고, 무당이 볕을 쬐며 산천에 기도하였으나 영험이 없고, 뙤약볕에 돌이 녹는 듯했다.
이때 군수 조방언(趙邦彦)이 성황신 등상을 뜰에 내려놓고 책망했다.

제때에 비를 내리지 않으니
그 책임이 누구에게 있는가
백성의 생명을 생각지 않음은
직책을 감당치 못함이니라.

이날 저녁에 성황신이 이렇게 현몽했다.
"용이 비를 내린다 하거니와 상제의 명령이 아니면 마음대로 비를 내리지 못하는 줄을 당신이 모르는구료. 이 성 동쪽에 도솔사가 있고, 그 절에 계사리가 있는데, 그가 문수보살의 후신이요, 비를 내리게 할 수가 있으니 그에게 가서 청하시오."

조 군수가 이 꿈을 꾸고는 목욕재계하고 관속을 거느리고 도솔사에 가서 시자 도주에게 청하여, 군수가 뵈오려 왔다는 뜻을 여쭈었다.

그때 계사리는 술이 대취하여 먹은 것을 토하였다. 관속들이 그런 사실을 말하였으나, 군수는 들은 체도 않고 선계대사가 있는 방에 갔더니, 이상한 향기가 자욱하였고, 승속이 몰려 들어가며 제각기 놀랐다.

선계대사가 물었다.

"군수 영감이 어떻게 오셨소?"

"제가 전세에 조그만 선근을 심은 연고이온지, 국록을 먹게 되옵고, 칙명을 받자와 이 고을에 왔더니 가뭄이 심하게 되어 백성이 견딜 수 없사옵고, 임금이 박덕하고 정사가 잘못된 탓이온지, 하늘이 재앙을 내려 신하들마저 들끓고 있나이다. 그리하여 허물을 생각하고 죄를 뉘우치며, 하늘의 용서를 받자오려 하오니, 바라옵건대 자비하신 마음으로 굽어 살피옵소서. 듣자온즉 하늘이 비를 내려 시절이 풍년드는 일을 스님이 맡으신다 하오니 바라옵건대 단비를 내리어 만민의 걱정을 풀게 하소서. 천만번 비옵나이다."

말을 마치고 두 번 절했다. 선계대사가 선뜻 말한다.

"영감은 걱정 마시오. 보람이 있으리라!"

군수가 물러간 후 스님은 숯을 들고 글을 써서 불사르니 곧 비가 내려 천지가 흡족하여 그 해의 오곡과 과일 채소가 대풍을 이루었다고 한다.

□ 스님과 금빛 광명

당나라 의봉(儀鳳)때에 두 법승이 오대산에 와 꽃을 들고 향로를 가지고 두 팔과 무릎으로 기어 다니면서 산을 바라보며 문수보살에게 예배했다.
이런 정성으로 문수보살의 화신인 비구니를 만나니, 그 비구니는 바위 사이에 있는 소나무 아래 승상을 놓고 단정히 앉아 〈화엄경〉을 읽었다. 날이 저물어서 비구니는 법승에게 말했다.
"비구니가 큰스님과 함께 있을 수 없으니 스님들은 다른 데 가셨다가 내일 다시 오십시오."
하니, 법승은,
"산은 깊고 길은 먼데 어디를 가겠습니까?"
비구니가 단연히 나섰다.
"스님들이 가지 않는다면, 나는 여기 있을 수 없으니 다른 데로 가겠습니다."
하므로, 법승은 부끄럽고 갈 데를 몰라 주저하였다. 비구니가 다시 일렀다.
"이 골짜기로 내려가면 참선하는 굴이 있으니, 거기 가서 주무시오."
법승이 골짜기로 얼마를 내려가니 굴이 있었다. 굴에서 합장하고 향로를 받들고 북향하여 들으니 경 읽는 소리가 낭랑하게 들렸다. 처음 경 제목을 읽고,

"이와 같이 내가 들었노라."
를 욀 적에 선상에 앉은 비구니의 입에서 금빛 광명이 나와 앞산에까지 비치고, 두 권을 외니 광명이 성하여 골짜기마다 온통 밝게 비치어 낮과 같았고, 네 권을 왼 후부터는 광명이 점점 줄어지다가 여섯 권을 외어 마치니 광명이 비구니 입으로 들어가 버렸다.

□ 도는 행함이 없는가?

 당나라때 금광조스님은 민지현의 이(李)씨로서 열세 살 때에 영찬(靈粲)스님에게 출가하여 열 아홉에 홍양산(洪陽山)에 가서 가섭(伽葉)화상을 3년 동안 섬겼는데, 옷을 벗지도 않고 자리에 눕지도 않으면서, 방아 찧고 나무하기를 잠시도 게을리하지 않았다.
 금광조스님이 하루는 이렇게 물었다.
 "무엇이 출가한 사람이 마땅히 할 일이옵니까?"
 이에 영찬스님은,
 "함이 없는 것이 마땅히 할 일이니라."
라고 대답하니, 금광조스님이 다시 물었다.
 "행함이 없는 것이면 어떻게 한다 하오리까?"
 영찬스님이 되물었다.
 "네가 하지 않고서야 어떻게 함이 없는데 이르겠느냐?"

금광조스님이 다시 물었다.

"행함이 없는 것을 하려면 어떻게 해야 합니까?"

"〈원각경〉에 말하기를 어느 때나 허망한 생각을 내지 말고, 허망한 생각을 하려고도 하지 말며, 망상하는 경계에서 알려고 하지도 말고, 아는 것이 없는 데에 진실한가를 분별하지도 말라 하였으니 이것이 함이 없는 것을 하는 방법이라 하겠다."

금광조스님이 되물었다.

"함이 있는 것(有爲)과 함이 없는 것(無爲)이 하나입니까? 다릅니까?"

이에 화상이 대답했다.

"지혜 있는 사람에게는 비유로 말함이 좋으니라. 가령 금으로 그릇을 만들었을 적에 금으로 보면 그릇이라 할 것이 없는 것이고, 그릇으로 보면 그릇이라 할 것이라. 금은 언제나 그릇이 아니지만 금을 떠나서는 그릇이 없는 것이니, 금은 '함이 없는 데' 비유하고, 그릇은 '함이 있는데' 비유한 것이다. 그런데 금과 그릇이 하나라 하겠는가, 다르다 하겠는가? 그래서 경에 말하기를 '함이 있는 경계에서 함이 없는 법을 보이되, 함이 없는 모양을 파괴하지 아니하며, 함이 없는 경계에서 함을 있는 법을 보이되, 함이 없는 성품을 분별하지 않는다 하였느니라. 그러므로 도는 항상 없으면서도 하지 아니함이 없고, 부처님은 항상 응함이 없으면서도 응하지 아니함이 없느니라. 비록 항하의 모래처럼 이름이 다르나 마침내 한 가지 실제로 회통되고, 감동하고 응하는 일이 다르나 나타내고 숨은 일은 자체가 같느니라."

금광조스님은 이 말씀을 듣고 산중에서 몸을 마칠 생각을 가졌다.

오대산이 성인의 경계라는 말을 듣고 기쁜 마음으로 돌아갔으나 마침 서북에 난리가 나서 길이 막혔으므로 고야산에 들어가서 초선사(超禪師)를 받들면서 현묘한 말을 듣고 홀연히 깨달아 세계가 한 마음뿐이고, 다른 법이 없는 줄을 분명하게 알았다.

대력 2년에 오대산에 이르러 북대의 금강굴 앞에 있는 보살정(菩薩頂)에서 쉬면서 밤에 좌선하노라니, 문득 금색 광명이 북대로부터 내려오는데 금색 연화가 그 가운데 솟아나고, 부처님의 화신들이 연꽃 위에 앉으셨으며, 그 금색 광명이 금광조의 정수리에 닿았고, 화신 부처님이 팔을 펴서 금광조스님의 머리를 만지면서 말씀하셨다.

"착한 남자여, 네가 지금 금강(金剛)삼매에 들었으니 이제부터는 금광조라 이름하고, 반야의 법문으로 마음을 씻고 현묘한 길에서 주저앉지 말라."

금광조스님이 물었다.

"부처님의 몸은 함이 있나이까, 함이 없나이까?"

다시 물었다.

"또 생멸이 있나이까? 생멸이 없나이까?"

화신 부처님은,

"선남이여, 부처님의 몸은 법으로 말할 수도 없고, 마음으로 생각할 수도 없느니라. 마치 큰 불 속에서는 아무것도 용납할 수 없는 것과 같으니, 그렇게 분별하는 것은 모두 희론(戲論)이니라."
 이렇게 말하고는 사라졌다.
 금광조스님은 삼매에서 일어나서 그 후부터는 자나 깨나 항상 삼매에 있다가 71세 되던 때에 목숨을 마쳤다.

□ 보살의 도움으로 원한을 풀다

 수나라때 대주(代州) 조양상(趙良相)은 재산이 갑부요, 두 아들이 있으니 맏이는 영(盈)이요, 둘째는 맹(孟)인데, 영은 강하고 맹은 약다였다.
 조양상이 임종시에 가산을 반분하여 주는데 맹이 좋은 땅을 차지하였더니, 양상이 죽은 후에 맏이인 영이 빼앗아버리고, 맹에게는 밭 한 마지기와 집 한칸만을 주었다.
 몇해 후에 영이 죽어서 맹의 아들로 태어났는데 이름이 환(環)이오, 그 뒤에 맹이 죽어서 영의 손자로 태어나서 이름이 선(先)이라 했다.
 두 사람이 장성하매, 맹의 집은 더욱 가난하고, 영의 집은 더욱 부자가 되어 환은 선의 머슴이 되어 살고 있었다. 하루는 환의 어머니가 환에게,
 "당초에 너의 조부가 재산을 반분하여 두 아들에게 똑같이 나누어 주었는데 영이 우리의 재산까지 빼앗아서 가난하게 되었고, 지금은 네가 그 집 머슴이 되었으니 수치스럽고 가탄할 일

이다."
 환은 어머니로부터 이 말을 듣자 원한을 품고 선을 죽이려 했다.
 개황 초년에 환이 선을 따라 오대산에 갔다가 깊은 골짜기에 들어가니 인적이 없었다. 환이 칼을 뽑아들고 선에게 겨누면서, "너의 조부와 나의 아버지는 형제간인데 네 조부가 내 재산까지 빼앗아서 우리 집이 가난하여지고, 오늘에는 네 집 머슴이 되었으니, 네 마음이 편안하냐? 이제 나는 너를 죽여 분을 풀겠다."
 선은 이 말을 듣고 재빨리 달아나자 환은 그 뒤를 쫓아갔다. 쫓고 쫓기고 하면서 숲속으로 들어가니 조그마한 암자가 하나 있었다.
 두 사람이 암자로 들어가니, 한 노승이 있다가 그 까닭을 물었다.
 "원수를 갚으려 하노라."
 환이 대답하니, 노승은 웃으면서 말했다.
 "그대는 잠깐만 참으라. 그대로 하여금 내력을 알게 하리라." 하면서 환약을 내어 두 사람에게 주고 먹으라고 했다. 약을 먹었더니 지나간 일이 꿈같이 생각나서 부끄럽고 슬프기 짝이 없었다.
 "영은 환의 전신이니 남의 재산을 빼앗았으나 그것이 곧 자기의 재산을 버린 것이요, 선은 맹의 후신이니 전세의 재산을 찾은 것이니, 아버지의 유명(遺命)을 받든 것이니라."
 두 사람은 출가하여 한평생 도를 닦았다고 한다.

□ 정성이 지극하여 보살을 만나다

 정성이 지극하면 성인이 도우신다.
 허운선사(虛雲禪師)는 불문에 이름난 스님으로서 어려서 어머니를 여읜 것이 한이 되어 부모의 은혜를 갚으려고 오대산에 들어가 참배하기로 원을 세웠다.
 광서(光緒) 8년에 몸담아 수도하던 남해(南海)의 보타산 법화암을 떠나서 향로를 받들고 세 걸음마다 한번씩 절하면서 오대산까지 가기로 결심했다.
 멀고 먼 고행길을 한없이 걸어서 이듬해 섣달에 넓은 황하의 철사 나루터에 다다랐다. 나루를 건너 언덕에 올랐으나 날은 저물고 사방에 인가가 없어 갈 데가 없었는데, 길가에 다행히 헛간이 있어서 들어가 의지했다.
 밤은 춥고 눈이 내려서 날이 샐 때까지에는 유리세계로 변하였는데, 눈은 한 자가 넘게 쌓였고 길을 분간할 수 없으며, 왕래하는 사람도 없어 방향조차 찾을 수 없었다.
 처음에는 쭈그리고 앉아서 염불을 하였으나 춥고 배고픔을 견딜 수가 없었다. 헛간은 사방이 터져서 바람이 세차게 들어왔다. 눈은 퍼붓고 추위는 점점 심했다.
 배는 더욱 고파서 실 같은 목숨을 겨우 부지하면서 이렇게 3일을 지내니 굶주리고 얼어서 꼼짝할 수가 없었고, 눈은 그쳤으나 병이 심하여 일어날 수가 없었다.
 홀연히 나타난 걸인이 선사가 눈 속에 누운 것을 보고, 누구냐고 물었으나 대답도 할 수 없었다. 얼어붙은 줄을 알고 눈을 헤치고 헛간의 풀을 내려 불을 피우고 쪼이니 따뜻한 기운이 돌며 깨어나고, 또 기장 쌀로 죽을 쑤어 먹이니 기운을 차렸다.

걸인이 물었다.

"스님은 어디서 옵니까?"

"남해에서 옵니다."

"어디로 가시오?"

"오대산에 참배하러 갑니다. 그런데 당신은 누굽니까?"

"문길(文吉)이오."

"어디로 가시오?"

"오대산에서 오는데, 장안(長安)으로 갑니다."

"오대산에서 온다니 사중(寺中)에 여러 번 다니겠소?"

"나를 아는 이가 많지요."

하며, 날이 샌 뒤에 기장 죽을 쑤려고 솥에 눈을 퍼 넣으면서 물었다.

"남해에도 이런 것이 있습니까?"

선사는 고개를 저었다.

"없습니다."

"없으면 무얼 먹지요?"

"물을 먹지요."

솥의 눈이 녹은 뒤에 걸인은 솥에 있는 물을 가리키면서 물었다.

"이것은 무엇이오?"

선사는 잠자코 있었다.

"……"

그 뒤에 선사는 전과 같이 절을 하면서 길을 걸어서 그 이듬해에 회경부(懷慶府)에 이르렀다.

길가에서 자다가 그날 밤에 복통을 심하게 앓고 속병까지 걸려서 설사와 이질을 앓으면서, 이튿날 간신히 걸어서 황사령(黃沙嶺)에 이르렀다. 더 이상 보행을 할 수 없어서 영상에 있는 성황당에서 밤을 새며, 음식을 먹지도 마시지도 못하고 하루에 수십 번 설사하니 일어날 기운이 없고, 왕래하는 사람도 없어서 눈을 감고 죽기만 기다렸다.

밤은 깊었는데 문득 서쪽 담장 밑에 불을 피우는 사람이 있어 자세히 보니 문길(文吉)이었다. 너무 기뻐서,

"여보시오."

하고 불렀더니, 문길도 알아보고,

"웬일이오, 당신이 어째서 여기에 있습니까?"

하면서 약을 내어 먹이고 똥물에 더러워진 옷을 빨아주고, 기장 죽을 쑤어서 먹게 하니, 며칠이 경과하니 차도가 있었다.

그제서야 선사가 찬찬히 물었다.

"당신은 어디서 옵니까?"

문길이 대답했다.

"장안에서 옵니다."

선사가 또 물었다.

"어디로 가는 길이오?"

"오대산으로 가는 길이라오."

"나는 병이 아직 완쾌되지 못하고, 또 절을 하면서 가는 터이니 당신을 따라 갈수가 없어 안타깝구려."

하니 문길이 이르는 것이었다.

"당신이 지난 섣달부터 오늘까지 겨우 여기 왔구료! 절하면서 걷는 길이라 많이 걷지 못하니, 언제 오대산까지 가겠는가. 게다가 병까지 걸려서 몸은 쇄약하고 아직도 길은 머니 도달하기 어렵겠구려. 보살께 예배만 하여도 마찬가지니, 굳이 오대산까지 갈 것은 없지 않소?"

그러나 선사는 굳은 결의를 보이며,

"당신이 나를 염려하는 성의는 고맙소마는 나는 나서부터 어머니를 뵙지 못하였고, 어머니는 나를 낳고 돌아가셨으며, 아버지는 나를 외아들로 두었으나 나는 아버지를 버리고 도망하였으며, 아버지는 도망한 나를 위하여 벼슬을 버리고 오래 살지도 못하셨으니, 하늘이 무너지듯 망극하기 수십 년이 되었소. 그래서 서원을 세우고, 오대산에 가서 보살께 예경하고, 보살의 가피를 입어 돌아가신 부모의 영혼이 이고득락(離苦得樂)하기를 발원할 것이니, 가다가 죽더라도 죽은 혼이라도 오대산까지 가서 나의 소원을 달성하려 합니다."

이에 문길은 놀라면서,

"당신의 효성은 하늘도 감동하겠소. 대단히 고마운 일이오. 내가 지금 오대산에 가는 일은 바쁠 것은 없소. 내가 당신의 짐을 지고 갈 터이니, 당신은 절을 하면서 오시오."

선사는 감사히 생각하고 동행하여 태곡(太谷)의 이상사(離相寺)까지 갔다가 그 절에 있는 스님들의 괄시를 받았다.

문길은 선사에게 말했다.

"여기서는 오대산이 멀지 않습니다. 내가 먼저 갈 터이니, 당신은 천천히 오시오. 당신의 짐은 져다 줄 사람이 있을 것이오."
하며 먼저 떠났다. 그 뒤에 분주를 지나가는데, 호남성(湖南省)
에 산다는 이를 만나서 현통사(顯通寺)까지 짐을 실어다 주었다.
 선사가 현통사에 가서 문길이 있는 곳을 물었으나 아는 사람이
없었고, 후에 어떤 노승에게 문길의 일을 말하였더니, 노인이 합
장하며 하는 말이, 아마 문수보살의 화현일 것이라고 했다.
 선사는 그 말을 듣고 두 번 절하였고, 두 번이나 죽게 되었을
적에 보살의 화현을 만나 살아나서 오대산 참배의 서원을 성취
한 일을 생각하고 감격하기 이를데 없었다.

□ 보시의 공덕

 청나라때 우상치(禹尙治)는 대동부(大同府) 혼원주의 서쪽에
위치한 수마탄촌 사람이었다. 그는 선행을 닦으며 보시하기를
좋아하여, 그 고을에서 절을 중건하는 데가 있으면 힘을 다하
여 보시하였고, 또 수마탄촌 남쪽에 큰길이 있는데 군데군데
다정(茶亭)을 세우고 전답을 기부하여 오가는 이에게 언제나
차를 마시게 하였으며, 연말이 되면 성내, 성외의 여러 절에 향
촉을 보시하기를 해마다 좋아했다.
 하루는 우상치가 병이 나 누웠는데 꿈에 보니 광명이 뻗치고
광명 속에 어떤 보살의 등상이 떨어지는 물에 전신이 젖는 것
을 보았다.

병이 쾌차한 뒤에 오대산에 들어가서 각지를 순례하더니 등대 뒤에 있는 나라굴에서 보살의 등상을 발견했는데 꿈에 보던 바와 꼭 같았다.

측은한 마음을 금치 못하고 집에 돌아와서 무쇠로 불당을 만들어 나라굴에 보내서 보살상을 모시고 물에 젖지 않게 했다.

그 후 임종할 때에 아들과 손자들에게 유언하기를,

"나쁜 일은 하지 말고 착한 일만 받들어 행하라. 큰일을 다 마치었으니 나는 극락세계로 가노라."

말을 마치고 조용히 운명했다.

□ 등불 하나가 일만 등으로 비추다

명나라 만력(萬曆) 4월에 신궁감 태감(神宮監太監) 양준(楊準)이 나라의 명을 받들고 오대산에 가서 불공을 할 때에 쌀과 차를 나누어 주고, 용천관(龍泉關)에 이르러서는 말에서 내려 걸어가면서, 소재주(消災呪)를 한번 외고는 머리를 조아려 한 번 절하면서, 이렇게 금등사(金燈寺)까지 갔더니 비와 눈이 내려 엉망진창인 데도 주문을 외고 절하기를 조금도 쉬지 않았고, 남대에 이르러서는 날이 저물었는데, 대상에서 수십 번을 돌고, 동행한 사람들과 함께 정탑(頂塔) 앞에서 35불께 예배했다.

밤은 고요하고 산은 어두운데, 시내 밑에서 등불이 올라와서 공중에 환히 떠 있었다. 양준이 꿇어앉아 머리를 조아리면서 속으로 기도했다.

'금상폐하 만수무강하옵고 태후폐하 성수만안(聖壽萬安)하오며, 천하가 태평하고 만민이 안락하여지이다. 만일 제 소원이 성취되려거든 등불이 여러 개가 되옵소서.'

이런 생각을 할 때에 한 등이 열 개가 되고, 또 백 개가 되고 천 개가 되었다. 여럿이 부처님께 예배하면서 일체세간낙견상대정진불(一切世間樂見上大精進佛)을 염하니, 만산 초목에 1만 등불이 찬란하게 비치어 광명 그물을 이었다.

양준이 이것을 보고 피가 흐르도록 머리를 조아리며 한량없이 기뻐하다가 감격에 넘쳐 속으로 이렇게 말했다.

"제가 젊었을 적에는 죄업을 많이 지었다가 요사이에 불법을 믿거니와 아무것도 모르는 범부이온대, 어찌 이러한 감응을 얻사오리까? 이것은 반드시 태후와 성상의 지극한 정성과 광대한 덕택으로 이런 상서를 봄이로다. 하물며 지금 태평성대에 3교 9류와 백관(百官) 만민(萬民)들이 흔히 불법을 받들면서 조그만 선근이라도 성상의 덕화라 함은 거룩한 풍속인줄 아옵니다. 그러므로 보살께서 한 등불을 만등으로 변화하시니, 만등이 곧 한 등불로 돌아갈 것이다. 과연 그러하올진대 많은 등불이 한 등불로 이루어지이다."

잠깐 동안에 등불이 점점 모여서 백이 되고 또 열이 되고, 다시 하나가 되다가 변하여 크고 둥근 광명이 되고, 광명 속에는 은연하게 금색 동자가 청사자를 타고 어디론지 가버렸다.

□ 목욕하는 동자들

송나라 지도왕(至道王) 때의 일이다. 오대산 진용원(眞容院)의 도해(道海)스님은 백승회(白僧會)를 베풀고 여름 석달 동안〈화엄경〉을 읽기로 하였다. 사월 초파일에 목욕물을 마련하는데, 여러 가지 물을 끓이고 좋은 향을 사르며, 홑이불과 수건을 정결히 하고 차와 과일을 깨끗하게 준비하고 노덕 스님들을 청하여 먼저 목욕하게 했다. 스님들이 옷을 벗다가 문득 물 끼얹는 소리를 듣고, 수좌 한 사람이 들어가 보니 여러 동자들이 몸을 씻고 있는데, 살결이 옥과 같았다. 수좌는 의심이 나서,
"어디서 왔느냐?"
고 물었으나 동자들은 서로 쳐다보며 웃기만 하였다.
 수좌는 욕두(浴頭)에게 물었다.
"스님들이 목욕하기 전에 어떤 동자들이 목욕하느냐?"
 욕두는 그 말을 듣고 놀라서 목욕탕에 들어가 보았다. 찬란한 빛이 가득하고 아름다운 향기만 풍길뿐 사람이 없었다. 그래서 성현이 나타나신 줄 알고는 옷을 입고 예경한 뒤에 차례차례 목욕을 했다. 목욕한 이는 모두 몸과 마음이 상쾌하여 한 주일이 되도록 즐거웠다.

□ 독경(讀經)시에는 손을 씻어라

송나라 원우때 촉군의 지초(智超)법사는 30년 동안 한결같이 〈화엄경〉을 읽었다.
하루는 얼굴이 청수한 동자가 손을 들어 질문하는 것을 보았다. 지초가 물었다.
"어디서 왔는가?"
동자는 똑똑히 대답했다.
"오대산에서 옵니다."
지초가 물었다.
"무슨 일로 이렇게 멀리 왔는가?"
동자가 말했다.
"한 가지 말할 일이 있어 왔습니다."
지초가 재촉했다.
"어서 말하라."
동자가 말했다.
"스님이 독경하는 것은 좋은 일이지만 한 가지 잘못하는 것은 변을 보고서 병수할 적에 더러운 물이 손등까지 흐르는데 잿물로 씻지 않는 일이오. 율문에는 일곱 번을 씻으라 하였거늘, 스님은 두서너 번 씻고 마니 더러운 기운이 남아 있어서 예불하거나 독경을 해도 죄가 됩니다."
동자는 말을 마치고는 간 데가 없었다.
지초법사는 참회하고 허물을 고쳤다. 어떤 이는,

"이는 문수보살의 화현으로 지초법사를 경찬한 것이오, 또는 수행하는 사람을 경찬하는 것이니, 뒤를 보고는 반드시 법대로 손을 씻어야 할 것이니라."
하고 일깨웠다.

□ 깨침을 전한 손길

후위(後魏)때 영변(靈辨)법사는 현웅산에서 출가하여 희평(熙平) 초년에 〈화엄경〉을 머리에 이고 오대산 봉우리를 밤낮으로 돌아다니면서 발이 부르터서 피가 나는 데도 쉬지 않고 3년 동안을 꾸준히 도를 닦았다.
 어느 날 저녁, 소나무 아래에 앉았노라니까 문득 마음이 환하게 맑아지면서 난데없이 한 비구가 와서 머리를 만져 주며 말하기를,
"그대가 오랫동안 애를 쓰니 마땅히 신심으로 삼매에 들어가리라."
하고는 어디론지 사라졌다. 그 후부터 꿈을 깬 듯이 무슨 글이든지 보기만 하면 이치를 알게 되었다.
 1백 권의 논을 지어 〈화엄경〉을 해석하였고, 효명황제의 존경을 받아 식건전(式乾殿)에서 경의 깊은 뜻을 설법하니 대신들이 북향하고 앉아서 들었으며, 그 후에 오대산에서 입적했다.

□ 분신으로 갚은 빚

　북제(北齊)나라 천보(天保)황제의 셋째 왕자는 지난 두생 동안 중이 되어 계행이 청정하였으므로 나면서부터 지난 세상일을 환히 알았다.
　과거 주나라 때부터 항상 진(晉)나라, 초(楚)나라의 대신 집 아들로 태어나서 사람 1천여 명을 죽였고, 남에게 살해당한 것도 일곱 번이나 되는 것을 기억하고는 세상에 대한 회의를 품어 왕자의 호사도 달갑지 않았다.
　천보 7년에는 고칠 수 없는 병이 나서 백약이 무효하여 오대산에 들어가서 지성으로 예배하면서 수보살을 친견하려고 하였으나 오래 되어도 볼 수가 없어 속으로 의심만 했다.
　한번은 꿈에 어떤 노인이 와서,
"그대는 과거에 부질없이 생사하기를 얼마나 하였는데 지금 성인을 만나려고 원하면서 그만한 수고도 참지 못하고 게으른 생각부터 내느냐? 그대의 몸까지도 그대의 것이 아니니 각별히 힘쓸지어다."
라고 말했다.
　왕자는 생각하기를, '이 몸으로 과거의 빚을 갚아야겠다' 하고 문수보살의 형상 앞에서 몸을 불살라 공양하면서 이렇게 축원했다.
　'제가 지금 이 육신을 불살라 문수보살께 공양하오니 이 인연 공덕으로 지난 세상에서 내 손으로 사람을 죽이고 남을 시켜 사람을 해(害) 하고, 다시 사람으로 태어나 어려서 중이 되고 보리를 이룰 때까지 영원히 살생하지 말지어다.' 불이 꺼진 뒤에 내시 유겸지(劉謙之)가 뼈를 추려서 영추산 서쪽에 담을 쌓아 간직하고, 황제는 몸을 태운 곳에 절을 지었다고 한다.

☐ 수도자의 참회

당나라때 스님 복운(福運)은 대주(大州)의 총인사(總因寺) 스님으로 몸에 고경(苦境)이 들려서 여러 해를 고생하더니 필경에 오대산에 가서 죽기를 기약하고 수도했다.
어느 날 금강굴 앞에서 예참하다가 잠이 들었는데 어떤 사람이 물로 몸을 씻어 주는 꿈을 꾸고 깨어나니 숙명통(宿命通)을 얻게 되었다. 그래서 지난 일을 생각하니 과거에 법사가 되어 신도들의 이양(利養)을 탐내어 부정한 생각으로 소가 되어 버렸고, 그 과보로 죽어서 소가 되고, 개가 되어 그 빚을 갚다가 이생에서 사람이 된 것이다.
그런 줄을 알고 슬프고 또한 놀라움을 이기지 못하여 백일 동안 향을 먹으며 몸으로써 문수보살께 공양하여 지난 세상의 죄를 참회하기로 작정하고, 장작을 쌓아놓고 그 위에 가부좌를 틀고 앉아서 손수 불을 지르고 고요하게 죽으니 이목구비에서 광명이 나와 하늘에 비치고 구경하는 사람이 슬퍼하고 찬탄하는 소리가 천지에 진동했다고 한다.

□ 신기한 박하(薄荷)

　송(宋)나라 건양 땅에 조서방이라고 하는 이가 돼지를 기르고 있었다. 그중 한 마리가 유달라 보였는데 털은 금빛이고 영생이만 먹으므로 동네 아이들이 영생이라고 불렀다.
　사람이 붙들려고 하면 다른 것들은 놀라 달아나는데 영생이는 순순이 붙들려 우리로 들어가곤 했다. 그래서 조서방도 그런 영생이를 남달리 사랑하여 여러 해를 죽이지 않고 길렀다.
　태종의 태평흥국때 변총(辨聰)이란 스님이 오대산 청량사에 가서 여름을 나는데 어떤 늙은 스님이 대중에 들락날락하면서 기이한 행동을 하여 대중이 모두 업신여겼지만 변총스님은 그를 존경했다.
　해제가 되어 변총스님이 그곳을 떠나는데 늙은 스님이 편지 한 통을 주면서 서울에 가거든 영생이를 찾아가 전해 달라고 했다.
　변총은 편지를 받아 가지고 오다가 도중에서 뜯어보니 그 사연은 이러했다.
　'그대가 시간에 간지 오래인데 중생들을 조복하기에 힘이 들지 않는가? 중생이 조복되거든 그대도 스스로 조복하고 중생 제도가 끝나면 빨리 돌아오라. 오래 지연하다가는 나쁜 인연에 끌려 세상일에 빠지기 쉬우니라.'
　변총은 깜짝 놀라 편지를 다시 봉한 후에 소중히 간직한 후 길을 서둘러 광제하(廣齊河)에 이르렀을 때였다. 아이들이 '영생이! 영생이!' 하고 부르는 소리를 듣고는 그 쪽으로 달려가,

"영생이가 어디에 있느냐?"
하고 물었더니 아이들은 바로 조서방네 돼지우리를 가리키며 목에 방울을 단 큰 돼지라고 했다.

변총이 우리로 다가가서 '영생이!' 하고 불렀더니 돼지가 벌떡 일어서는 것이 아닌가! 편지를 던져 주니 돼지는 받아먹고 사람처럼 서서 죽었다.

☐ 착한 아내의 이야기

이 이야기는 중국 명(明)나라 말기 때 유기에 전해지는 이야기이다. 마음이 착하기로 동네에 소문이 난 명원(明元)이라는 여인이 있었다.

그의 남편 역시 마음씨 곱고 일을 열심히 하여 마을 모든 사람들이 부러워할 지경이었다. 그러던 어느 날 남편 감씨는 어떤 기생에게 반해 나날을 술로 보냈다. 본디 착하고 부지런하기로 이름난 감씨는 갑자기 돌변하여 나날을 술로 보내자 동네에서는 소문이 이상하게 돌았다.

어떤 여인을 꾀어 살림을 차렸느니, 아니면 아내의 행실이 부정하여 실망한 나머지 술로 나날을 보낸다느니 하며 헛소문이 대단했다. 사실은 감씨가 우연한 기회에 술집에 갔다가 천하일색의 미인을 발견하고 반하여 매일 술 마시러 간 것이었다.

감씨는 매일같이 그 미인과 술을 마시며 놀다가 같이 살림을 차리기로 하고 고개 너머에 오막살이집을 짓고 살림을 시작했다.
 일을 하러 간다고 집을 나선 그는 그 오막살이에 가서 기생과 함께 술을 마시며 놀다가 저녁 늦게야 돌아오곤 했다. 그러나 부인은 남편을 의심치 않고 도리어 더욱 정성껏 받드는 한편 밤에는 항상 칠성각에 냉수를 떠올려 놓고 남편의 마음이 옛날처럼 맑게 되도록 진심으로 빌었다.
 어느 날 감씨가 여느 때와 마찬가지로 저녁때 고개 너머로 술 마시러 가는데 어떤 여자가 뒤를 따르는 것이 아닌가? 숨어서 자세히 보니 자기의 아내였다. 감씨는 자기의 비밀이 아내에게 탄로날 것에 은근히 걱정이 되었으나 아내는 더는 따라오지 않고 중간에서 어디론가로 사라지곤 했다. 이러기를 며칠, 감씨는 이상하여 아내의 뒤를 따라가 보기로 하고 어느 날 밤 뒤를 쫓았다.
 감씨는 아내를 쫓아가 보았으나 아내는 칠성각에 냉수를 올려 놓고 남편의 마음이 바르게 되기를 진심으로 비는 것을 보니 한갓 기생에 빠져 있는 자신이 여간 창피하지 않을 수 없었다.
 그 후로 감씨는 자신의 부끄러운 행동을 깊이 깨우치고 다시 착한 아내를 위하여 열심히 일을 했다고 한다.

□ **어머니의 은혜**

 부모가 자식을 사랑하는 마음은 옛날이나 지금이나 지극하다. 그러나 친 핏줄이 아닌 계모라든가, 양자의 경우에는 서로 미워하고 서로 원망하는 결과를 갖게 된다. 그러나 당나라 말기의 고서를 살펴보면 계모가 자식을 친자식처럼 사랑해서 후세의 모든 사람들을 흐뭇하게 해주는 얘기가 하나 적혀 있다.

 옛날 당나라 말기에 맹무석이라는 사람이 살고 있었다. 무석은 아주 어려서 어머니를 사별했다. 무석의 아버지는 어린애가 너무 고생스럽고 장차의 일이 걱정되어 계모를 맞아들였는데 그가 바로 이 고서에 적혀 있는 주인공인 것이다.

 이 계모는 천성이 인자하고 마음이 고와 동네 어른들로부터 칭찬이 자자했으며 무석을 정성을 다해 길렀다. 만일 행실이 바르지 못하면 계모 밑에서 자랐기 때문에 버릇없는 자식이라는 소리를 들을까봐 어려서부터 철저하게 교육을 시켰다. 그러나 그의 아버지는 나날이 흥청거리며 가사를 돌보지 않고 술이나 마시러 다녔으며 무석이 친엄마가 죽은 후부터 그는 일과에 소홀했다.

 어느덧 두석은 스무 살을 넘게 되어 어엿한 젊은이로 성장했다. 귀골이 장대하고 머리가 명석하여 글방에서도 읽거나 쓰기를 가장 잘했다. 계모는 무석을 친자식처럼 키웠으나 자신이 친어머니가 아님을 무석이에게 숨겨 왔다.

 그러던 어느 날 무석은 어머니가 계모임을 아버지로부터 듣고 몹시 슬퍼했다. 그는 믿지 않으려 했으나 사실임을 알고, 나날이 성격이 비뚤어져 갔다. 두석은 술로 나날을 보냈으며, 계모의 조언이나 위로의 말도 무시한 채 방탕한 생활을 했다. 항상 밤이 깊어서야 집에 들어오고 술이나 마시는 등 생활이 무질서했다.

　이때에 계모는 계속 무석을 타일러도 듣지 않아 눈물로 나날을 보냈다. 계모는 칠성각에다 정한수를 떠놓고 자식을 위해서 기도하였으며, 어려서 어머니를 생이별한 무석의 아픔을 생각하며 더욱 더 무석을 보살펴야겠다고 다짐했다.

　음주·도박·싸움질로 소문이 나빠질 대로 나빠지더니 드디어 술을 먹고 패싸움을 하다가 사람을 죽여 살인범이 되었다. 이 소식을 듣지 못한 계모는 밤새워 기다리며 가슴을 죄고 있었다. 그러다 잠시 벽에 기대어 깜박 잠이 들었는데 꿈속에서 무석이 살인죄로 오랏줄에 묶인 채 매달려 죽임을 당하는 꿈을 꾸고 놀라서 깼다. 계모는 꿈이었지만 하도 기이하여 관가로 달려갔다.

　아니나 다를까 무석은 살인범이 되어 오랏줄에 묶여 있고, 엄한 벌을 기다리고 있었다. 계모는 놀라서 달려가 무석을 부둥켜 안고 울며, 무석은 본디 착하고 선량하나 계모 밑에서 자라 이렇게 되었으니 차라리 저에게 벌을 주십시오, 하고 머리를 조아리며 애원했다. 이에 원님은 깊이 감명을 받고 말하기를 무석의 죄는 죽어 마땅하나 너의 천성이 착한 것은 이미 들어 알고 있으며, 비록 계모의 몸으로써 자식을 사랑하는 마음이 하해와 같은바 정상을 참작하여 용서받았다.

　이때 계모는 눈에서 흐르는 눈물은 진정어린 모든 사람들의 마음을 흐뭇하게 했다. 이에 무석은 자식의 도리를 깊이 깨우치고 어머니에게 용서를 빌고 친어머니보다 더욱 공경하며 잘 모셨다고 한다.

□ 효자모자(孝子母子)

옛날 충청북도 갈산에 있는 조그마한 두메산골에 세 식구가 단란하게 행복을 누리며 살아가고 있었다. 그러던 어느 날 남편이 불치의 병에 걸려 고생하다가 끝내는 세상을 등지고 말았다. 아내는 갓난아이를 안고 통곡을 했으나 죽은 사람이 다시 살아올 수는 없는 일이었다. 그러나 계속 이렇게 낙심만 할 수는 없는 일이었다. 어린 것을 길러야만 했기 때문이었다.

밭에 나가 땅을 일구고 감자를 캐고, 힘에 겨운 일을 해 나가야만 했다. 어느 날, 그날도 마찬가지로 아이를 재워 놓고 밭에 나가 일을 하다가 집 쪽을 보니 연기가 나지 않겠는가? 놀란 마음으로 달려가 보니 벌써 집은 불길에 싸여 있었다. 그러나 방에 누워 있는 아기를 구해야겠다는 마음으로 필사적으로 아이를 구출해 냈다. 그러나 자신의 몸에는 불이 붙어 머리는 다 빠지고 다시는 돋아날 수 없는 머리가 되었다. 그래서 긴 세월을 머리를 수건으로 감춘 채 세월은 흘러 아이가 글방에 다니게 되었다.

그러던 어느 날 어머니가 몸져 눕게 되었다. 누워 계시면서 한 겨울에 풋대추가 먹고 싶다고 하였다. 그러나 한겨울에 어떻게 풋대추를 구할 수가 있단 말인가?

그러나 아들은 겨울밤에 어머니를 위해 대추나무 밑에서 천지신명께 밤새도록 기원을 드렸다. 그랬더니, 아침에 주렁주렁 대추가 열려 있었다. 이것이 정말 대추가 열렸는지, 지극한 효성에 탄복하여 영적으로 나타난 것인지는 알 수 없으나 여하튼

어머니는 배추를 잡숫고 자리에서 일어나게 되었다.
 어느 날은 글방에 갔는데 글방 아이들이,
"얘, 정식아. 너의 어머니는 머리가 꼭 바가지 덮어 쓴 것처럼 민들민들하게 생겨 머리털이라고는 하나도 없더라."
며 놀리는 것이었다. 시무룩해져 집으로 돌아온 정식이는,
"왜 어머니는 머리털이 하나도 없습니까? 왜 수건으로 항상 가리고 계세요?"
하고 물었다. 그랬더니 어머니는,
"그걸 왜 묻니?"
하며 되물었다.
"글방 아이들이 자꾸만 놀려대서 듣기가 싫어요."
라는 말에 어머니는 옛일을 생각하기 싫다는 듯 상을 찌푸리며 한숨을 내쉬고는 정식이가 어렸을 때 일어난 불에 대하여 자세히 이야기를 들려주었다. 그 이야기를 듣고 두 모자는 얼싸안고 눈물을 흘렸다.
 이때부터 자신을 살리려고 불속에 뛰어든 어머니의 마음을 알게 된 후 더욱 지극한 효성으로 어머니를 모셨다는 이야기이다.

□ 한(恨)이 되어 살아난 영혼

 한 사람의 집념이 강하여 이루고자 하는 뜻을 이루고 죽으면 그 한이 다하여 영혼의 안식처가 안위함을 볼 수 있다. 그러나

그 뜻을 이루지 못하고 억울하게 죽은 영혼은 그 뜻이 한으로 전환되어 저주하고 또 모든 사람을 괴롭히는 결과를 초래한다.

옛날 중국 산동지방에서 있었던 일이다. 장인근이라는 사람 집에 마음이 곧고 순박하여 글 읽기를 좋아하는 동민이라는 청년이 살고 있었다. 그러던 어느 날 사냥을 갔다가 맹수에게 물려 죽고 말았다. 부모들은 너무 슬퍼 말도 잇지 못하고 눈물만 흘렸다. 그럭저럭 장사를 지냈는데 이웃 마을의 장원이란 사람이 병상에 있다가 드디어 깨어나 살게 되었다.

몇번씩 죽었다 깨어난지라 집안사람들은 기뻐했다. 그러나 장원은 말하기를 자신은 장원이 아니라 동민이며, 당신들은 처음보는 이라고 했다.

절세미인과 결혼하여 있고 어머니, 아버지 역시 처음 보는 분이었다. 장원은 자신의 집 주소를 일러 주며 가보라고 했다. 집에 가보니 정말 장인근이란 사람이 살고 있으며 한 사흘 전에 아들의 장사를 지냈다고 했다. 다시 장원을 데리고 가보니 장원은 어머니를 붙들고 울며 가히 가식이 없었다.

어머니 역시 얼굴은 다르나 목소리가 선명하고 우리 집 모든 사람을 알기에 믿고 재생했으리라 생각했다. 그러나 장원이 자신들의 자식이라고 생각한 친부모들은 장원을 내놓지 않으려 하자, 장원은 이르기를 제가 일찍 죽은 것이 한이 되어 저의 어머님이나 아버님이 슬퍼하시매, 하늘의 은총이 있어 장원을 몸을 빌려 주신 부모님도 섬겨야 하는지라 양가가 합일하여 사는 것이 어떠하느냐고 했다. 부모는 좋다 하고 오래오래 행복하게 살았다고 한다.

□ 정절을 지킨 보람

당나라 고종 때 어려서부터 용기가 있고 학문과 무예가 뛰어난 한 젊은이가 전쟁이 일어나 싸움터에 나갔다. 그러나 워낙 나라의 기강이 문란한 때여서 어쩔 수 없이 패하고 말았다. 끝내는 포로가 되어 다시는 자기의 고향으로 돌아오지 못하는 몸이 되고 말았다. 그래서 하루하루 산중에서 끼니를 이어가는 세월이 어언 3년이 되었다.

고향에 두고 온 부모형제, 처자 생각으로 눈물을 흘리며 그리워했다. 그러던 어느 날 가족 생각이 너무도 간절하여 고향을 향해 걸어가기로 마음먹었다. 며칠을 그렇게 걸어가다가 갈증이 심해 깨끗이 흘러내리는 냇가에 앉아 목을 축이고 한시바삐 가야겠다는 생각에 일어서려는데, 저쪽 건너편 산기슭에 웬 여자가 머리에 무엇을 이고 고개를 넘어오는 것이 보였다. 자세히 보니 그 여자는 그렇게 그리고 그리던 자기의 아내였다. 너무도 놀랍고 반가워 뛰어가 얼싸안고 감격의 눈물을 흘렸다. 이 부부는 주막에 자리를 잡고 지금까지 쌓인 회포를 풀며 사흘을 하루같이 보냈다. 사흘만에 아내가 남편에게 이렇게 말했다.

"저는 이미 이 세상 사람이 아닙니다. 나라의 기강이 문란해지며 적의 손에 넘어가고 집안마저 풍지박산으로 산산이 흩어져 이 몸 역시 적군들에게 잡혀가다가 차라리 이 몸 던져 죽은 혼이라도 남아 당신을 지켜보자는 생각에 마침 지나가는데 강물이 있어 뛰어들었습니다. 그러나 별로 선한 일을 행한 것은 없으나 정결을 지킨 과보인지 다시 인간 세상에 태어나게 되었습니다. 내일 중음(中陰) 3년을 마치고 부중 안에 있는 김학봉 댁에 여식으로 태어나게 되었습니다. 당신도 저를 끝까지 버리시지 않으신다면 내일 정오 때쯤 오시면 그 때까지 울고만 있다가 울음을 그치고 웃을 것입니다."
하고는 연기처럼 사라져 버렸다.

선비는 반신반의하고 모든 것이 물거품같다는 생각을 하면서도 그 이튿날 정오에 부중의 김학봉의 집을 찾아갔더니 과연 울고만 있던 갓난아이가 울음을 그치고 웃는 것이었다. 그래서 선비는 모든 사실을 김학봉에게 이야기하고 양자가 되어 다시 만혼으로 부부의 인연을 맺고 행복한 나날을 지냈다고 한다.

□ 자식에게 받은 죄업(罪業)

부처님이 가르치신 인과응보의 수레바퀴는 끝이 없는 것인가? 자식이 저지른 죄업이 아버지에게 끼쳐 그 벌을 받게 되고, 또 자신이 쌓은 선업때문에 부모나 형제들이 지은 죄업이 사해지는 경우도 있다.

옛날 중국 명나라 때 고씨 성을 가진 성격이 포악한 젊은이가 살고 있었다. 그는 집안이 부유하고 재산이 많아 일을 하지 않고도 먹고 살 형편이었다. 그래서 고씨는 조금씩 조금씩 재산을 축내더니 끝내는 노름을 할 수 없을 만큼 집안이 빈곤해지고 말았다. 그러나 고씨는 노름을 그치지 않았다.

　어느 날 고씨는 읍내 시장에서 실을 파는 이가 건너 시장에 가서 실을 많이 팔아 많은 돈을 벌었다는 소식을 들었다.

　고씨는 실을 파는 이가 고갯길을 넘어 장을 보고 올 때 기다리고 있다가 칼로 등줄기를 찔러서 죽이고 그 돈을 강탈하여 다시 노름판에 끼어들게 되었다.

　그 후 그럭저럭 3년이란 세월이 지났고, 아내에게 태기가 있었다. 집안의 모든 사람들은 경사스러운 날이라고 경축했다. 아기를 낳고 보니 이상하게도 등줄기에 기다란 흉터가 있었다. 고씨는 등줄기의 상처를 보고 필경 실장수의 원한이 내려 나에게 원한을 품고 나타났다고 생각했다. 그래서 고씨는 아내가 나갔을 때 아기의 코를 막아 숨지게 했다.

　3년 뒤에 또 자식이 있어 낳고 보니 이번에는 코가 찌그러져 있고, 등줄기에는 퍼런 줄이 그어져 있었다. 고씨는 놀라 이제는 자식을 죽이지 못하고 도리어 정신이 돌고 말았다. 그래서 고씨는 우물에 빠져 죽고 말았다. 이 이야기 중에서 자신이 지은 죄는 언젠가는 어김없이 받는다는 이치를 알 수 있다.

□ **착한 며느리와 원귀(怨鬼)**

　이 이야기는 8. 15 해방 직후에 있었던 실화다. 경상남도 남해변에 김익경이라는 처녀가 살고 있었다. 이 처녀는 나이가 19

세로 얼굴이 절색의 미인이고, 피부가 고와 해맑은 모습을 하고 있었다. 김익경 또한 마음씨가 고와서 온 마을 사람들은 서로들 칭찬하기를 마지않았다.

 그녀의 양친은 딸 나이가 이제 19세가 되었으니 시집을 보내기로 하고 좋은 청년을 찾아 수소문했다. 이 소식을 들은 고을의 모든 청년들은 너나 할 것 없이 청혼을 했으며, 마을의 어른들도 모두 자기 며느리로 맞을 것을 원했다. 이렇게 해서 처녀는 고을의 내노라 하는 청년들과 모두 선을 보고 그 중에서 백남석이라는 낭군과 결혼하게 되었다.

 하루는 그녀가 저녁상을 차려서 방에 들어오니 금방 상 위에 있었던 밥이 온데간데 없었다. 처음에는 대수롭지 않게 생각했지만 매일매일 그러한 일이 되풀이 되니 너무도 이상하여 하루는 시어머니에게 말씀드렸다. 시어머니 역시 부엌에 가보니 밥과 떡이 없어지고 맛있는 반찬을 만들자마자 곧 없어지는 것이었다.

 익경은 고심했으나 누가 그러는지 도대체 알 수가 없었다. 시어머니는 익경이 며느리로 들어오고 난 후부터 있는 일이라 이상히 여겨 하루는 며느리를 불러서 며칠 동안 친정에 가 있으라고 했다. 내일 아침 일찍이 친정으로 떠나기 위해 간단한 짐을 꾸린 익경은 너무도 이상한 일에 잠을 이루지 못하다가 깜박 잠이 들고 말았다.

 그날 밤 꿈에 한 젊은이가 나타나 말하기를,
 "나는 당신을 사모하여 결혼하고 싶었으나 뜻을 이루지 못해 자살하였소. 그러나 죽어서도 내 혼은 편히 쉴 곳이 없어서 이렇게 당신 주위에서 맴돌고 있습니다. 제발 내 혼을 위해서 제사를 지내 주시고 개울 건너 폭포 밑에서 나의 시신을 건져 화장을 해주시오."
라고 했다. 익경은 다음 날 아침 일찍 일어나 냉수를 떠 놓고 그 혼령에게 진심으로 편히 쉴 것을 바라고 기도를 했다. 그리고 냇가 건너 폭포에 가보니 그의 시신이 둥둥 떠 있는 것이었다. 그리하여 익경은 정성껏 화장하고 친정으로 가서 어머님께 이러한 사연을 말씀드렸다.
 친정 어머니는 그 얘기를 듣고 익경에게 이르기를,
 "너는 항상 마음을 곱고 착하게 먹으면 앞으로는 그러한 일이 없을 것이다."
라고 했다. 익경이 한동안 있다 친정에 가보니 시어머니가 반겨 맞으며 이미 소식을 들어 알고 있었다고 하며 기뻐했다.
 그 뒤로 익경은 더욱 더 곱고 착한 마음으로 어머니와 남편을 정성껏 모시며 행복하게 살았다고 한다.

□ **죽음을 면할 자는 없다**

 '인간칠십고래희'란, 사람은 장생불사할 수가 없고, 또한 아무리 오래 살아도 필경은 죽고 만다는 말이다.
 옛날 선경이라는 선인 한 분이 길을 가다가 날이 어두워져 산을 넘을 수가 없어서 어느 집에 서서 문을 두드리려는데 20세쯤 되어 보이는 젊은 여자가 80이 훨씬 넘어 보이는 늙은이를 꾸짖고 있었다. 하도 이상하여 젊은 사람이 어찌 늙은이를 꾸짖느냐고 물었더니, 그 여자가 하는 말이,
"이 늙은이는 내 아들인데, 영봉에 가서 장명한다는 국수(菊水)를 마시면 지금 나같이 3백세가 넘었어도 젊어지니 너도 가서 마시고 오라 해도 내 아들은 그 국수를 마시지 않더니, 마침내 이렇게 늙었기에 꾸짖는 중입니다."
라고 했다. 그러나 이 여자도 필경 삼계윤회를 벗어나지 못하고 죽고 말 것이다. 선경 역시 8만세를 장수하고 죽고야 말았다.

□ 선자(善者)와 맹수

〈삼국사기〉에 기록되어 있는 이 이야기는 흔히 전해지는 호랑이와 인간과의 관계를 넘어선 상상하기 힘든 일이다.
신라 말기에 강원도 두메산골에 강첨지라는 사람이 살고 있었는데, 밤이 되면 큰 범이 곁에 와서 놀고 낮이 되면 범하고 함께 농사를 짓는 별난 효자로 이름난 사람이었다. 강첨지는 호랑이와 매우 친하게 지내고 있었다.
그러던 어느 날 여느 때와 마찬가지로 호랑이가 올 때가 되었는데 오지 않아 몹시 궁금하여 기다리던 중 홀연히 잠이 들어 꿈을 꾸었는데 호랑이가 눈물을 흘리며 하는 말이 지금 영변 함정에 빠졌는데, 아무리 나오려고 해도 나올 도리가 없고 날

만 세면 영낙없이 사람들이 화서 나를 잡아 죽일 터인데 마지막으로 당신에게 인사나 드리려고 왔다는 것이었다.

　꿈에서 벌떡 깨어나 급히 그곳에 달려가 보니 과연 호랑이는 웅덩이에 빠져 꼼짝 못하고 있었다. 사람들은 창과 활을 가지고 막 범을 죽이려는 판이었다. 강첨지는 급히 사정 이야기를 하고 놓아 주기를 원했다. 그리하여 다행히 범을 구할 수가 있었다.

　범은 기쁜 표정을 지으며, 꼬리를 치고 몸을 비비대며 고마움을 표했다. 이 말이 방방곡곡에 전하여져 나라에서 알고 효자상을 주었다고 한다. 신앙심이나 효성심이 지극하며 천지신명과 맹수까지도 영이 통하는 것이다.

　조선 초기에 충북 괴산의 이름난 효자 조춘식이라는 사람도 아버지의 병세가 위급하여 약을 지어 가지고 오는 도중에 폭우가 쏟아지고 날이 어두워져 더 이상 올 수가 없었는데 이에 조춘식은 어머님을 부르며 눈물을 흘리자, 어데선지 호랑이 한 마리가 나타나더니 길을 훤하게 밝혀주어 집으로 돌아오게 되었고, 요행히 아버님 병을 고쳤다는 이야기도 전해지고 있다.

　이런 종류의 전설이 수없이 전해지고 있는데 기적이라는 것이 허무맹랑한 것만은 아닐까 보다. 지성이면 감천이라는 말도 있지 않은가?

□ 사공과 맹수

 한강 상류지방에 여름 우기 때면 으례 장마가 져서 농민들이나 그 주위에 사는 주민들은 곤경에 빠지곤 했다. 우기 때는 비가 보름씩 계속 내려 가옥이나 심지어는 가축까지도 물살에 쓸리어 떠내려가곤 했다.
 주민들은 떠내려 가는 가옥이나 가축들을 보고 몹시 안타까워 하면서도 어떻게 손을 써야 할지 몰랐다. 다만 몹시 안타까워 하며 남은 물건이나 잘 챙겨서 간수하는 수밖에 없었다.
 그런데 마을에서 착하기로 이름난 권씨라는 뱃사공이 있었다. 젊어서는 한강을 가로지르는 나루터에서 뱃사공을 했는데 나이가 들면서 그 일을 그만두고 집에서 쉬고 있었다.
 권씨는 마을 사람들이 곤경에 빠지고 앞으로도 우기 동안에 또 불상사가 있을 것이라 생각하고 늙은 몸을 이끌고 나와 마을 사람들을 돕기로 했다.
 그는 옛날에 쓰던 나룻배를 대고 떠내려 오는 사람이나 가축 등을 건져서 물가에 안전하게 안착시켰다. 수일동안 계속 권씨는 이 일을 했으며, 물건이나 가축 등을 안전하게 안주시킨 다음 그 주인을 찾아 주었다.
 우기가 끝나고 건져 놓은 물건들을 살펴보다가 산토끼 한 마리와 뱃전에 붙은 뱀을 발견하고는,
 "쯧, 쯧, 얼마나 고생했겠느냐? 다행히 내 손에 생명을 건지니 다행스러운 일이구나."

하고 여기에 있으면 인간들에게 잡혀 먹힐 터이니 산속으로 도망가라고 했다.

산토끼는 발걸음을 산 속으로 향하면서도 시종 뒤를 보며 고맙다는 인사를 했다. 뱀 역시도 쉬쉬 소리를 내며 산 속으로 가면서 시종 권씨에게 고맙다는 표시를 했다. 권씨는 마음이 착하고 재산에 욕심이 없었기 때문에 우기가 끝난 뒤에 집에서 가난한 살림살이를 해야 했다.

어느 날 권씨가 마루에 걸터앉아 저녁끼니를 걱정하던 중 옛날에 구해 준 산토끼가 달려와 권씨를 붙들며 자기랑 어딘가에 같이 가자고 했다.

권씨는 토끼가 가자는 곳에 가보니 조그마한 궤짝이 하나 있었다. 궤짝을 열어 보니 금과 은이 가득했다. 그래서 권씨는 부자가 되어 넉넉한 생활을 하게 되었다. 그러나 동네에서 권씨를 미워하던 장씨라는 사람이 분명히 뱃사공이 하루 아침에 부자가 된 것은 남의 것을 훔친 것이라 생각하고 관가에 고발을 했다.

그 고을 원님은 몹시 화가 나서 엄한 벌을 내렸다. 권씨는 변명할 여유도 없이 옥살이를 하게 되었는데 그날 밤 옛날에 살려 준 뱀이 찾아왔다. 그리고는 그의 다리를 물고 사라졌다. 억울하게 옥살이를 하는데 이번에는 자기가 살려 준 뱀에게 다리를 물려 퉁퉁 붓게 되었다.

또 그 다음 날 아침에 그 뱀은 이상한 약초를 가져 왔다. 그리고는 다리에 바르라는 시늉을 하고 어디론가 사라졌다. 권씨는 물린 다리에 약초를 바르니 진물이 슬슬 나오더니 다음 날 아침에는 깨끗이 나았다.

 이런 일이 있은 후에 원님이 뱀에 물려 온갖 약을 써도 낫지 않는다는 소문이 나돌았다. 권씨는 요전에 뱀이 갖다 준 약초를 생각하고 간수에게 부탁하여 약초를 갖다 주었다.

 원님이 그 약초를 바르자 씻은 듯이 나았다. 원님은 크게 기뻐하며 권씨를 불러 자초지종을 물으니 모두 얘기하고 원님은 권씨에게 후한 상을 내리는 한편 고발을 했던 장씨를 옥에 가두어 혼내 주었다고 한다.

 이처럼 산토끼나 뱀과 같은 축생들도 은혜를 갚을줄 안다는 따뜻한 이야기다.

□ 걸인과 잿밥

 후위(後魏) 때 오대산 대부영추사(大孚靈鷲寺)에서 춘삼월마다 무차(無遮)대회를 열곤 하였는데 승속과 남녀, 귀천을 막론하고 달라는 대로 음식을 주어 배부르게 먹였다. 먹는 데 평등해야 법에도 평등하다는 뜻이다.

 하루는 어떤 거지 여인이 두 아들과 개 한 마리를 데리고 왔는데 몸에는 아무것도 가진 것이 없어 머리칼을 깎아서 시주하였다.

 아직 밥을 짓지 않았는데 그 여인은 회주스님께 말하기를 "나는 급히 볼 일이 있어 곧 가야겠으니 먼저 밥을 주면 좋겠소"

라고 했다. 그래서 스님은 서둘러 밥을 세 상 차려 주면서 먹으라고 하였다. 여자는 개도 먹여야 하니 한 몫을 더 달라고 하여 할수없이 한 몫을 더 내주었다.
 여인은 다시 말하기를,
"내게는 태아가 있으니 한 몫을 더 주어야겠소."
고 말했다. 이에 스님은 벌컥 화를 내면서,
"그대는 스님네의 잿밥에 욕심이 너무 많도다. 배안에 있는 것은 아직 낳지도 않았는데 밥을 먹는다는 말인가! 저렇게 탐욕이 많아서 무엇하느냐!"
고 하였다. 그 여인은 핀잔을 듣고 이렇게 게송하였다.

 쓴 박은 뿌리까지 쓰고 단 참외는 꼭지까지 달다.
 3계에 몸둘 곳 없어 스님의 꾸중을 받노라.

 말을 마치고 공중으로 몸을 솟구쳐 보살이 되고, 개는 사자가 되고, 두 아이는 하늘동자가 되어 구름 끝에 서서 또 게송을 하는 것이었다.
 중생이 평등을 배운다지만 경계를 따라 마음이 물결치고
 온몸을 다 버린다 해도 미워하고 사랑하니 어찌하리오.

 그때 천여 명 대중은 궁중을 행해 눈물을 흘리며, '보살이시여, 저희들에게 평등한 법문을 일러 주소서. 이 몸 다하도록 받들어 행하리이다. 그때 공중에서 또 게송으로 말하였다.

마음을 땅처럼 가지고 수대·화대·풍대와도 같이 하라.
둘이 없고 분별이 없으면 끝까지 허공같으리.

 회주(會主) 스님은 참 선인을 몰라 뵈었다고 칼로 자신의 눈을 도려내려 하는 것을 대중이 말렸고, 여인이 몸을 솟던 곳에 탑을 쌓고 보시한 머리카락을 모셔 공양하였다.
 명나라 만력(萬曆) 때 주지 원광(圓廣)이 탑을 중수하면서 머리카락을 내어보니 금빛처럼 찬란하였는데 보는 이에 따라 여러 가지로 변했다.

□ 검정 소를 탄 촌노인

 선조(宣祖) 임진왜란 때 있었던 일이다. 명나라 제독 이여송(李如松)이 신종(神宗)의 명을 받고 임진왜란을 구원코자 군사를 이끌고 우리나라에 건너 왔다.
 이여송은 구원군으로 와서 상당한 전공을 세운바 있는데, 그는 어느 날 평양을 수복한 뒤로 성중에 들어가 군사를 주둔시키고 있었다.
 이여송은 평양성에 머물러 있은 지 여러 날에 걸쳐 곰곰이 생각하며 우리나라 지형을 살펴본 결과 산천은 아름답고 기후는 온화하며 게다가 땅이 기름진 것을 보고 마음속으로 딴 욕심이 생겼다. 그리하여 장차 선조를 협박하고 땅의 절반을 나누어

가지리라 계획하고 있었다.
 하루는 여러 장수들을 거느리고 연광정(練光亭)에 올라 잔치를 베풀고 술을 마시며 질탕하게 놀고 있는데 마침 촌로 하나가 연광정으로부터 불과 10여 보 되는 거리에서 무례하게도 검정소를 타고 지나가고 있었다.
 이를 본 장수들이 소리를 높여 꾸짖기를,
 "무례하다. 속히 소에서 내려 다른 곳으로 가지 못할까. 저 늙은이가 죽으려고 환장을 했군."
하고 노발대발하였으나 그 노인은 들은 체도 아니 하고 비스듬히 앉아서 느릿느릿 걸어가고 있었다.
 이여송이 이를 보고 대노하여 군교(軍校)에게 일렀다.
 "여봐라, 저 늙은이를 냉큼 끌고 오너라. 요절을 내리라."
 군교는 명령이 떨어지기가 무섭게 말을 달려 그 노인을 쫓았다. 그런데 이게 웬일인가? 소의 걸음은 빠르지 않은데도 잽싼 군졸들도 그 노인을 추격하지 못하는 게 아닌가.
 이를 바라보고 있던 이여송이 화가 머리끝까지 솟구쳐 몸소 천리준마(千里駿馬)를 타고 칼을 빼들며 질풍과 같이 추격하였다. 그러나 소의 걸음은 여전히 속도를 가하지 않고 백여 보 앞에서 완만히 걸어가는 데도 나는 듯 치닫는 천리준마는 한 걸음도 더 가까이 접근치 못했다. 이리하여 산을 넘고 물을 건너 수십 리를 가다가 노인은 문득 소에서 내려 검정소를 냇가 버드나무에 매어 두고 두어 간 되는 초옥(草屋)으로 들어갔다.
 이여송도 또한 말에서 내려 칼을 빼어 들고 그 노인의 뒤를 따라 초옥으로 들어가니, 그 노인은 방안에 앉았다가 일어나

이여송을 맞이하는 것이었다.

"장군께서는 이 늙은이를 쫓아오시느라 수고가 많으십니다."

이여송이 꾸짖기를,

"너는 대체 어떠한 촌 늙은이이기에 하늘이 높은 줄도 모르고 당돌히 군위(軍威)를 범하는가? 내 천자의 명을 받들어 백만대군을 거느리고 와서 네 나라를 구원했거늘 네 비록 무지한 촌 늙은이기로 모를 리가 없을 터인데, 감히 검정소를 타고 내 군사들이 진을 치고 있는 앞길을 통과하다니 그 죄가 죽어 마땅하다. 내 너를 참하러 왔노라."

하고 호령하였다. 그러나 노인은 두려운 빛이 없이 태연하게 웃으면서 천천히 대답하는 것이었다.

"내 비록 산골늙은이일망정 어찌 대국의 장군께서 존귀하심을 모르오리까. 오늘 감히 그러한 무례를 범한 까닭은 오직 장군을 격동시켜 이곳까지 왕림하시도록 하자는 계책이었습니다. 이 몸이 한 가지 청탁할 일이 있으나 감히 그 뜻을 직접 전달하기 어려우므로 부득이 이런 계책을 쓰게 되었습니다."

이여송은 어처구니 없는 일이었으나 그 노인이 하는 말을 들어볼 양으로 말소리를 부드럽게 고치며 짐짓 물어 보았다.

"네가 부탁할 일이란 무엇인가 말해 보아라."

노인이 대답하기를,

"이 늙은이가 불초한 자식놈 형제를 두었습니다. 그놈들은 어려서부터 글 읽고 농사짓는 일에 종사하지 않고 강도질만 하여 제 부모의 명을 따르지 않으니 큰 화근이라 아니할 수 없습니다. 이 늙은이의 힘으로는 그놈들을 도저히 제어할 수 없어 곰곰이 생각해 본즉 장군께서는 신장(神將)이시라 그 용력이 세상에 으뜸이라 듣자옵고, 감히 장군님의 손을 빌려 불초한 강도 자식을 없애고자 그러하였습니다."
라고 하니, 이여송이 말했다.
"그 패륜아들이 지금 어디 있는가?"
"예, 방금 후원 초당에 있는데 아직 장군께서 오신 줄을 모르고 있사오니 이 기회를 타서 그놈들을 제거하면 다행이겠습니다."
 이여송은 곧 칼을 빼어들고 초당으로 향했다. 이때 두 소년은 글을 읽고 있었는데 이여송이 다짜고짜 달려들며,
"네 이놈들! 너희들이 이 집의 못된 자식들이냐? 네 아비가 나더러 네놈들을 베라 하였으니 나의 한 칼을 받아랏!"
하고 호통을 친 뒤에 칼을 휘둘러 소년들의 머리 위에서 내리쳤다.
 웬만한 용력을 가진 사람이면 천하장군 이여송의 산악이 무너지는 듯한 호통소리만 듣고도 기절초풍할 노릇인데 그 소년들은 눈 하나 깜짝하지 않고 태연한 자세로써 서서히 서간죽(書簡竹 : 글자를 짚으며 읽기 위한 대나무 토막)을 들어 번개같이 내려치는 칼을 막으니 이여송의 일검(一劒)은 여지없이 실패로 돌아가고 말았다.
 이여송이 크게 노하여 다시 내려쳤으나 소년들은 또한 대나무로 칼날을 맞받아쳤다. 그러나 '쨍그렁'하고 이여송의 보검만 두 토막이 되어 땅에 떨어지고 말았다.
 이여송은 대경실색하여 갑자기 기운이 빠지고 혼백이 달아나는 듯하매 온 몸에 땀을 비오듯 흘리면서 어쩔 줄을 몰라 하고

있었다. 이때 그 노인이 들어오며 꾸짖기를,
"어린 것들이 어찌 이같이 장군께 무례한고."
하면서 두 소년을 물러가 있도록 하였다.
 이여송이 정신을 수습한 뒤에 노인에게,
"저 패륜아들의 용력이 비범하여 당하기가 어려우니 노인의 부탁을 들어주지 못하노라."
하고 말했다. 노인은 웃으며 이여송에게 일장 훈계하였다.
 "아까의 내 말은 모두 희롱의 말이었소. 저놈들이 비록 약간의 용력이 있을망정 저놈들 열 명이 덤벼도 능히 이 늙은이 하나를 당하지 못할 것입니다. 장군께서는 천자의 명을 받들고 이 나라에 오셔서 위지(爲地)를 구원해 주셨으니, 우리나라는 대대로 귀국의 은혜를 잊지 않을 것이오. 또 장군의 명성도 역사에 길이 빛나리니 이 어찌 대장부의 쾌사가 아니오리까. 그런데 장군께서는 이 점을 생각지 않으시고 엉뚱한 마음을 품고 계시니 하늘이 어찌 장군을 돕겠소. 금일의 일은 장군으로 하여금 조선에도 장군 하나 제어할 만한 인물이 얼마든지 있다는 점을 일깨워 주기 위해 유인하였소이다. 장군께서 만일 마음을 돌리지 아니하고 딴 짓을 하려 한다면 이 몸이 비록 늙었으나 능히 장군의 머리를 베어 후환을 없애겠소이다. 산야에 사는 촌 늙은이의 말이 심히 당돌하여 귀한 신분을 모독하였으나 이해하시고 이 늙은이의 말을 깊이 새기어 후회함이 없도록 하시오."
 이여송은 기가 꺾이고 용기가 상하여 한참동안 말없이 서 있다가 노인에게 잘못을 사과한 뒤 본진으로 돌아갔다고 전한다.

□ 보리달마(菩提達磨)

吾本來茲土
傳法救迷情
一花開五葉
結果自然性

내가 본래 이 국토에 와서
법을 전하여 중생을 구제하니
한송이 꽃이 다섯 잎을 열어
결과를 자연이 이루게 되리라.

 이것은 보리달마대사의 게송인데, 한송이 꽃이 다섯 잎새를 연다고 한 뜻은 육조 뒤에 선종이 5종으로 분파될 것을 예언한 것이라 한다. 보리달마는 인도 불교의 계대(系代)로는 28조에 해당하고, 중국 선종의 계대로는 초조(初祖)에 해당한 것이다.
 인도 불교의 선법이 달마에 이르러서 크게 혁신되었고, 중국에 들어와서는 교계에 일대 혁명을 일으켜서 중국의 독특한 선종을 이루어 놓았으므로 중국 선종의 비조(鼻祖)라는 것을 설법하고자 한다.
 보리달마는 인도 남천축(南天竺) 향지국왕(香至國王)의 제3자가 되는 이로써 제 27조가 되는 반야다라(般若多羅) 존자가 보리달마 부왕의 초청을 받아서 왕실에 들었더니 왕이 값진 무가보주 한 개를 보시하자, 반야다라 존자는 이것을 받아들고 여러 왕자에게 말하되,

"이 구슬이 이렇게 보기 좋고 둥글고도 밝으니 이 세상에서 이에 견줄 보물이 또 있겠느냐?"

고 물어 보았다. 제 1왕자인 월정다라(月淨多羅)와 제 2왕자인 공덕다라(功德多羅)가 같이 답하되,

"이 구슬은 칠보 가운데 가장 귀한 것이니 세상의 보물로써는 이것보다 나을 것이 없다고 하겠습니다."

한다. 그런데 제 3왕자인 보리다라(菩提多羅)는 말하되,

"이것은 세상의 보배라 귀할 것은 없으나 모든 보배 가운데는 법보(法寶)가 제일이요, 이 구슬의 빛깔 가운데는 지혜 빛이 제일이 될 것이라 생각하면 이 구슬이 세상에서 밝은 것이라고 제일가는 것은 아니니 모든 밝음 가운데는 마음 밝은 것이 제일가는 밝음이라고 생각합니다. 이 마니주의 광명은 자기 스스로가 비추지 못하고 사람의 지혜 광명을 빌어서 그의 가치를 내게 하니 광명될 것이 없으며, 이 구슬이 스스로 보배가 되지 못하고 사람의 지혜 보배를 빌어서 판단케 되니 보배라고 할 것이 없습니다. 그러므로 제일가는 보배는 사람에게 있으니 스스로 도가 있으면 마음 보배가 나타나게 마련입니다."

했다.

반야다라 존자가 놀라 탄복하고 다시 물었다.

"모든 물건 가운데 어떤 물건이 무상(無相)이냐?"

"모든 물건 중에서 상(相)을 일으키지 않는 것이 무상입니다."

"모든 물건 가운데 어떤 물건이 가장 높은 것이냐?"

"모든 물건 가운데 남이 다 내다 하는 인아(人我)가 가장 높습니다."

"모든 물건 가운데 어떤 물건이 가장 크냐?"

"모든 물건 가운데 법성(法性)이 가장 크다고 하겠습니다."

"네가 모든 법에 이미 통량(通量)을 얻었으므로 내가 너를 제자로 삼고 보리달마라고 이름하노라."

하였다. 이때에 보리달마는 이미 반야다라 존자에게 이심전심의 인가를 받아서 깨달았다.

6조 혜능대사와 같이 중도 되기 전에 속인으로써 깨달은 셈이다. 보리달마가 다시 이르되,

"제가 이미 스님의 법을 받았으니 장차 어느 나라에 가서 불사를 지으리까?"

하였더니 반야다라가 말씀하되,

"내가 입적함을 기다려서 마땅히 진단(震旦 : 중국)으로 가서 바로 상근(上根)을 제법하면 그 수를 헤아릴 수 없이 크게 성공하리라."

했다. 당시에 한 외도(外道)의 선생이 있었으니 이름이 불대승(佛大勝)이다. 그 한 스승을 중심으로 하여 나뉘어 6종이 갈라졌으니, 제1은 유상종(有相宗), 무상종(無相宗)이요, 2와 3은 정혜종(定慧宗)이요, 4는 계행종(戒行宗)이요, 5는 무덕종(無德宗)이요, 6은 적정종(寂靜)宗이다.

그들은 도중(徒衆)을 많이 갖고 있었는데 보리달마는 이것을 보고 탄식하되, '저 불대승 한 사람의 지식도 이미 소 발자국에

모인 물만도 못하거늘, 하물며 비리하게 6종이나 나눠졌으니 내가 만약 구제하여 주지 않는다면 길이 사견에 걸릴 것이라' 하고 곧 가서 그들과 논의를 하였더니 6종이 다 같이 감복하게 되어 보리달마의 이름이 높았다.

보리달마는 이곳에서 60여년을 지내며 무량한 중생을 제도했다. 그 뒤에 이견왕(異見王)이 삼보(三寶)를 비방하는 것을 보고 무상종 가운데 수령이던 바라제(波羅提)를 보내서 왕의 그릇된 생각을 간하게 했다.

이견왕이 노하여 말하되,

"어떠한 것이 부처인가?"

한다. 바라제 말하되,

"견성(見性)이 곧 부처입니다?"

"사(師)는 견성을 하였는가?"

"빈도(貧道)는 견성을 하였나이다."

"성품이란 것이 어떤 곳에 있는가?"

"성품이란 작용(作用)에 있나이다."

"그것이 무슨 작용인데 나는 보지 못하는가?"

"이제도 작용을 나타내건만 왕께서 스스로 보시지 못하는가 합니다."

"나에게도 있는가?"

"왕께서 작용하기 때문에 옳지 않은 것이었으니 왕이 만약에 작용하지 않는다면 체(體)도 또한 보기 어려울 것입니다."

"만약에 작용을 한다면 몇 군데로 나타나는가?"

"마땅히 여덟 곳에 있으니 태(胎)중에 있어서는 몸이라 하고,

세상에 처해서는 사람이라 하고, 눈에 있을 때는 본다고 하며, 귀에 있을 때는 듣는다고 하며, 코에 있을 때는 향기요, 입에 있을 때는 말이요, 손에 있을 때는 잡는다고 하며, 발에 있을 때는 움직인다고 합니다. 그렇기 때문에 두루 나타낼 때는 함께 모래 수와 같은 세계를 꾸미고 다시 거두어서는 한 미진(微塵)에도 있으니 아는 자는 이것을 불성(佛性)이라 하고 모르는 자는 이것을 일러 정혼(情魂)이라고 합니다."

왕은 바라제의 법문을 듣고 마침내 깨달아서 전에 저지른 허물을 사과하고 법요(法要)를 물었다.

"그대의 지혜와 변재가 뛰어나니 누구를 스승삼아서 그러한가?"

"보리달마가 나의 스승입니다."

그래서 왕이 조서를 내려 달마를 청하여 법문을 듣고 감읍하기를 마지아니하였다. 그 뒤 왕이 병이 들어 백약이 무효한지라 다시 보리달마를 불러서 뵈었는데 달마가 왕을 위하여 참회시켰더니 병의 차도가 있었다. 달마는 그 뒤에 진단(중국)에 인연이 순숙함을 깨닫고 배를 갖추어 무릇 3년이나 걸려서 남해(南海)에 도착하니 양의 보통 8년 정미년이었다.

광주(廣州)에서 양무제 임금에게 온 뜻을 글월로 알렸더니 무제(武帝)가 오라는 조서를 내렸다. 달마는 금릉(金陵)으로 들어가 양무제를 만나니 달마에게 무제가,

"짐이 등극한 이래 절을 짓고 탑을 쌓으며 경을 쓰고 번역하며 백성을 권하여 중을 만든 것이 수를 헤아릴 수가 없는데 얼마만한 공덕이 있겠소?"

하고 묻자, 달마가 답했다.
"조금도 공덕이 없나이다."
"어째서 공덕이 없단 말이요?"
"그것은 인천소과 유루(人天小果有漏)의 인(因)이 되기 때문에 비록 있으나 복이 다하면 없어지고 마는 것이라, 그림자가 형상을 따르는 것과 같아서 무슨 공덕이 있겠나이까? 비록 있어도 없는 거와 같은 것입니다."
"그렇다면 어떤 것이 참된 공덕이겠소?"
"맑은 지혜가 묘하고 둥글어서(淨智妙圓) 체(體)가 스스로 공적한 것이니(體自空寂), 이것은 세상에서는 구할 수 없는 것이라 진공덕인가 합니다."
"어떤 것이 성제제일의(聖諦第一義)란 말이오?"
"확연무성(廓然無聲)입니다.(이것은 道 자체가 성도 공하고 법도 공하여 성제니 제일의니 하는 이름같은 군더더기가 없다는 뜻이다.)
"짐을 대한 이는 누구인고?"
"알 수 없소. 심행처멸(心行處滅)로써 말한 것이다."
무제는 이 무상법문(無上法門)을 알 도리가 없었던 까닭으로 서먹서먹하게 여기고 푸대접하기에 달마는 기대가 어긋나 듣던 말과는 달라서 자기의 이심전심의 선법(禪法)을 받아들일 만한 기틀이 되지 못함을 간파하고, 위나라를 향해 강을 건너서 숭산(崇山) 소림사(少林寺)로 들어가서 종일토록 말 한마디 없이 9년간을 벽만 바라보고 앉아 있었다. 이것은 전법의 시절인연을 기다리느라고 9년 동안이나 면벽을 하신 것이다.
그런데 무제가 그 뒤 지공선사에게 묻되,

"달마가 어떠한 위인이냐?"
고 하였더니 지공은 관세음보살의 후신이라고 답하였다. 무제가 놀라서 청하려 하거늘, 지공이 간하되,
"일국 백성이 다 가서 청해도 돌아오지 아니할 것이니 그만두는 게 좋다."
고 말했다.

달마가 이곳에 온 지 7년 뒤에 신광(神光)이란 중이 찾아와 이런 얘기 저런 얘기를 달마에게 걸며 지껄이고 있었다. 그러나 달마는 일언반구의 대꾸도 없이 가만히 앉아만 있었다. 그래도 몇 개월 동안이나 가지 않고 모시고 있던 신광은 본래 재주와 지혜가 뛰어난 사람으로써 자기와 한번 대결할 사람을 찾아서 헤매다가 달마가 무제와 대화하였는데 상대가 되지 못하여 위나라 소림굴에 가 있다는 높은 이름을 듣고 찾아왔는데 대화의 길을 열어 주지 아니하니 참으로 안타까운 일이었다.

달마가 벙어리는 아니었는데 벙어리 노릇을 하고 상대를 아니하여 주니까 더욱 가슴이 답답하였다. 그러므로 신광은 생각하되,

'옛날에 도인들은 도를 구하되 불석신명으로 목숨을 버리고 몸을 희생하지 않았는가? 그런데 나는 무슨 사람이길래 수월하게 그 도를 구하려 드는가?'

이렇게 생각하고 어느 날 눈 내리는 밤에 달마대사가 계신 방의 뜰 앞에 서 있었다. 눈은 쌓여서 허리까지 묻힌 곳에서 날을 밝히고 서 있자, 달마대사는 이것을 보고 불쌍히 여겨 비로소 말씀하기를,

"너는 오래도록 눈 가운데 서서 있으니 장차 무슨 일을 구하려는 것이냐?"

한다. 신광이 반가워 울며,

"원컨대 화상께서는 소승을 불쌍히 여기시고 감로(甘露)의 법문을 설하여 주소서."

하며 청했다. 이에 달마대사는,

"제불의 묘한 도리는 광겁으로 정근(精勤)하여 행하기 어려운 것을 참아야 하는데 너와 같이 소덕소지의 경심만심(經心慢心)으로 어찌 진승(眞乘)을 바랄 것이냐?"

한다. 달마대사로부터 이 말을 들은 신광은 곧 허리에 찼던 칼을 뽑아 팔을 베어 떨어뜨렸다. 그랬더니 눈 속에서 푸른 파초 잎사귀가 솟아올라 끊어진 팔을 담는 것이었다.

"너는 과연 법기(法器)로다. 모든 부처님께서도 최초에 도를 구하실 때는 법을 위하여 몸을 이겼느니라. 이제 너도 단비까지 하여 내게 주니 내가 어찌 모르는 체하겠느냐? 너의 이름을 고쳐서 혜가(慧可)라고 부르리라. 너는 이제부터 밖으로 모든 인연을 끊고 안으로 유혹하는 마음을 없이하라. 그리하여 마음이 장벽과 같으면 가히 도에 들어가리라(外息諸緣 內心無喘 心如墻壁 可以入道)."

했다. 혜가가 다시 물었다.

"모든 부처님의 법인(法印)을 가히 얻어 들을 수가 있겠습니까?"

"안될 말이다. 제불의 법인은 사람으로 쫓아 얻는 것이 아니다."

"저의 마음이 편안치 못합니다. 비옵건대 안심을 시켜 주소서."

"마음이 불안하다고? 그렇다면 너의 마음을 가져오너라. 그러면 너에게 안심을 주리라."
"마음을 찾아보아도 끝내 얻을 수가 없나이다."
"그렇다면 내가 너에게 안심을 주겠노라."
이때에 신광은 대오했다.
" 그러나 공(空)에나 떨어지지 아니하였느냐?"
"아니올시다. 공에는 떨어지지 않았습니다."
"어찌하여 네가 공에 떨어지지 아니한 것을 아느냐?"
"요요상지(了了常知)할 뿐입니다. 말로는 미치지 못하겠나이다(言之不可及)."
　여기에서 달마는 혜가에게 쾌히 인가하여 첫째가는 제자로 삼았다.
　이 뒤로부터 승려 남녀가 달마의 선법을 신행하기 위하여 모여들어 인산인해를 이루었다. 그 뒤에 천자(임금)도 달마를 존신하여 선법이 파죽지세로 일어나게 되었다. 달마대사가 입적하기 전에 네 사람의 제자에게 점검을 하기 위하여 말씀하되,
　"너희가 각각 얻은 바를 말하여 보아라."
했다. 이때 도부(道副)라는 제자가 말하되,
"문자에 집착하지도 않고 문자를 여의지도 아니함으로써 도용(道用)을 삼나이다."
"너는 나의 가죽을 얻었느니라."
　다음에는 여승인 총지(總持) 비구니가 나와서 사뢰되,
"저는 마치 아난존자가 아촉불국을 한번 보고 다시 보지 아니한 거와 같습니다."
"너는 나의 살을 얻었느니라."

도육(道育)이란 제자가 말하되,
"사대(四大)가 본공(本空)하고 오음(五陰)이 비유(非)有)라, 한 법도 가히 얻음이 없나이다."
"너는 나의 골(骨)을 얻었느니라."
최후에 혜가(慧可)가 나와서 절을 하고 아무 말 한마디 없이 본자리에 돌아가서 있으니,
"너는 나의 뼈 가운데 들어 있는 수(髓)를 얻었느니라."
했다. 달마대사가 최후에 혜가에게 이르되,
"옛날 여래께서 정법안장(正法眼藏)을 가섭대사(迦葉大師)에게 구족하여 그것이 전전(展轉)히 촉루하여 나에게 이르러 나는 너에게 전하는 것이니, 이 의발로써 법신(法信)을 삼으라. 내가 멸한 2백년부터는 의발을 전하지 않고도 선법이 대천세계에 두루하리라. 나의 게송을 들으라."

吾本來玆土하여
傳法救迷情하니
一花開五葉하여
結果自然性하리라.

그러시고는 단정히 앉아 입적하시었으므로 장사를 지내 웅이산에 모셨다. 그런데 3년 뒤 송운(宋雲)이란 사신이 나라 일을 보기 위해 서역국을 다녀오는데 총령(葱嶺)이란 산에서 달마대사가 한짝 신을 손에 들고 나는 듯이 홀로 가는 것을 보았다. 그래서 송운이 물었다.
"스님, 어디로 급히 가십니까?"

"이미 너희 나라에 인연이 다하였기로 나의 본국인 인도 서축으로 돌아가노라."

송운이 의아하여 섭섭하게 인사하고 돌아와 임금에게 복명을 하였더니, 조정에서 이상히 여기고 화상이 묻혔던 광을 파고 보니 신발 한짝만 남아 있고 화상의 전신과 신짝 하나가 없어졌다고 한다. 신비한 스님의 행적이었다.

□ 정신의 양식(糧食)

〈법구경〉에 이러한 말이 나온다.
'자기의 의지처는 자기뿐이니 그 밖에 어느 것을 의지하리오? 자기가 잘 제어될 때 얻기 어려운 의지처를 얻으리.'

정말 의미가 깊은 좋은 구절이라고 생각한다. 우리 삶의 보람은 사람이 갖는 그 무엇에 있는 것이 아니고 사람 그 자체에 있는 것이다.

사람이 사람보다 더 소중한 것이 없다는 것을 깨닫고, 받는 것보다 줌으로써 사람은 보다 참되고 아름답고 훌륭해지는 것이다. 그러나 사람은 욕망의 그림자 때문에 자칫하면 권력의 눈으로 사회를 바라보고 돈을 기준삼아 일생을 보고 평가하고 애착에 이끌려 세상을 보기가 쉬운 것이다.

사람에게 무한이 없을진대, 하물며 사람의 욕망이 어떻게 무한하게 채워질 수 있겠는가 말이다. 더욱이 부귀나 애착심이나 육체 따위는 유한한 것 중에서도 가장 유한한 것인즉, 거기에서 어찌 삶의 보람을 찾을 수가 있겠는가? 그러니 우리는 모처럼의 인간 생애를 욕망만을 쫓다가 자신을 파멸시키고 남을 해치고 사회를 온통 고해로 만들어 그 소용돌이 속에서 시대의 좌표를 잃고 삶의 실상을 잃고, 생활의 뜻을 잃고 헤매고 방황하다가 번뇌망상 끝에 덧없이 죽는대서야 너무나 비참하고 원통한 일이 아닐 수 없다.

유한한 인생이기에 시간의 흐름에 따라 생로병사를 거듭하여 무상의 윤회 속에서 그저 탐진치(貪瞋痴)의 노예로서 삶을 시종한다면 인간사회의 화락은 어떻게 될 것이며, 마음의 안락은 또 어떻게 되겠는가? 부처님의 가르침인 스스로 맑고 깨끗한 마음을 찾는 일이 그 순간처럼 진실한 때가 없는 것이다. 왜냐하면 스스로의 마음이 만물을 만들어내기 때문이다.

마음을 무명의 우리 속에 가두어 놓고 바깥의 미망 속을 방황한다는 것은 눈을 가리고 길을 가는 것이나 마찬가지일 것이다. 그렇다면 사람이 마음의 눈을 바로 뜨고 스스로의 마음을 가다듬고 서로 인연지어져서 이 시대, 이 환경 속에서 함께 살게 마련인 사회의 극락을 도모하는 도리를 찾는 길은 대체 무엇인가? 그것은 오직 부처님처럼 우주가 곧 나자신이고, 내 스스로가 우주임을 깨닫게 되는 길만이 인간을 고통에서 구할 수 있는 유일한 길이라고 나는 자부하고 싶다.

그간 오랜 세월에 걸쳐 우리 불교의 이해를 높이기 위한 불교교리와 의례 등이 많이 발표되어 왔다. 그런데 나는 여기서 한국 불교의 본질적 특징은 선을 중심으로 한 전통적 불교라는 것을 밝히며, 한국 사찰의 특징이라면 선과 교의 통일된 구조로부터 이루어졌다고 말하고 싶다. 특히 우리 일상생활에 필요한 좌선 방법은 반드시 불교인이 아니어도 우리 인간의 정신수양에 꼭 필요한 것이다.

그럼 여기서 정신 수양에 필요한 선에 대한 구체적인 예를 간단히 적는다.

첫째, 좌선 자세는 흔히 결가부좌를 취한다. 오른발을 좌측의 허벅다리에 올려 포갠 뒤, 왼발을 들어 오른다리 위에 포개고 코 끝을 수직선으로 배꼽과 맞닿게 하여 눈을 살짝 감는다. 반가부좌는 오른발을 밑에 놓고 왼발을 오른발 위에 포개는 자세이며, 정궤자는 무릎을 꿇어앉은 자세를 말하는 것이다.

둘째, 숨을 조화시키는 좌선 조식결로서 조식에는 복식·체식·족심식이 있다. 복식은 숨을 내쉬고 들이쉼에 있어서 기(氣)로 하여금 아랫배까지 능히 도달하게 하는 것이다. 들이 쉴 때는 공기를 폐에 들이마시고 충만시켜 두루 들게 한 뒤에 폐 밑에 서서히 팽창시켜 횡격막을 아래로 누르게 하고, 이때 가슴속은 비워 느슨하게 하되 아랫배는 불룩하게 내민다. 공기를 내쉴 때는 아랫배를 긴축시키며 횡경막을 위로 밀어올려 폐 밑을 단단히 움츠리게 하되 폐 속에 있는 탁기를 전부 밖으로 내보낸다.

또한 체식은 정좌 공부를 오래 해서 기식이 전신의 모공을 출입하는 것처럼 하는 방법이다. 또한 고도의 기술이 필요한 족심식은 심기를 양발 밑에다 응집시키는 것으로 전신의 기혈이 하강하여 병도 소멸한다. 그런데 초보자에게 가장 쉬운 것은 수를 세기 시작하여 잡념이 일어나면 다시 처음부터 세는 방법이다. 이 밖에도 여러 가지 요법이 있는데, 특히 관상차기법이란 6종의 기로써 병을 치료하는 것이다. 이를 여러 가지 호흡 방법으로 조정함으로써 병을 치료하는 것이다.

□ 불교의 생사관(生死觀)

불교의 생사(生死)는 생사일여관과 영혼불멸하는 영혼관을 말한다. 대체적으로 인간의 생사를 내체적인 소아와 영혼 즉, 정신적인 대아로 구별해 본다.

내체적인 소아는 1백 년을 채울 수 없는 무상한 생명과 노쇠, 병고(病苦)를 거쳐 결국은 사망하지 않으면 아니 되는 육체적 생명을 말하는 것인데, 이것은 실로 무상한 것이어서 조존석망하고 초로와도 같이 믿을 수 없는 것이다.

공수래공수거(空手來空手去)하는 허무한 것이 우리 인간의 생사임에 틀림없다. 그러나 그 반면에 정신적 대아는 불생불멸하여 언제나 존재한다. 비록 이 세계에서 죽는다 할지라도 불교의 윤회관(輪廻觀)에 의하면 죽는 것이 정말 죽는 것이 아니라 타세계로 다시 주생하고 윤회전생하는 것뿐이다. 비유하면, '월낙서산불라천'과 같은 것이다. 즉, 달이 서산에 떨어졌다 하여도 다시 그 뒷날 밤에는 동천(東天)으로 돌아나오는 것과 같다.

달이 한번 떨어져서 아주 없어질 수는 없다. 그러므로 인간의 죽는 것을 죽는다고 보지 않고 '돌아갔다' 또는 '가셨다'라고 보는 것이다. 그것은 다시 말해서 타세계로 영혼이 돌아갔다는 의미이다.

예를 들면, 서울에 사는 사람이 서울을 떠나 강원도로 갔다는 것과 마찬가지다. 이런 경우라면 서울에 그 사람이 없다 해서 죽은 것은 아니다. 그러므로 영혼이, 즉 정신적인 대아는 가고 오는 것뿐이지 죽어 없어지는 것은 아니다. 그렇기 때문에 우리는 국가와 민족과 인류를 위해서는 내체적인 소아에 집착을 하는 것보다 정신적 대아를 살려 나가야 한다.

삼국통일을 이룩하고 화랑도의 대아정신을 고취하여 위국 헌신한 신라의 김유신 장군이나 왜군의 8년 풍난을 일제지하에 진압한 이충무공, 또는 그 당시에 전국의 승을 총동원시켜 선제일치의 선풍을 일으켜서 천추만대에 훌륭함을 드높인 서산대사나 사명대사를 그 누구도 그분들이 죽었다고 하지 못할 것이다. 천추만대에 생생하게 살아있는 것이다.

만약 그분들이 그 당시에 자기들의 일신만을 생각하고 이기주의적인 인간으로서 국가와 민족을 위해서 살신성인하지 아니했더라면 아무도 알지 못하는 무승가한 인간이 되고 말았을 것이다.

오늘날 우리의 온 국민과 장병들이 이러한 난국에 처하여 매진하면 백전백승하는 최강의 군이 될 것이고, 또한 세계적으로 국위를 선양하는 위인(偉人) 영웅이 될 것이다. 비록 목숨을 바치는 한이 있더라도 만대불멸의 민족혼(民族魂)이 되고, 5천만이 우러러 존경하는 생생불멸하는 대아의 몸을 영원히 우리 앞에 나타나게 할 것이다.

이러한 대아적 생명을 살리는 것은 선가에서 주창하는 '대신(大信)'과 '대분(大分)'을 발휘함으로써 이룩된다. 대신(大信)이란 것은 견인하발이고 백절불굴하고 불굴불퇴하는 커다란 신념을 먼저 가져야 한다.

대분(大分)이란, 국가적·민족적 수치를 만날 때에는 탐탄인화하고 백도상두라도 불피불퇴하는 구국적 정신을 개발한다는 말이다.

이러한 대신과 대분은 의사·역사·충의지사를 배출하고 만고에 대아의 생명을 빛나게 하는 역사적·민족적 위인을 낳게 하는 것이다.

□ 자력(自力)에 의한 해결

하늘은 스스로 돕는 자를 도와준다는 말과 같이 정직한 자심(自心)인 내재신(內在神 : 곧 자기)이 자기를 돕는 것이오, 결코 외신(外神)이 자기를 도와주는 것은 아니다. 천신(天神)이니 지신(地神)이니 산신(山神)이니 해신(海神)이니 목신(木神)이니 하는 것 등도 실은 소박한 원시시대의 사고방식으로 만들어 낸 인간의 마음이지 그러한 신이 결코 실재해 있는 것은 아니다. 설사 그러한 신이 있다손치더라도 신이 인간의 욕망을 채워 주기 위해 돌아다닐 리가 만무한 것이다.

불섭생(不攝生)을 하고 비위생적으로 폭음·폭식을 하여 병을 얻어 가지고 신에게 빌기로서니 신이 고쳐 줄 리가 없으며, 허랑방탕하여 돈이 생기면 생기기가 바쁘게 다 주색에 써 버리고 부자만 되게 해 달라고 신에게 기도를 한들 신이 돌봐줄 리가 있겠는가? 그러므로 건강을 유지하려거든 병이 나기 전에 섭생양생(攝生養生)을 하여 위생에 대한 주의를 해야 되고, 부자가 되려거든 부지런히 돈을 벌어 저축하고 낭비를 말아야 되는 것이다. 장사하는 사람도 적은 밑천을 가지고 배를 주려 가며 적소성대(積小成大)를 해야 대상이 되는 것이지, 논을 팔고 집을 팔아 혹은 남에게 빚을 내어서 한꺼번에 큰 밑천을 들여서 장사를 시작하는 사람은 망하고 마는 것이다.

　장사의 쓰라린 경험이 없고 호의호식하던 습관을 가지고 있으니 성공할 리가 없는 것이다. 그러므로 이러한 사람이 요행수를 바라고 신에게 기도만 해서 성공될 리가 없지 않겠는가? 더구나 우리 인간의 모든 문제가 기대와 사실이 모순되는 데서 일어남을 모르고 물덤벙 술덤벙해서야 어디 될 것인가!

　그러니까, 우리 인간이 사실과 기대가 어긋나는 문제를 해결하려면 물질의 문제를 떠나서 정신의 문제로 돌아와서, 탐을 버리고 욕을 버려서 마음을 지족소욕(知足小欲)으로 다루어 가면, 설사 생활이 곤란하게 될지라도 마음속에 편안과 안락을 얻을 것이다.

　공자도 말씀하시기를 '부귀는 나에게 대하여 부운유수(浮雲流水)와 같다' 하셨고, 부처님은 말씀하시기를 '욕심을 적게 갖고 족한 줄로 알지니라' 하셨다.

그런 까닭으로 불교는 모든 것을 마음에 중점을 두고 마음가짐으로써 사실과 기대가 모순되는 문제를 해결하여 왔다. 불교는 불위생(不衛生)·불섭생(不攝生)을 하여 병에 걸릴 때 그 병을 치료해 달라는 기도의 종교가 아니오, 불검약·무절제하여 약간의 수입을 함부로 주색에 써버리고 채무금의 변상이 곤란할 때 천강지용(天降地湧)의 공돈이 생기게 해 달라고 기복(祈福)하는 종교가 아니다.

무리를 저지르고 곤란할 때 자기의 형편이 잘 돌아가게 해 달라고 기도를 하거나, 뜻밖에 당하는 불행과 재난을 없애 달라고 잡신에게 현금이나 물질을 바치고, 막대한 행복을 베풀어 달라고 교환 조건으로 신앙하는 것은 모두가 사신(邪神)이요, 미신(迷信)이다.

불교는 어디까지나 불행과 재난을 괴롭게 생각하여 그 마음을 반성하고 불행과 재난을 극복할 수 있는 힘을 빌리는 종교요, 모든 불행과 재난을 미연에 방지하고, 올바른 생활을 해 가자는 종교인 것이다. 그러므로 불교는 신자 자신이 아무 반성이 없이 사리(私利)와 이기(利己)를 중심으로 하여 남이야 어찌 되든지 말든지 저만 잘되게 해 달라는 종교가 아니다.

종교는 자기를 반성하는 데서 비롯한다. 사실과 기대가 모순됨을 만날 때 사실을 정관(靜觀)하고 그 이유를 간파하는 동시에 무엇 때문에 그 사건이 나를 괴롭게 하며, 그 고통은 무엇 때문에 생겼었던가를 마음속으로 관찰하여 본다.

그렇게 하면 사실과 기대가 모순되는 원인을 우리 인간의 만족을 모르는 욕심때문인 것을 알게 된다. 그래서 기대가 어떠한 것이며, 욕구가 어떠한 것이기에 사실과 모순되는가를 깨달을 수 있다. 이것을 일러서 반성이라고 하는바 이 반성을 통하여 물질의 문제를 전환하여 정신문제로 들어가는 것이니, 이렇게 되면 모든 문제에 대하여 자기의 마음을 성찰하게 된다.
〈법구경(法句經)〉에 보면,

心爲法本 心中念惡
卽言卽行 罪苦自迫
車轢於轍 心爲法本
心中念善 卽言卽行
福樂自迫 如影隨形

마음이 만법의 근본이 되는지라, 그 마음속에 악을 생각하면
그것이 언행으로 나타나서 죄고가 따르게 마련이다.
수레가 바퀴자국 위를 따라 굴러가는 것과 같으니라.
마음이 만법의 근본이 되는지라.
마음속에 선을 생각하면 그것이 언행으로 나타나서
복락이 따르는 것이니라.

이것을 보면, 불교는 마음을 일체만법의 근본이라고 가르친 종교며, 마음에 반성의 메스를 주어서 일심의 근본으로 돌아가서 분외(分外) 욕망과 기대가 인간 고통의 근본임을 명시한 종교다.
이것은 사나운 말을 다루듯이 마음의 고삐를 늦추지 말고 마음

으로 경계해야 모든 모순이 풀리게 된다는 진리의 가르침이다. 〈유교경(遺敎經)〉에 보면 아래와 같은 말이 씌어 있다.

'5근(五根 : 眼·耳·鼻·舌·身)은 마음을 주인으로 한다. 그러니까 너희들은 반드시 마음을 제어하지 아니하면 안된다. 마음이 하고 싶은 대로 그냥 놓아두면 독사(毒蛇)·악수(惡獸)·원적(怨敵)보다도 무서운 것이다. 대화염(大火焰)으로 비유할 수가 없는 것이다.

꿀 담을 그릇을 가지고 꿀이 담겨 있는 고목나무의 구멍만 바라보고 뛰어 달려가다가 깊은 구멍이 있는 것을 보지 못하는 것과 같은 것이다.

또 비유하면, 미친 코끼리(狂象)를 제복(制伏)하는 쇠갈퀴가 없는 것과 같고, 원숭이가 나무 위에서 뛰어다니는 것과 같다. 그러므로 너희들은 마음을 제복하여 방일하지 않도록 해야 한다.

마음을 제멋대로 내버려 두면 선행을 할 수가 없다. 그러나 마음을 제복하면 무슨 일이든지 못할 것이 없는 것이다.

그런 까닭으로 너희는 반드시 마음을 절복해야 도(道)에 나아갈 수 있을 것이라 하셨다. 그러므로 인생의 모든 어려운 문제는 부풀어 있는 마음을 제복하는 데 그 해결책이 있다. 이리하여 인생의 수수께끼도 풀리게 되는 것이다.

제2부
일붕(一鵬)과의 대화

□ 인생(人生)과 종교(宗敎)

문 : 불교나 어느 종교를 막론하고 우리가 외면적으로 볼 때 정신(正信) 지도의 사회 이익보다 미신같이 사회에 해독을 많이 끼치는 것 같은 데도 그런 교역자들은 안일한 생활을 하며, 또한 현실에 상관없는 말만 토하면서도 사회 상층에 앉아 있으니 이것이 무슨 까닭입니까?

답 : 의사가 약으로 병을 치유하지만 만일 병에 맞지 않는 약을 쓴다면 병이 낫지 아니하며, 따라서 그 의사는 환영받지 못합니다. 종교도 시대와 사회의 필요성을 가지고 나와야 도(道)를 비롯한 민심부흥과 미신타파, 안심입명에 대한 공헌이 적지 않을 것입니다.

 시대 변천과 현실을 너무 무시하고 형식적인 종교 자체의 예의에만 급급하고 낡은 신조에만 얽매이면 비난을 받지 않을 수 없습니다. 불교는 세계적으로 훌륭한 종교이며, 신라 때도 불교로써 치국흥왕(治國興旺)하였지만 그래도 비난받음을 면치 못하였으며, 고려 때도 역시 불교로써 흥하였지만 그 후에 비난을 많이 받았습니다. 그러므로 시대에 따라서 종교혁명과 혁신운동이 일어나는 것이니 기독교에는 칼빈과 루터가 나와서 종교혁명을 단행하였고, 불교에서는 용수(龍樹)와 마명(馬鳴) 같은 이가 배출되어 개혁을 실행하였습니다. 그런데 이제 묻는 말씀 가운데 종교 교역자들이 국가사회에 이익을 주지 못하고 공연히 사회 상층에 앉아 있다고 하였습니다만 그들이 그곳에 앉게 된 것을 비유하여 말한다면 사람의 얼굴에 있는 눈썹과 같습니다. 대저 얼굴에 붙어 있는 눈·귀·코·혀와 같은 것은 그 맡은 임무가 중대하고 책임도 크지마는 눈썹과 같은 경우 자그마한 신체적 임무를 수행할 수 있으나, 없으나 하등의 필요를 느끼지 않지만 실은 제일 고위에 있는 거와 다름이 없습니다. 불필요하다 하여 그 눈썹을 없앤다면 대풍창을 앓는 나병환자와 같아서 천하에 보기 싫은 것이 되고 맙니다. 그러므로 별 필요가 없다고 하는 눈썹이라도 이것이 선명하게 있어야만 모든 얼굴의 구조를 예술적으로 살리게 되는 것입니다.

　종교가인 승려도 이와 같아서 국가와 사회에 필요가 없는 것 같으나 그래도 그 중에서 고승(高僧)과 석덕(碩德)이 되어 그 수양과 예지로부터 토해 낸 것이 국민을 감화시키고 민심을 계몽하기 때문에 그들이 사회 인사의 고위에 앉게 되는 것입니다.

　문 : 종교는 인간생활에 직접 필요가 없을 것 같은데, 무슨 역할을 하며, 무슨 필요가 있어서 출현하게 되었습니까?

　답 : 중공업을 맡은 철공장에 아무리 정밀한 기계를 장치해 놓았다 할지라도 그 기계를 돌리는 데 있어서 좋은 기름을 치지 않으면 그 기계가 마찰되는 바람에 불이 나서 잘 돌아가지

아니할 것입니다. 이와 마찬가지로 유기체로 된 국가 사회에서도 종교의 자애정신이 없으면 인간이 서로 살아갈 수 없을 것입니다.

우리나라 역사를 볼지라도 조선 중엽의 사색당쟁이 비참한 사화를 일으켜 권세다툼질로서 세도인심(世道人心)을 망치게 한 것은 종교의 건전한 자비, 도덕사상이 모자랐던 까닭입니다.

문: 그 밖에 더 큰 이유가 없습니까? 이것을 평범한 비유로써 알기 쉽게 설명해 주시지요.

답 : 그야 얼마든지 있습니다만 몇 가지를 들어 본다면 종교는 유화의 덕을 가르치는 것이니 사람은 너무 강한 것보다 부드러운 것이 덕(德)을 기르고 미로(迷路)를 밝게 보전하여 갈 수 있습니다.

사람의 이와 혀를 생각해 봅시다. 치아는 단단한 것을 상대로 합니다. 단단한 것이 들어오면 뱉아버리고 부드러운 것을 골라서 삼킵니다. 치아는 사람이 40~50세만 되어도 상해서 빠지는 사람이 많습니다. 그런 데에 비하여 80~90세 노인이라도 부드러운 것만을 상대하던 혀는 빠지지가 않고 혀가 빠져서 죽은 사람은 고금을 통해서 듣고 보지 못하였습니다. 또 종교는 청렴과 정결을 가르치는 것이며, 따라서 우리는 자기의 심진(心塵)을 털어버려야 합니다.

또 종교는 겸양의 덕을 가르치는 것입니다. 마치 쓰레받기와 같은 것입니다. 쓰레기를 비로 쓸어 담으려면 쓰레받기는 자꾸 뒤로 물러가듯이 사람은 겸양해야 되는 것입니다. 이와 같이 우리가 공사간의 어려운 일은 먼저 하려 하고, 논공행상이나 이윤은 남에게 양보한다면 복(福)과 덕(德)과 양(養)이 돌아오게 되는 것입니다.

또 종교는 인생의 추악한 것을 발견하여 털어버리고 진과 선과 미의 덕을 나타나게 하며, 회개를 요구하는 것이니 거울을 볼때 얼굴에 때 묻은 것을 찾아 씻어서 아름다운 얼굴로 꾸며 주게 하는 것과 같습니다.

또 종교는 광명을 가르치는 것이니, 우리는 종교를 믿어서 국가 사회의 등불이 되어 혼탁한 세상의 암흑을 밝혀 주어야 합니다. 또 종교는 공평을 가르치는 것이니 우리는 다리미가 구김살 잡힌 옷을 다려서 펴듯이 종교의 자비로운 따뜻한 다리미로써 우리들 가족과 기타 여러 사람들의 마음 가운데 구김살 잡힌 분노와 의혹과 오해와 불평과 불만을 다려서 없애야 합니다.

또 종교는 안식처가 되는 것이니, 우리는 종교의 신념으로써 세파에 부딪치는 생활고를 이겨내고 부모님이 계신 자기 집으로 돌아가듯이 명상・기도・선정(禪定)에 들어가 휴식을 해야 할 것입니다.

종교는 이와 같이 인생에 복리가 되는 역할을 가지고 있으며, 최후의 귀추종착점을 만들어 주므로 우리에게 이보다 더 필요한 것이 없으리라고 생각합니다.

□ 윤회(輪廻)와 인연(因緣)

문 : 오늘 우리가 이처럼 모여서 문답하는 것도 기이한 인연이라 하겠는데 불교에서는 이 같은 인연을 어떻게 보는지요?

답 : 말씀하신 인연이란 것이 곧 불교사상(佛敎思想)에서 나온 말인데 불경에 보면 '동석대면 5백생 문법인연 5백생(同席對面 五百生 聞法因緣 五百生)'이라는 문구가 있습니다. 이를 해석하면 우리가 서로 잠시동안 동석대면하는 것도 과거 5백생(生)의 인연이 모여서 된 것이요, 한 자리에 앉아 법을 듣는 것도 과거 5백생(生)의 인연이 모여서 된 것이라는 뜻입니다. 세상에서는 인생의 생사(生死)를 한번으로 보고 있지만 불교에서는 다생다겁(多生多劫)의 무수무량한 생사로써 윤회전생(輪廻轉生)함을 말합니다.
다겁(多劫)의 겁(劫)이란 말은 장원(長遠)한 시간을 가리킨 것인데 불교에서는 소겁(小劫)·중겁(中劫)·대겁(大劫)의 삼겁(三劫)이 있습니다. 그런데 소겁의 연수는 15,998,000년이고, 중겁은 319,960,000년이며, 대겁은 1,279,840,000년인데 이런 겁이 무수무량하게 지나면서 무시무종(無始無終)으로 인연을 맺어 윤회전생한다는 것이 불교의 생명관이니 우리 생명은 곧 영원무궁하다는 것을 표상한 것입니다. 그리고 윤회라는 말은 6도(六道)에 끊임없이 돌아다닌다는 뜻이니, 천도(天道)·인도(人道)·지옥(地獄)·아귀(餓鬼)·축생(畜生)·아수라(阿修羅)

같은 6처(處)를 말한 것이며, 인간의 육체가 억천만 번의 생사를 거듭하여 되풀이 하는 동안에 인간의 영혼은 불생불멸(不生不滅) 혹은 영생불사(永生不死)하여 6도를 중심으로 하고 돌아다니는 것입니다.

  이 6도윤회(六道輪廻)에 대하여 주관적 관념론의 해석과 객관적 존재론의 해석의 두 가지가 있습니다. 주관적 관념론의 해석으로 보면, 6도가 별처에 있는 것이 아니라 곧 인간의 중심에 있는 것이니, 인간이 대선행(大善行)을 만들어 가장 희열을 느끼는 때가 천도(天道)요, 소선행(小善行)을 하여 조금 기쁠 때가 인도(人道)요, 대죄(大罪)를 범하여 심중(心中)에 공포를 느끼는 때가 지옥이요, 무지무각(無知無覺)인 본능적 충동으로 도덕을 무시하는 비인간적인 행동을 할 때가 축생이요, 욕심이 지나쳐서 항상 불만과 부족을 느껴서 자족함을 모르고 있는 때가 아귀(餓鬼)요, 호승지심(好勝之心)으로 자기를 싫어하고 싸우기를 좋아하는 때가 아수라(阿修羅)입니다. 그러므로 6도는 항상 우리 심중에 있고, 심주(心主)에서 6도를 스스로 만들어서 반복한다는 것이 불교심리 해석적 6도설(道說)입니다. 그러나 이것을 구체화 하여 객관적으로 존재화 시킨 것이 윤회설인데, 하여간 우리 인간은 다생다겁(多生多劫)으로 영원하게 윤회전생한다는 것입니다.

  이 윤회전생에 대해서도 우리의 영혼이 무슨 화기(火氣)와 같이 기체가 되어 떠돌아다니느냐, 또는 무형무체(無形無體)한 정적 진리의 용(用)으로서 동적 세계에 표현되는 것이냐 하는 여러 가지 이론이 있습니다.

이것은 너무나도 전문적이어서 약하고, 어쨌든 여묘불가사의(麗妙不可思議)한 심령의 존재가 있어 6도에 윤회전생한다는 것입니다. 그래서 불교에서는 '침개상투(針芥相投)' 또는 '맹귀우목(盲龜遇木)'이라는 비유로 말합니다. 이 비유를 해석하면 우리 인생이 인간적 신체를 수생(受生)하는 것이 마치 높은 천상(天上)에서 떨어지는 바늘 한 개가 땅위의 많은 곳을 피하고 겨자씨 한 개 위에 떨어져서 상역관통(相役貫通)하는 것과 같고, 또 해중(海中)에 있는 맹귀(盲龜) 한 마리가 해저에 잠긴지 1천년만에 세상 구경을 하려고 해상으로 떠올라 와 때마침 구멍 뚫린 나무토막 하나를 만나서 그것을 타고 다니면서 광활한 세상을 구경하는 것과 같다는 것입니다. 그러고 보면 우리가 이 자리에 같이 모여 불교를 문답하는 것도 전세(前世)에 맺어 놓은 인연이라고 아니할 수 없습니다.

불전에 보면, '숙일수하 급일하류 일야동숙 일일부처(宿一樹下 汲逸河流 一夜同宿 一日夫妻)가 개시전세결연(皆是前世結緣)'이라고 하였는데, 이것은 우리가 오다가다가 한 나무 아래에 비를 피하느라고 동좌대면(同坐對面)한다거나 동일한 장강치암(長江治岩)에 살며 한강의 유수를 마시고 사는 것이나, 하룻밤을 동숙하는 것이라든지 어떤 사람과 만나서 하룻밤 부부가 되었다가 헤어지는 것 등이 모두 전세에 결연으로부터 되는 것이란 뜻입니다.

문 : 세상 사람들은 모든 일을 우연이라든가 자연의 소치라고 말하는데, 하필 불교에서는 인연을 말합니까?

답 : 시대는 고금이 없는지라 석가여래 재세시(在世時)의 인도에서도 인도사상을 대표한 3설(說)이 있었습니다. 첫째는 숙명론, 즉 타작설(他作說)입니다. 타작설이란 무엇이냐 하면 오인(吾人)의 고락운명(苦樂運命)은 모두 인간 이외의 어떤 신의 작용에 의하여 정해진다는 것입니다. 인간의 힘으로는 어쩔 수 없다는 소위 숙명론입니다.

둘째는 자유론, 즉 자작설(自作說)입니다. 이는 타작설과는 반대로 오인(吾人)의 고락은 모두 자기에게 있다는 자유론입니다.

셋째는 자연론과 우연론이니 곧 무인무연설(無因無緣說)입니다. 이것은 우리의 길흉(吉凶)·화복(禍福)·고락(苦樂) 등이 모두 자연적이요, 우연적인 사실이라고 주장하는 것이니 소위 무인무연론(無因無緣論)인 것입니다.

위 3설이 우리에게 보편화 되어 있는데 보통 무인무연의 자연론을 주장하는 이가 많습니다. 그러나 세존께서는 특히 새롭게 인연론을 주장하였으니 그것은 우주만상의 생멸하는 법칙의 인과율과 인간만사의 상호 관계되는 연기법에 근거한 연기론 입장에서, 위에 말한 설에 대하여 어느 것이나 배척하는 동시에 다 포함시켜 지양하면서 인연화합의 연기관(緣起觀)을 주창하였습니다.

연기(緣起)는 나, 즉 우리들의 선악(善惡)·고락(苦樂)·길흉(吉凶)·화복(禍福) 등 공간적 존재인 인과와 시간적 계기의 인과인 각종 관계에 의하여 성립되는 것이기 때문에 그 관계만 변경하면 고락화복(苦樂禍福)의 운명도 바꿀 수 있다는 뜻입니다.

  왜냐하면 관계의 큰 원인은 나의 마음에 있느니만큼 만약 이것을 자연에 맡겨 둔다면 자연적 결정에 의하여 진행되지만, 오인이 불운에 처하더라도 정진 노력만 하면 노력 여하에 따라서 그것을 정복하며 초월할 수 있다는 인연설, 즉 연기론입니다. 따라서 불교의 인연론은 노력론입니다. 불교에서는 운명을 글자 그대로 소극적으로 또는 구르는 대로 자연에 맡겨 두는 것이 아닙니다. 노력해서 명수(命數)를 적극적으로 굴려서 새 운명을 개척할 수 있다는 것입니다.

  불전에 보면, '제법종연생 제법종연멸 아불대사문 상작시시설(諸法從緣生 諸法從緣滅 我佛大沙門 常作始是說)'이라 하였으니 우주만상과 인간만사의 제법은 인연으로 좇아 멸한다는 뜻이며, '심생고종종법생법생고종종심생(心生故種種法生法生故種種心生)'이란 문구가 있으니 이것은 주관적 의식과 객관적 경계가 상호 관계하여 인연을 일으키느니, 인연을 끊자면 마음을 휴식하는 것이 제일이요, 윤회를 면하자면 마음을 깨치는 것이 제일이란 뜻입니다.

  고조사(古祖師)가 말하기를, '단자무심어만물(但自無心於萬物)하면 하방만물상위(何妨萬物相圍)리요'한 것이 있는바 즉 내 마음이 만물에 집착이 없으면 간사만물(干事萬物)이 둘레에 있었던들 무슨 상관이 있으리오라는 뜻입니다.

  불교에서는 의(意)와 심(心)을 비유하되, 의(意)는 분주한 말(馬)과 같고, 심(心)은 경동(輕動)하는 원숭이와 같다 하여 의마심원(意馬心猿)이라 하는바 우리가 이것만 조복(調伏)받으면 해탈을 얻을 수 있는 것입니다.
 불교의 인연설(因緣說)은 다시 한번 알기쉽게 말할 것 같으면 인(因)은 씨앗인 종자와 같아서 만물의 중심적 원인이 되는 것이요, 연(緣)은 종자를 기르는 토양과 일광과 공기와 수분과 인력으로서 인(因)을 발전시키는 외적 조건이 되는 것이니 불교에서는 우주인생(宇宙人生)의 일체 현상은 모두 인과 연이 희합하여 발생케 된다는 것입니다. 그러므로 불교의 인연관으로 보면 일체만물은 그를 성립시키는 모든 조건의 상관관계를 떠나면 도저히 살 수도 없다는 것이 불교의 우주론이며, 인생론의 원리를 삼는 인연설입니다.

□ 생사(生死)와 해탈(解脫)

문 : 종교는 생사문제를 중요시하는데 그 해결인 정귀점(政歸點)에 있어서 이론이 분분한데 불교에서는 이 생사문제를 어떻게 보는지요?

답 : '生死事大 光陰可惜 無常迅速 時不待人 命亦墮滅 其有何藥 常勤精進 如救頭然 但念無常 慎勿放逸'
 불전(佛典)에 보면 인생의 생사에 대하여 이러한 문구가 있으니 이를 해석하면 '인생은 생사보다 더 큰 일이 없으니 광음(光陰)을 가석(可惜)하다. 무상(無常)이 신속하여 시간이 사람을

기다려 주지 않는지라 수명도 따라서 감해져 가니 그 무슨 약이 있을 것인가? 마땅히 부지런히 공부하되 머리에 불타는 것을 구하는 듯하여 자못 세월이 무상함을 생각하고 삼가 마구 놀지 말라'한 것입니다.

생사 문제는 일반 불교라든가 종교의 교훈을 떠나서 우리 인생 자체를 생각할 때 궁극적이고 최후적인 문제에 직면해 보면 비참한 것입니다. 그런고로 톨스토이도 말하기를, '우리는 인생의 요무(要務)를 불가불 알아야 할 것이요. 기왕 이것을 안 이상에는 불가불 이것을 실천해야 한다. 왜냐하면 인생의 일각은 곧 인생의 최후인 까닭이다. 인생은 어느 때에 죽을는지도 모른다. 오늘 밤에 죽을지도 모르고 내일 아침에 죽을지도 모른다. 그런고로 행할 것이라고 생각한 일이 있다면 뒤로 미루지 말고 생각한 그때부터 곧 실천하지 않으면 안될 것이다'라고 하였습니다. 자고로 인생칠십고래희(人生七十古來稀)라고 한바, 70을 다 산다 할지라도 수면 시간과 병 앓는 시간과 애비사려고뇌(愛悲思慮苦惱)의 고뇌하는 시간을 모두 뺀다면 그간에 향락을 누리는 시간이 몇 년이나 되겠습니까?

어떤 사람은 말하기를 30년도 못되리라 합니다만 나의 생각 같아서는 단 10개월도 못되리라고 믿습니다. 뜻 없이 늙어가는 인생을 3태(三態)로 나누어 관찰할 수가 있으니, 소년시절에는 미래를 동경하는 희망 속에서 생활하고, 장년에는 현실생활에 쫓기어서 생활고에 파묻혀 무감각으로 그날그날을 아무 뜻없이 생활하고, 노년에는 앞날의 여생이 손바닥같이 보이므로 과거 젊었을 때 회상해서 눈물을 흘리고 회고담을 하면서 늙은 것을 슬퍼하며 살아갑니다.
 나는 어느 극장에서 종교와 인생에 관한 촌극을 상연하는 것을 본 일이 있습니다. 그 내용을 보면 단순한 회벽배경(灰壁背景)의 무대 가운데 신이 손에 북을 들고 그 앞에는 25세쯤 되는 청년이 서 있는데, 그 신은 벽상에 걸려 있는 시계를 가리키며 그 청년에게 말하기를, '나는 세인의 운명을 맡은 신인데 너의 운명은 이제부터 45분만 지나면 이 북을 칠 터인데 이 북소리만 나면 너는 죽는 줄로 알라'고 하였습니다. 조금 지나서 어떤 대학 교수가 급히 등장하여 그 청년에게 가까이 다가가서 말하되, '자네가 졸업한 후 학사원(學士院)에 있으면서 학위논문을 제출한 것이 교수회에서 통과되어 이제 청년박사가 되었기에 축하드리려 하네. 기뻐해 주게' 라고 하였습니다. 그러나 그 청년이 시계를 보니 30분밖에 남지 안했습니다. 그 청년은 기가 막혀 말 한마디도 못하다가 겨우 말문을 열었습니다.
 "나에게는 박사도 소용없고, 오직 30분의 운명이 남아있을 뿐입니다. 부귀와 공명이 나에게는 다 필요치 않습니다. 부귀와 공명이 나에게는 다 필요치 않으니 어서 물러가 주십시오."
 그래서 교수는 청년을 광인(狂人)이라 말하고 퇴장한 후 조금 있다가 어떤 변호사 한 사람이 등장하여 그 청년을 보더니 기뻐하며 말했습니다.
 "자네도 아다시피 내가 자네 백부의 사후재산 상속에 관한 법률문제를 맡아 보았네. 여러 가지 문제가 많았으나 돌아가신 분이 무자녀인 이상 장질인 자네가 이제부터 상속자가 되었으니 그리 알고 기뻐해 주게."

청년은 시계를 보더니,
"나에게는 돈도 소용이 없습니다. 이제 20분이 남았을 뿐입니다. 어서 이 자리를 물러나 주십시오."
라고 말했습니다. 변호사는 한참 섰다가 어이없어 하며 '미친 사람이군!' 하면서 퇴장했습니다. 그런데 조금 있다가 18, 9세 되는 묘령의 미녀가 등장하더니 그 청년을 반겨하면서 말했습니다.
"당신과 나 사이의 결혼문제에 대하여 우리 아버님이 반대하신 이유는 당신이 박사가 되지 못한 것과 부잣집 자식이 아니라는 것이었는데 오늘 아침 신문을 보니 당신이 박사가 되고 재산도 상속받게 되었다고 하시며 어서 그 사람과 결혼 하라고 하시므로 알려드리러 왔습니다. 기뻐해 주십시오."
그러나 청년은 다시 시계를 보더니 말하기를,
"나는 결혼도 싫고, 모든 것이 다 귀찮고 나에게는 오직 10분간 생명이 남아있을 뿐이니 어서 여러 말을 하지 말고 물러가 주십시오."
하니 그 여자는 슬펐습니다. 신이 북을 쳐서 쿵쿵 소리가 나자마자 그 청년은 그 자리에 쓰러지고 말았습니다.
이것이 한 토막의 촌극인데 극제(劇題)는 '누구든지'였습니다. 이는 인생을 풍자한 종교극인바 우리는 학자거나 부자거나 가난한 이거나 모두 죽음을 조만간 직면하고 맙니다. 이것을 생각하면 무엇 때문에 투쟁하며 허욕을 내는 것입니까? 모두 진리를 모르고 환경과 같은 헛된 꿈을 진짜로 믿는 까닭입니다. 죽음의 문제에 대해서 3가지 관찰이 있으니 첫째는 상식적 관찰이요, 둘째는 철학적 관찰이요, 셋째는 종교적 관찰입니다.

먼저 상식적 관찰로 본다면, 죽음은 인간으로서 영결(永訣)과 허무와 단멸(斷滅)과 불귀(不歸)를 의미하는 최후의 길이라고 생각하기에 오직 호곡(號哭)과 비통과 미련으로 어찌할 줄을 몰라 합니다.

철학적 관찰은, 죽음은 하나의 자연적 사실로서 출생할 때부터 그렇게 결정지워져 있는 것입니다. 우주만물이 대지에서 출생하였다가 대지로 돌아가는 것과 같이 인생도 똑같은 우주본체인 무형(無形)한 생명의 원소로부터 왔다가 다시 돌아가는 것입니다. 당연함을 달관하고 시사여귀(視死如歸)하여 생무희열(生無喜悅)인 동시에 생무자관(生無慈觀)의 입장에서 냉정하게 관찰해야 하는 것입니다. 그리고 셋째는 종교적 관찰로 육체는 죽어서 썩어 없어질지라도 영혼은 영생불멸하여 악을 행한 사람은 지옥으로 가고, 선을 행한 사람은 천국으로 간다는 사후(死後)에도 일조(一條)의 광명과 희망을 인정하는 인생에게 힘을 주는 믿음직스러운 관찰입니다. 그러므로 이 3가지 관찰 중에 철학적 관찰과 종교적 관찰을 가리켜서 생사의 해탈관(解脫觀)이라 하는 것입니다.

우리들은 죽음에 대하여 일상생활 속에서 수양하지 않으면 아니 됩니다. 평소에 수행이 없다가 죽음에 임하여 어떻게 급히 마음을 진정하려면 곤란합니다. 그러므로 불교에서는 이에 대하여 일부사처(一夫四妻)의 비유설화가 있습니다.

옛날 어느 곳에 80세 된 거부 장자가 있었는데 그는 4명의 처를 거느리고 있었습니다. 제1부인은 결혼 초에 소박을 주었고,

제 2부인은 23년간 재미있게 살다가 멀리한 후 종같이 부리게 되었고, 제 3부인은 지극히 사랑하였으나 의처증이 있어 밖에 나갈 때마다 감금하여 방에서 나오지 못하게 하고, 제 4부인에게는 사랑에 흠뻑 빠져 떨어질 줄 몰랐습니다. 그런데 그 노부자는 어느 때에 죽을병이 들어 회생키 어렵게 되자 황천길에 혼자 가기가 무서워 제 4부인을 데리고 가려고, '그대는 내가 죽을 때에 같이 순사(殉死)하겠느냐?'고 물었습니다.

그러나 4부인은 거절했습니다. 다시 제 3부인에게 물으니 그도 거절했습니다. 다시 제 2부인에게 물으니 당신이 묻히는 산상에까지는 따라 갈지라도 분묘에는 같이 들어갈 수 없다고 했습니다. 그 노인은 흥분하여 화병을 내고 일평생을 불원하던 제 1부인에게 물은 즉, 그 부인은,

"여필종부라는데 당신이 가는 길에 내가 아니 가면 누가 따르겠소. 당신은 소박했지만 나는 기다리고 있겠습니다. 그러나 당신이 너무나도 나를 경멸하였기에 나는 먹지 못하고 입지 못하고 따뜻이 자지 못하여 영양실조가 되었으니 나를 업고 가야 될 터이니 이게 큰 문제요."

라고 하였습니다. 거부장자 노인은 우리 세인에게 비한 것이요, 제 4부인은 인간의 육체에 비한 것이며, 제 3부인은 인간의 재물에 비한 것이요, 제 2부인은 인간의 부모·형제·처자에 비한 것이요, 제 1부인은 인간의 마음에 비한 것이니, 우리 인간은 물욕이 눈에 띄일 때부터 본심은 사라지고 향락생활과 재물에 현혹되다가 임종에는 모두 버리고 본처와 같은 마음을 가지고 돌아가는 것입니다. 육체에게는 양식을 주었으나 정신에

게는 주지 못하고 결국에는 앞길이 캄캄한 암흑을 느끼는 것입니다. 양식이라 함은 철리연구(哲理硏究)와 종교 신념 등 마음의 준비입니다.

불교에 이르되, '삼일수심(三日修心)은 천재(千載)의 보(寶)요, 백년탐물(百年貪物)은 일조(一朝)의 진(塵)이라'고 하였습니다. '공수래 공수거(空手來空手去)'는 이를 말한 것이니 인간만사를 타산해 본다면 다 허망한 것이요, 결국 남아있는 것은 수심일사(修心一事)라고 하겠습니다.

문 : 죽음의 문제에 대하여서는 이만하면 충분히 이해가 됩니다마는 불교에서는 이 죽음의 문제에 대하여 어떻게 관찰하는지요?

답 : 불교에서는 이 문제에 대하여 두 가지로 관찰하는데, 첫째는 종교적 관찰이요, 둘째는 철학적 관찰입니다.

첫째의 종교적 견지로 본다면, 우리 인생은 진리의 아들인 불자로서 극락세계의 백성이었던 것입니다. 그런 것이 일념의 망심을 동한 업인(業因)으로서 무명(無明) 번뇌에 끌려 극락세계에서 쫓겨났다고 하기보다도 제 스스로 등져버리고 6도(六道)로 출몰하게 된 것입니다. 이를 비유하면 거부장자의 집에서 호강하며 크던 자식이 공연히 바람이 나서 가출하여 거지가 된 것과 같습니다. 그런고로 우리 인간이 아버지와 같은 극락세계의 법왕이신 아미타불의 본원력을 참되게 믿고 주야로 염불하며 악을 멀리 하고 선을 닦아서 공덕을 쌓으며, 마음을 거울같이 밝히면 그 사람은 그 공덕으로 사후의 불(佛)과 보살이 내

영하여 함께 극락세계로 간다는 것입니다.

우리 인간은 일심불란으로 염불 수선(念佛修善)하면 모두 같이 고향인 극락세계로 가서 여러 성현과 같이 한곳에서 무량쾌락(無量快樂)을 받아가며 스스로 수행을 하여서 성불(成佛)해 가지고 다시 중생을 제도하기 위해 석가여래처럼 인간세계로 나온다는 것이니, 광의로 보면 소크라테스나 맹자·묵자·노자·예수와 같은 이도 모두 전세에 염불, 수선하여 일단 극락세계로 왕생해 있다가 인간 구제의 홍원(弘願)을 가지고 이 세상에 나오신 분이라고 합니다.

같은 사람일지라도 그런 성인이 이 세상에 나오신 것과 우리 같은 범인이 나온 것과는 내용이 다르니 우리는 광혹(狂惑)하여 헤매다가 나온 것이오, 성인은 우리를 구제하시려고 일부러 나오셔서 수고하시는 것입니다.

고구려때 고승인 의통보운(義通寶雲) 선사란 분이 있었는데 그는 어떤 사람이나 자기 사원에만 오면 상좌를 불러서 이르되, 나의 고향 손님이 오셨으니 음식을 잘 대접하라고 하였습니다. 그 제자들은 명에 따르면서도 생각해 보니까 그렇지도 않은 듯하여 선사에게 여쭙기를,

"이후부터는 고향에서 오신 손님과 고향인이 아닌 손님과 구별하여 주십시오. 차별하여서 대접하겠습니다. 모두 고향 손님 대접을 하다가는 절을 팔아도 어찌할 수가 없겠습니다."
라고 하자 선사는 말씀하시기를,

"우리들이 모르고 하는 말이다. 모두 고향 사람이니라. 우리 인간은 육안으로 보이지 않는 안락국토(安樂國土)에서 같이

떠나서 이 세계로 나왔고, 또 조만간 돌아가는 곳도 역시 육안으로 볼 수 없는 극락세계인 것이다. 그 나온 곳이 같고 돌아가는 곳도 같은데 어찌 고향 사람이 아니란 말이냐? 구별이란 웬 말이며, 차별대우란 웬 말이냐?"
하시고 나무아미타불을 창념(唱念)하므로 제자들은 그 의미를 깨치고 그 스승의 뜻을 따랐답니다. 이것이 곧 불교의 철저한 종교적 생사관이라는 것입니다. 그리고 둘째는 철학적 관찰로서 서방극락세계정토왕생설(西方極樂世界淨土往生說)은 염불중생(念佛衆生)은 잘 모르는 견지로, 객관적 방편으로 허용할 수 있으나 주관적 이상향의 관념적 존재임에 틀림없으니, 지옥과 천국과 극락은 심외(心外)에 있는 것이 아니라 심내(心內)에 있는 것이니 마음을 안정하면 지옥도 곧 천당이오, 마음을 안정치 못하면 천당도 곧 지옥입니다. 극락은 곧 적정의 세계를 가리키는 것이오, 지옥은 곧 동란(動亂)의 세계를 가리키는 것입니다. 생사의 문제도 주야 교체(交替)와 명암상환(明暗相換)으로서 철학에 비추어 봅니다. 생사일여(生死一如)라는 문구를 많이 쓰는바 생(生)은 방안에 있는 사람이 문을 열고 나오는 것과 같고, 사(死)는 밖에 나왔던 사람이 문을 닫고 들어가는 것과 같습니다. 명암일여(明暗一如)한 공간이거늘 사람이 스스로 구별합니다.

　불교에서는 '생본무생 멸본무멸 생멸본허 실상상주(生本無生 滅本無滅 實相常住)'의 견지로서, 사람의 육체와 정신은 우주본체인 실상진리(實相眞理) 즉 법성해상(法性海上)의 포말로서 중인연(衆因緣)의 화합으로 왔다가 다시 중인연이라 하여 법성진여해(法性眞如海)로 돌아간다고 봅니다. 비유해 보건대, 등잔불이 사기등잔과 석유기름과 백면(白綿), 심지의 3연(三緣)에 의하여 불이 붙어서 타가다가 기름이 다하든지 심지가 다 타면 꺼지는 것과 같이 사람도 육체와 정신과 음식과 공기의 여러 인연에 의하여 생명을 연장시켜 가고, 그 어느 것이든 인연이 산진(散盡)할 때에는 생명이 정지되고 맙니다. 그러나 등잔불이 다 해서 꺼졌다고 그 원소(原素)와 재료(材料)까지 없어지는 것은 아닙니다. 언제든지 등잔과 기름과 심지와 불의 인연만 모으면 또 불광명(佛光明)을 세상에 나타낼 수가 있는 것입니다. 이와 마찬가지로 우리 인간도 우주에 충만한 지수화풍공견식(地水火風空見識)의 만법(萬法)이 모여 가지고 생명을 표현하다가 그 인연이 다하면 잠깐 정지 상태로 돌아가는 것이오, 결코 없어지는 것은 아닙니다. 그러나 이것도 생명의 생멸거래상(生滅去來相)과 정지 상태를 관찰함에 불과한 것이오, 불생불멸 무거무래역무주(不生不滅 無去無來亦無住)하는 것입니다.

　석가세존께서 재세시 어떤 노부인이 묻기를, '생은 어디로 좇아왔으며, 무슨 까닭으로 늙으며 왜 병이 들고 죽어서는 어느 곳으로 갑니까?'하니 세존께서 답하시되, '생무래처(生無來處)하며 생사(生死)가 본무(本無)이건만 지금 인연이니 제법(諸法)이 종연생(從緣生)이오, 제법(諸法)이 종연멸(從緣滅)이라' 비유하건대 북소리 같아서 북을 치면 소리가 나고 북을 치지 않으면 소리가 나지 않는다. 그런데 북소리는 항상 있지마는 듣는 자가 이렇다 저렇다 분별을 내서 말하는 것이다. 인생도 이와 같아서 지수화풍(地水火風)의 4연(四緣)과 수상행식(受想行識)의 정식(情識)의 인연으로 났다가 그 인연의 생주이멸(生住異滅)의 4대법칙(四大法則)의 천류성(遷流性)을 좇아서 산진귀멸(散盡歸滅)하느니 그 실상을 들어 보면 생(生)하는 것도 아니오, 멸(滅)하는 것도 아니다. 그러므로 사람의 생명인 심령은 우주간에 충만하여 있으면서 그 인연에 따라서 나타나기도 하고 숨어지기도 한다. 물은 대지의 생기인지라 산천·대지·초목의 어느 곳이나 모두 통하여 있건마는 물 고이는 곳과 출수처(出水處)만 보고 물이 있다고 하고, 물기가 감추어져 있는 돌이나 흙에는 없다고 이른다. 그런고로 천지(天地)가 동근(同根)이오, 만물(萬物)이 일체인 요소가 심(心)이요, 영(靈)이요, 생명이니라'고 하셨습니다.

그래서 그 노부인은 이 말씀을 듣고 크게 깨달은바 있었다고 합니다. 생사가 기실은 부운과 같아서 공허한 것이로되, 오직 홀로 현로(現露)한 일물(一物)이 있으니 이것은 담담(湛湛)하여서 생사의 관계가 없느니라 하는 뜻입니다.

불교에서 소위 생사해탈(生死解脫)을 부르짖고 가르치는 것은 이상과 같은 생사관을 알도록 하는데 있는 것입니다.

□ 영혼(靈魂)과 극락과 지옥

문 : 사후(死後)에 영혼이 과연 있는 것입니까, 없는 것입니

까? 세상의 종교가들은 모두 영혼이 있다고 하나 그것이 믿어지지 않습니다. 과거의 성인들이 생각하시되, 인간이 사후에 아무것도 없다고 하면 너무도 허망을 느끼고 자포자기하여 악행무소불위(惡行無所不爲)로 방탕할 터이니까 위안적 방편으로 하신 말씀이지 실제로 영혼이 있는 것은 아닐 것입니다. 왜냐하면 사람이 죽은 뒤에 영혼이 빠져 나가는 것을 본 사람이 없는 까닭입니다. 따라서 천당과 지옥과 그 유무를 믿을 수 없다고 생각합니다. 그런즉 이 문제에 대하여 다시 한번 알기 쉽도록 설명해 주십시오.

답 : 지당한 말씀입니다. 선생뿐 아니라 종교가 없는 사람들은 누구든지 다 그렇게 말합니다. 나로서 한번 반문해 보겠습니다. 사후의 영혼 유무는 고사하고 지금 현재 선생에게 마음(心靈)이 있다고 생각합니까? 없다고 생각합니까? 있다고 생각하신다면 그 모양이 어떤 것입니까? 짧습니까, 깁니까, 흰색입니까? 만일 눈으로 볼 수 없고 손으로 만질 수 없다고 해서 마음이 없다할 것 같으면 지금 나에게 질문하신 말씀은 누가 한 것입니까? 육체가 한 것입니까? 정신이 한 것입니까? 만일 육체가 한 것이라면 금방 죽은 시체가 육체는 있는 데도 땅에 묻어 모르고 불에 태워도 가만히 있을까요? 그것을 보면 육체가 아니라 그 가운데 숨어 있는 심령이 육체를 지배하면서 언어 동작을 하는 것이 아닐까요, 그렇습니까 안그렇습니까? 왜 대답이 없으십니까? 그것은 물어볼 것도 없이 마음의 모양을 표시할 수는 없어도 암흑 가운데 있다는 것을 긍정하시는 것이겠지요.

이 문제에 대해서는 누구나 얼른 입이 떨어지지 않는 문제입니다. 그러므로 당나라때 배휴(裵休)라는 영의정 상국공(相國公)이 어느 날 개원사에 행차하여 불전에 참배하고 나와서 다시 진영각(眞影閣)이라는 전각에 가서 구경했습니다. 그 집 가운데는 옛날 작고한 고승들의 영정화본(影幀畵本)이 벽에 걸려 있었습니다. 공(公)은 주승(主僧)에게 물었습니다. 고승의 형의(形儀)는 이곳에 있거니와 그 영혼들은 지금 어느 곳에 가서 있는가?' 하고 묻자, 주승이 대답하지 못하자 공이 다시 묻되, '이 사원에 선(禪) 공부를 하는 선승(禪僧)이 없는가?'하니 '차사(此寺)의 걸식승으로서 희운(希運)이라는 선승이 있습니다'고 주승이 답하였고, 불러오라 하여 선승을 데리고 오자 먼저와 같은 질문을 던졌더니 희운이라는 중은, 배공의 말이 끝나자마자 우렁찬 목소리로 '배공!' 하고 불렀습니다.

배공이 부지불각(不知不覺)에 '예'하고 대답하니 희운대사가 묻되, '지금 대답하는 음성의 주인인 공의 심령이 어느 곳에 있는가 속히 답하라!'고 했습니다. 이때 배공은 답할 말이 없어서 이 문제를 해결코자 불교를 신봉하고 참선 공부에 뜻을 두었다고 합니다. 사후 심령문제는 현재 생전에 갖고 있는 자기 심령의 문제를 밝혀서 알기 전에는 사후의 영혼 유무를 알 길이 없다고 생각합니다. 심(心)이라는 말이나 영혼이라는 것은 동일한 심성(心性)의 의동명이(義同名異)한 것이라는 뜻입니다.

생전에는 마음이라 하고 사후에는 영혼이라 합니다. 생전에 육체에 담겨 있는 자기 마음도 보지 못하고 알지 못하거니와 사후에 육체도 없는 타인의 영혼을 보게 되겠습니까. 그러나 생전에 마음을 볼 수가 없다고 해서 마음을 부인할 수 없는 것처럼 사후의 영혼도 육안으로 볼 수 없다고 해서 부정할 수는 없는 것입니다. 그런고로 상하수천재(上下數千載)에 이 문제를 밝히려고 종교도 발생하고 철학도 발생하여 구명하여 온 것입니다. 그러나 이 문제에 대하여 지자(知者)는 지(知)요, 부지자(不知者)는 부지(不知)하여서 영원한 문제로 미루어 나가고 있는 것입니다.

 문 : 형이상학적(形而上學的)인 절대적 진리(眞理)야 설명할 수도 없는 것이요, 또 설명해도 알 수도 없는 것이지만, 큰스님께서 평소 연구하여 오신 영혼 문제에 대하여 구체적으로 설명해 주시지요.

 답 : 영혼에 대해서는 고차원적인 철리(哲理)에 의한 설명이 있고, 비속화 하고 민속화한 민간신앙에 의한 설명이 있는데, 여기에서는 약하고, 그 요점만 말씀드리면 인간의 소아(小我)의 자심(自心)은 바다의 파상(波上)에 뜬 포말과 같고, 우주의 대아(大我)는 고요히 흐르는 대해(大海)의 물과 같습니다. 그래서 파불리수(波不離水)요, 수불리파(水不離波)인고로 우주가 바로 나아(是我)요, 내가 바로 우주라. 내 마음과 내 영혼(我靈)은 이 천지간에 충만하여 첩첩한 청산도 내 마음의 주처요, 망망한 바다도 내 마음의 주처입니다. 그래서 천상천하(天上天下) 산하대지(山河大地) 두두물물(頭頭物物)에 내 마음이 있지 아니한 곳이 없습니다. 이는 심조만유(心造萬有)하고 성함법계

(性含法界: 법계는 우주)한 불교철학의 원리 원칙상에서 하는 말입니다.

 불교에서는 '면피개진삼천계(眠皮盖盡三千界)란 삼천세계를 뜻하며, 무한한 우주를 가리키는 뜻입니다. 삼천대천세계는 이 세계 지구상에 하나의 태양과 하나의 달이 비치는 천일월세계(千日月世界)의 천 배가 소천세계(小千世界)요, 소천세계 천 배가 중천세계(中千世界)요, 그 천 배가 대천세계(大千世界)라고 하니 이를 말합니다. 이통시방 허공찰(耳通十方虛空刹 : 刹은 세계)하며 비관우주생명체(鼻貫宇宙生命體)하고, 구탄천지만물상(口呑天地萬物相)이라는 말이 있는데, 우리의 심령은 이 가운데서 백척간두에 전진 일보하여 우주 만유를 지배하거니와 어찌 사후엔들 영혼(靈魂)・영(靈神)이 없겠습니까? 심령이야말로 찾아 보면 없고, 없으면서도 소소영령(昭昭靈靈)하게 소촉(昭燭)하며 견문각지(見聞覺知)하고 시위 동작하여 무소부재한 것을 인시(認試)하는 것이 곧 불교의 생전 사후의 심령관입니다. 그러나 민간신앙에 의하면 영혼은 인물(人物)의 영자(影子)와 같은 모양으로 천지간에 떠돌아다니는 것입니다.

 지금 세상 사람들이 영혼의 가부(可否)를 가지고 떠드는 것은 이런 민간신앙을 전하여, 있다고도 없다고도 논쟁이 분분합니다. 그 이유는 각자의 심리작용 여하에 따라 사인(死人)의 영혼을 보았다는 사람도 있고, 보지 못한 사람이 있기 때문입니다. 그런데 사인(死人)의 영혼이 물질과 같은 형상을 가지고 돌아다닌다는 그 신앙의 사상으로 부터입니다. 문화 수준이 낮은 원시인들은 사인의 영혼을 인증(認證)하고 묘출하여 표상할 때, 자기 경험으로부터 사람의 혼을 고찰하여 그 음영(陰影)과 몽영(夢影)을 생각해 낸 것입니다.

사람에게는 누구나 그림자가 따라 다닙니다. 원시인은 이것을 영혼이라 보았습니다. 또 거울이나 수면에 비치는 자기 모습을 조영(照影)이라 하는데 만져지지도 않는 이것을 하나의 영혼으로 보았습니다. 꿈속에 돌아다니며 지인부지인(知人不知人)을 만나는 자기를 보고 영혼으로 보았고, 사인(死人)이 나타나는 꿈을 보고 사인의 영혼을 인정하고, 이 몽영(夢影)을 실물로 생각한 것입니다.

또 그 밖에 심리 착각에 의한 환시(幻視)와 환청(幻聽)이 있으니 사람들이 깊은 산중에 가서 공부할 때 공중에서 이름을 부르는 소리를 들은 적도 있고, 앞에 인상(人象)이 나타났다가 금방 없어지는 일을 경험한 사람이 많을 것입니다. 일심(一心)으로 신(神)과 불(佛)을 생각하고 기도를 드릴 때도 흔히 보는 일입니다. 그래서 꿈도 아닌 생시에 기적적으로 천신(天神)이나 부처님이 나타나서 일러 주는 말을 듣게 되는데, 이것을 종교 심리학에서는 천계(天啓)라 이르고, 현대 심리학에서는 환시·환청이라고 합니다. 사후의 영혼 유무 문제는 모두가 인간의 심리적 해석인 이상, 있다는 것도 물론 옳거니와 없다는 말도 역시 일리(一理)가 없지 않습니다만, 그러나 너무 미신에 빠지지 않을 정도로 인증하는 것이 권선징악의 사회 교화상에 있어서 효과적이라 하겠습니다.

다음은 지옥과 천당과 극락세계 유무에 대하여 말씀드리겠습니다. 이 문제는 영혼 유무 문제에 따라서 자연히 이해될 문제이며, 또 전에 생과 사와 해탈 문제 가운데서 골자를 명시하였으므로 증언할 필요가 없다고 생각합니다. 이 문제를 추궁할 것 같으면, 지옥은 흙구덩이오, 천당은 광명한 곳입니다. 지옥과 천당도 인간이 있은 후에 상상으로 된 것이며, 인간의 윤리도덕을 중심으로 생각해낸 것입니다. 이 세상에 한두 사람이 산다면 윤리도덕이 필요치 않지만 3인 이상이 사회생활을 하게 되면 꼭 필요한 것입니다. 그런고로 법률을 제정하여 악행 위의 범죄를 제재키 위한 벌을 주게 되고, 사후에도 지옥에 가게 되며, 선행자의 사후 주생처는 광명한 세계를 예상하여 일월(日月)이 비치는 천계(天界)를 생각해낸 것입니다.

이것이 후세의 문호들에 의해 기묘하게 천국과 지옥으로 묘사되고 있습니다. 그 내력을 보면 모두 우리 인간의 심리사고의 관념에서 나온 것이지만 이상과 관념이 실재화 하고, 또 내세는 현세의 연장이니만큼 이런 지옥과 천당의 존재를 부인할 수는 없다고 생각합니다.

지옥과 천당의 유무 문제는 옛사람들도 갖고 있었습니다. 불전(佛典)에 보면, 불재세시(佛在世時)에 제자인 구마리가섭(鳩摩離迦葉)에게 당시 바라문교의 학자인 페탕이 묻기를, 육체의 사(死)와 정신의 사(死)는 동일한 것이니 육체의 활동이 정지되면 정신의 활동도 정지됩니다. 그러므로 사람이 죽으면 허무할 뿐 아니라 아무것도 없다고 생각합니다. 왜냐하면 나는 사후에 영혼이 비거(飛去)하는 것도 못 보았고, 또 영혼이 천당과 지옥으로부터 환래(還來)하는 것도 보고 들은 일도 없습니다. 그럼에도 불(佛)께서는 선인선계(善因善界) 악인악계(惡因惡

界)를 말씀하며 천당, 지옥의 윤회설을 말씀하시니 무슨 말씀입니까? 세존께서는 명시하여 주시기 바랍니다'고 하였습니다.

　세존께서는 명쾌하게 답하시되, 그대는 지옥에서 돌아온 사람을 보지 못했다고 하여 지옥 유무를 의심하는지라 비유로써 말할 터이니 들어보라고 하였습니다.

"법관이 죄인을 잡아두면 단두대에 올려 놓고 사형을 집행할 때 그 죄인이 자택에 갔다 오겠다고 청을 한다면 집에 가게 하겠는가? 지옥에 떨어진 사람이 이 세상에서 돌아오지 못하는 것도 역시 똑같다. 우리들이 사후에 우리의 정신이 육체와 분리할지라도 방재(傍在)한 권속이 우리의 영혼을 보지 못함은 이와 같은 것이다."

　먼 원시시대에는 나무와 나무끼리 마찰을 시켜서 불이 나리라고는 생각도 못했다. 마찬가지로 신체를 해부해도 영혼을 볼 수 없다함은 우치(愚癡)한 행동이다. 마음을 보고 정신을 찾고 영혼을 보려면 수도를 하지 않으면 안된다. 진실한 생명을 보려 함에는 우치한 육안으로서는 볼 수가 없는 것이다.

　꽃씨 가운데는 물론 싹과 잎사귀와 꽃과 열매를 맺는 생명이 포함되어 있으나 씨를 깨뜨려 가지고 그것을 찾아서는 안된다. 춘하절에 토양에 배양하여서 일광(日光)과 수기(水氣)와 공기(空氣)를 겸하여서 비로소 생장하는 생명을 볼 수 있는 것이다. 그러나 그 생명의 본체는 무형한 것이며, 화초 생장의 작용에 의하여 추측으로 아는 것이지 그 속에 잠재한 생명의 신비성을 육안으로서 볼 수가 없는 것이다 라고 구마리가섭께서는 폐탕에게 말씀하였습니다.

그것을 듣고 기뻐하며 불교 신자가 되었다고 합니다.

□ 3계 유심(三界唯心)

문 : 이상 설명해 주신 윤회설과 인연설이라든지 생사문제와 영혼문제 등을 들어보아도 불교사상이 얼마나 오묘하다는 것을 알겠습니다. 그러나 불교의 대요라 할까 강령이라 할까, 그 요지를 간단하고 알기 쉽게 설명해 주셨으면 합니다. 불교의 근본 목적은 어디에 있으며, 최고 이상은 무엇입니까?

답 : 불교는 역사적으로 금년까지 삼천재(三千載)에 수(垂)하고 지역적으로 동서양에 유포되어 널리 전파되어 그 신자 수가 10억 이상이고, 불전의 경전만도 5,084권의 84,000법문인 소위 〈팔만대장경〉이 있어서 그 범위가 바다와 같으니 그 내용이 넓고도 깊은 실로 오묘함을 가히 짐작할 수 있습니다. 단시간 내에 그 심오한 진리에 접촉할 수 없더라도 명목만이라도 설명하지 못할 바는 아닙니다. 지면이 허락하는 한에서 말씀드리겠습니다.

불교의 목적은 생사해탈에 있고, 일심구명에 있으며, 중생제도에 있으니 '상구불도(上求佛道)'하고 '하화중생(下化衆生)'이 그 목적입니다. 상구불도라는 불도는 즉 각도(覺道)를 말하는 것이니, 자기 스스로가 일심(一心)을 구명하여 생사를 해탈하고 대도(大道)를 오득한 자각이 있은 뒤에 그 자각의 내용을 여러 중생에게 자비로 실시하고, 그들로 하여금 깨치게 해서 결국 각자(覺者)들이 모여 청정한 불국토(佛國土)를 실현케 하자는 것이 즉, 불교의 최고 이상입니다.

만약 이러한 세상이 실현된다면 죄악도 없고 고통도 없고, 투쟁도 없고 우수와 비애와 번민이 없는 진실선성(眞實善聖)의 당락적 무우 안락세계(堂樂的無憂安樂世界)가 건설될지니 이것이 얼마나 좋은 일이겠습니까?

우리들은 이것을 목표로 하고 실천 수행할 뿐입니다. 그런데 이러한 이상을 발휘하는 데는 첫째로 일심을 구명하지 않으면 아니 될 것입니다. 왜 그러냐 하면 심조만유(心造萬有), 유심만능(唯心萬能)의 본지를 가진 불교에서는 우주 창조와 인간 발생이 모두 유심(唯心)에서 기원되었던 까닭입니다. 그런고로 천경만론(天經萬論)의 〈팔만대장경〉이 오직 마음 심(心)자 한 자를 밝히는데 있습니다.

그러면 마음(心)이란 것이 어떤 존재인데 이다지도 굉장히 강조하는가 연구하여 봅시다. 마음이란 것은 무형무상(無形無狀)한 것으로 그 양이 태허공(太虛空)과 같이 원만무결합니다. 그러므로 그 수명을 말하면 견궁삼제(堅窮三際 : 과거·현재·미래)하여, 선천지이무기시(先天地而無其始)하고 후천지이무기시(後天地而無其始)하며, 후천지이무기종(後天地而無其終)한 것입니다. 바꾸어 말하면 '마음'은 천지의 창조보다도 먼저 있어서 그 시단(始端)이 없고, 천지가 붕괴한 뒤일지라도 그 종단이 없는 것입니다. 그리고 그 광명으로는 횡편시방(橫遍十方)

하여 일월(日月)이 비치지 못하는 곳일지라도 능히 비칠 수가 있는 무소부조(無所不照)의 전능을 가졌습니다. 그러므로 유형의 대자(大者)로는 바다가 제일 크고, 무형의 대자로는 허공이 제일 큰 것인데 이보다도 더 유형무형(有形無形)을 초월하여 제일 큰 것이 '마음'이라는 것입니다.

불전에 말하였으되, '공생대각중 여해일추발 유루징진국개자공소생(空生大覺中 如海一漚發 有漏徵塵國皆自空所生)'이라는 말이 있습니다. 이것을 풀이하면, 이 세상에 제일 큰 허공이 대각(大覺 : 心의 뜻) 가운데서 출생한 것이 마치 해상에 물거품이 일어난 것과 같은 것이온데 하물며 징진수(徵塵數)와 같이 많은 인간의 국토가 모두 허공으로부터 나온 것이라는 말입니다. 그러므로 '마음'은 대포무외(大包無外)하고 세입무내(細入無內)한 것이니 우주도 포함하는 것이로되 또 작게는 겨자씨나 담배씨나 육안으로 보이지 않는 세균, 미균의 속에까지라도 들어 있는 것입니다. 만약 이 마음이 정화되어 달관오도(達觀悟道)를 하고 있다면, 진여묘체(眞如妙體 : 진여는 진리와 진심의 합체)가 무생무멸(無生無滅)하여 청이불문(聽而不聞)하며 시이불견(視而不見)하고, 공이불공(公而不空)하며 유이비유(有而非有)한 진리 속에서 우유자열(優遊自悅)하여 공자의 '삼월(三月)'을 식기육(食基肉)하되 불여기미(不如基味)라는 것과 안회(顏回)의 '종일여우(終日如愚)'라는 것과 석존(釋尊)의 '삼일엄관(三日掩關)'의 진소아(眞消兒)와 달마(達磨)의 '9년면벽(九年面壁)'의 본면목을 능히 체달하여 곧 성위(聖位)에 오를 수가 있는 것입니다. 그러나 이 마음이 오염의 때를 벗겨 버리지 못하고 미망(迷妄)의 구렁텅에서 헤매고 있다면 의마(意馬)와 심원(心猿)이 무소불치하여 종심(從心) 소욕(所欲)의 백사천악(白邪千惡)을 범하면 능히 도적과 같은 악인도 될 것이오, 걸주와 같은 폭군도 될 것이오, 로마를 불지르고 쾌재를 부르며 술을 마시던 네로 황제도 되어 만고(萬古)의 악마인 표본(標本)도 될 수가 있는 것입니다.

성현(聖賢)의 종자가 따로 있는 것이 아니라 오심(悟心)한 사람이, 즉 성인이요, 마음을 미(迷)한 사람이 범부(凡夫)입니다. 까닭에 불교를 깨닫자면 첫째 중생은 법자(法子 : 부처의 제자)라는 각오와 한계가 유심소현(唯心所現)이라는 진리를 체득해야 합니다. 자기가 여불무의한 심경, 즉 진리의 대허공중(大虛空中)에 솟아 앉아서 '사통오달하고 팔면영롱한 심리'와 '오묘한 마음의 경계(天馬行空)'를 체험해야 되는 것입니다. 이것을 가리켜서 깨달음의 경지에 이른 사람이라 합니다. 만약 이런 사람이라면 능히 고생중생(苦生衆生)을 위하여 살신성인(殺身成人)할 수 있는 사람이 될 수 있는 것입니다. 불교에서 보면 우주의 근본체도 유심(唯心)이요, 인간의 원동력도 유심이라, 이 유심 외에는 아무것도 없다는 것입니다.

〈화엄경〉 게송의 의미를 대략 요송만 이야기한다면, 인간의 마음이 곧 3계라는 것입니다. 다시 말하면 욕계(欲界)·면계(免界)·무면계(無免界)인 3계 즉 우주 전체가 한 근의 심장이라 이 한 근의 마음 밖에는 별법(別法)이 없어서 불도 유심이요, 인(人)도 유심이라 마음·불(佛) 사람이 그 이름만 다르지만 동일한 것인바 깨달은 마음이 즉 불이요, 미한 마음이 즉 사람이라는 뜻이요(第一喝 해석), 또 삼세일체불(三世一切佛)을 알려면 그 삼세제불(三世諸佛)도 별인(別人)이 아니라 오직 '마음'뿐이니 우주만유(宇宙萬有)가 일심소조(一心所造)인 것으로 보아 비로소 참다운 삼세제불을 알게 된다는 뜻이요(第二喝 해석), 또 '마음'이란 것은 그림 잘 그리는 화가가 능히 전우주 내의 여러 만상을 모아 묘출할 수 있는 것과 같이 마음도 전우주, 전세계 내의 여러 제법을 조작하여 내지 못할 것이 없다는 뜻(第三喝 해석)이다.

또 마음과 같이 불(佛)과 중생도 그러하여 결국은 마음이 즉 불이오, 불이 즉 중생이라 중생 외에 불이 없고, 불 외에 마음도 또한 없는 것이니 불이나 중생이나 모두 일심(一心)이라는 뜻이오(第四喝 해석), 또 제불(諸佛)은 모두 이 우주 내의 일체 만물이 모두 일심으로 좇아 전출된 줄로 잘 아는지라 누구든지 제불이 요지(了知)하는 것과 같이 요지하면 참다운 부처님의 마음을 아는 것이라는 뜻(第五喝 해석)입니다.

총괄적으로 다시 말하면 우주 인간의 만법이 모두 마음의 존재라, 이 마음은 곧 우주만법 성립의 원동력이요, 우주만법 생명의 약동체이니 마음을 빼고는 아무것도 없다는 것입니다. 사실상 우주만유를 인식함도 이 일심(一心)이오, 삼라만상에게 이름을 붙인 것도 이 일심인 것입니다.

이 일심이 크게는 우주의 전체심이 되는 동시에 분체(分體)가 되어서는 천만억 종류의 마음이 되니 즉 천유천심(天有天心)하고 지유지심(地有地心)하여 산유산심(山有山心)하고 해유해심(海有海心)하며 인유인심(人有人心)하고 수유심수(獸有心

獸)하여 동물과 생물은 물론 무기물인 광물까지도 모두 마음이 있는 까닭입니다. 이는 불교학설뿐 아니라 현대 철학자들도 인간에게는 영혼이 있고, 동물에게는 각혼(覺魂)이 있고, 식물에게는 생혼(生魂)이 있다고 인식하고 있습니다.

불교에서는 사람이 성불하여 부처의 눈으로 보면, 대지·초목도 성불(成佛)할 수 있음을 보게 되고, 무정설법(無情說法 : 식물·광물·木片·石塊 등도 설법을 한다는 것)을 능히 들을 수 있다는 것입니다. 이것이 곧 불교가 무신론이면서 우주, 즉 나(宇宙卽我)나 즉 우주(我卽宇宙)인 범신론적(汎神論的) 종교관이 된다는 것입니다.

인간은 이렇게 불가사의한 일심(一心)을 편용하면서도 그것을 알아보려고 하지 않고 단 물욕에 눈이 어두워서 급급하불기만 하니 과연 한심스러운 일이라고 보겠습니다.

고조사(古祖師)가 말씀한 바와 같이, '평상심이 바로 도(是道)라는바 대(大道)는 멀리 있는 것도 아니요, 행하기 어려운 것도 아니다. 일신위의상(一身威儀上)에 구족(具足)하여 있으며, 일용시위(日用施爲)중에 그대로 표현되어 있으나 범인(凡人)은 오히려 멀리서 찾으려 합니다. 비유컨대 눈동자를 덮고 있는 속눈썹이 가장 가깝지만 보지 못하는 것과 같이, 자기가 자기 눈을 보지 못함과 같이, 자기 마음이 가장 가까운데 보지 못하며, 자기 마음이 즉 천지의 지배자이건만 그것을 모르고 도리어 마음 밖에서 신을 찾고 불을 찾으니, 참으로 안타까운 일이라고 하겠습니다. 그것은 염불 공부라든가 참선 공부라든가 명목잠사(冥目潛思)의 관상 공부를 하지 않으면 안되는지라 단

시일에 알 수는 없는 것입니다. 그러나 그 관념만이라도 우선 알아야 하겠기에 대략 말해 보겠습니다.

도대체 이 세상의 형상(形狀)을 가지고 나타난 물체는 모두 무형(無形)한 진리와 진심의 그림자로써 나타나 있는 것입니다. 그런데 사람은 무형한 진리는 허무하게 보고 유형한 물질만을 유일한 영원의 것으로 알고 그것만을 추수(追隨)하는데 그것은 본형(本形)을 버리고 그림자만 좇으며 본성의 출처를 모르고 마치 향음(響音)만 좇는 것과 같습니다.

마음은 의(意)와 식(識)이 활동해 온 모든 경험을 가졌다가 내용으로 하여 다시 의(意)와 식(識)을 통해서 움직이게 합니다. 그래서 마치 폭포수와 같이 잠시도 쉬지 않고 변하여 갑니다. 고요한 바다에 바람이 불어서 물결이 일어나듯이 심해(心海)에도 업풍(業風)이 불어오면 유무(有無)·시비(是非)·선악(善惡)·길흉(吉凶)·화복(禍福) 등의 미망(迷妄)의 파도가 용솟음칩니다. 그러나 업풍(業風)이 정숙하게 가라앉으면 미망의 물결도 잔잔해지고 심해(心海)가 고요하게 맑아집니다.

우리들의 신체라든가 눈앞에 보이는 경계도 유심(唯心)이므로 이 유심으로부터 인식하는 주관과 인식을 받는 객관의 세계가 나타납니다. 이 세상의 모든 것은 자심(自心)을 떠나서 존재할 수 없습니다. 나(我)라는 것과 나의 것(我所有)이란 것도 본래 없는 것입니다. 다시 말하면 나와 나의 것이 오는 것도 아니오, 가는 것도 아닌데 우리는 오랜 태고시대로부터 망색(妄色)의 집착과 습관이 붙어서 여러 가지 세계로 볼 뿐입니다.

이 세상의 여러 가지 사물과 여러 가지 언어와 그 밖에 이 몸과 재보와 거처가 나의 망심일념(妄心一念)으로 좇아서 나타난 것이니 즉 나의 마음의 내용에 따라서 나타난 그림자에 불과한 것입니다. 그러므로 염심망심(染心妄心)의 분별악견(分別惡見)을 끊어서 뒤집게 되면 곧 회심견성(回心見性)의 대오(大悟)를 얻게 되느니 만약 모든 것이 유심의 그림자라고 지득하여 그 그림자에게 속지도 말고 끌려서 놀아나지 않으면 이것이 곧 각(覺)을 얻은 것입니다.

석존께서 설하신 각(覺)이란 것은 이 미망의 그림자 같은 경계에 팔리지 않고 망심잡상(妄心雜想)의 의식을 멸함에 불과한 것입니다.

고인이 말하되, '미(迷)하기 때문에 3계멸(三界滅)이요, 오(悟)하기 때문에 시방공(十方空)이라, 동서(東西)가 없으니, 어느 곳에 남북이 있으리오.' 하처(何處)란 것은 이것을 의미한 것입니다. 또 마음은 지·정·의의 세 가지를 포함하고 있는데 지(知)로는 사물을 바로 보지 못하여 사견(邪見)의 미(迷)에 흐르고, 정(情)으로는 공연히 물질에 집착하여 허영에 떠서 고(苦)를 만들어 내고 의(意)로서는 지와 정의 사주를 받아서 선행을 버리고 악행을 취하므로 불교에서는 지에 대하여서 정지(正知)와 정견(正見)을 주어서 미(迷)를 버리고 오(悟)를 얻게 하며, 정(情)에 대하여 욕심을 버린 청정신념과 정조를 주어 고(苦)를 빼내고 낙(樂)을 주며, 의(意)에 대하여서는 계행과 덕행(德行)을 갖게 하여 악을 버리고 선을 갖게 하는 것이 마음을 수행하는 방법입니다.

마음에 대하여 일원육창(一猿六窓)의 비유가 있습니다. 한 방안에 원숭이 한 마리를 가두었는데, 그 방안에는 사방을 통하여 6개의 창문이 있습니다. 그러므로 사람이 6개 창을 돌아가면서 원숭이를 부르면 그는 6창을 돌아다니며 발광하면서 머리를 내놓습니다. 이는 심(心)을 원(猿)에 비하고 6창을 안(眼)·이(耳)·비(鼻)·설(舌)·신(身)의 등 6근(六根)에 비한 것이니, 원(猿)과 같은 심(心)이 안정하면 6창과 같은 6근이 고요하다는 뜻입니다. 그러므로 모든 고락과 선악이 지심(持心)·용심(用心)·관심(觀心)에 있다고 생각합니다.

  신라때 고승으로 유명한 원효대사와 의상대사 두 사람이 멀리 당나라에 유학하여 불도를 배우려고 동심(同心)출발하여 가다가 어느 날 날이 저물어 집을 찾았으나 없어서 황량(荒凉)광야의 무덤 부근에서 풀을 베어 깔고 노숙을 하게 되었습니다.

  그런데 밤에 원효대사는 목이 말라서 물을 마시고 싶었습니다. 물을 찾기 위하여 어둠 속에서 헤매다가 어떤 곳에 바가지에 고인 물을 발견하였습니다. 목이 마르던 차에 마신 물이라 감로수와 같이 물맛이 좋았습니다. 그래서 자리에 와서 편안하게 자고 그 이튿날 아침에 물마시던 곳을 찾아가 보니 그 물은 시체의 두골(頭骨)에 괴어 있던 빗물이었습니다. 원효대사는 이것을 보자마자 토해냈습니다. 그러나 원효대사는 생각하기를, 지난밤에 청수(淸水)하고 생각한 것은 일심(一心)의 작용이니 선하심(先何心)이며, 후하심(後何心)인가? 심생고(心生苦)로 법생(法生)이오, 법생고(法生苦)로 심생(心生)이니, 불(佛)의 소위 삼계(三界)가 오직 식(識)에서 나온 것이요, 만법(萬法)이 유식소조(惟識所造)라, 호악(好惡)이 아심(我心)에 있고, 수(水)

에 있지 않다는 것을 대오(大悟)하고 당나라로 법을 구하려는 것도 자생분별(自生分別)이니 어찌 '마음'밖에서 법을 구하리오, 하고 발길을 돌려 명심감사하여 마침내 대오(大悟)를 얻어서 신라의 대표적인 고승이 되었다고 합니다.

□ 신앙(信仰)의 분류

문 : 인생의 목적을 생각해 보면 종교의 신앙은 필요하고, 안심입명(安身立命)의 자기 수양을 위해서라도 종교 신앙이 필요하다고 생각됩니다. 종교의 필요성과 여러 종교 가운데 불교 신앙에 대하여 설명해 주시지요.

답 : 좋은 말씀입니다. 인생으로서는 종교 신앙도 심리적 욕구의 한 본능이라 할 수 있으니 신앙이 없다면 인생의 공허감을 느끼게 될 것입니다. 신앙이 없는 사람은 조실부모한 어린아이처럼 쓸쓸하고 침막한 것이며, 불 없는 화로 같고, 지팡이 없는 맹인같아서 인생을 어둠 속에서 사는 것과 같습니다.
　석가여래께서는 말씀하시되, '약인무신심 여승무주선 역여무어마 장야시경참(若人無信心 如乘無主船 亦如無御馬 長夜是更塹)'이라 하셨으니 이를 해석하면 만약 사람에게 믿음이 없으면 마치 사공이 없는 배를 탄 것과 같고, 그 가는 곳이 장야의 캄캄한 길을 달리다가 구렁텅이에 빠지는 것과 같다는 뜻입

니다.

불전(佛典)에 말씀하시기를, '신(神)은 도간근원(道干根源)이 되고 공덕의 모(母)가 되는지라 일체의 선법(善法)을 장양(長養)한다.' '불법대해(不法大海)에는 신으로서 능히 들어가게 되느니라'했으니 신앙은 인생에 반드시 있어야 할 필요성을 가지고 있는 것입니다.

문 : 타교에서는 객관적 존재인 우주 창조의 신을 절대의 존재로 숭배하고, 그 타력을 절대로 신앙함에 의하여 구원을 받는다고 하는데, 불교에서는 무신론자력(無神論自力)의 신앙을 주장하는바 그 내용이 어떤 것입니까?

답 : 불교에서는 범위가 넓어서 극락정토(極樂淨土) 아미타불 신앙으로써 염불왕생(念佛往生)하는 타력 신앙도 있고, 좌선(坐禪) 신앙에 의하여 심시불(心是佛)을 전제로 한 명심견성(明心見性)을 주장하는 자력 신앙도 있어서 자력성불(自力成佛)의 신앙과 타력왕생(他力往生)의 신앙을 겸하고 있습니다. 불교는 꼭 자력성불을 주장하는 신앙만이라고 단정할 수 없습니다. 그러나 대체로 자력 신앙편이 농후합니다. 그것은 불교의 진리가 철학적 견지에 가까운 까닭입니다.

소크라테스가 그 철학 이념 가운데서 '먼저 너 자신을 알라'고 하며 지덕합일(知德合一)을 주장한 바와 같이, 불교에서는 석가세존께서 그 교훈 가운데 '불의타위사 자기심위사 자기위사자 획진지인법(佛依他爲師 自己心爲師 自己爲師者 獲眞智人

法)이라 이를 해석하면, 타인만을 의지하여 스승을 삼지 말고, 자기의 양심으로서 스승을 삼으라. 자기로서 스승을 삼는 자가 진지인 즉 성자의 법을 획득할 수 있으리라는 교훈입니다.

 전지전능하신 신이 구제하여 주신다 할지라도 자기가 그 은총을 받을 만한 자격을 완비하지 않으면 아니 되는 것입니다. 세상만사의 성공은 자신을 확립한 사람에게 돌아가는 법입니다. 그런고로 학문이든지 기술이든지 인격 함양이든지 자기 자신이 분투 노력해야 됩니다.

문 : 자력신앙이란 어떤 내용을 가진 것입니까?

답 : 자력신앙이란 것은 자기 스스로가 자기의 마음을 밝히고 자력으로 수행해서 석가여래와 같이 불(佛)이 되자는 것입니다. 천자문에도 말하였으니, '심동신피(心動神疲)요 성정정일(性靜情逸)이며 축물의이(逐物意移)요 수진지만(守眞志滿)이라.' 이는 불교의 문구를 그대로 모방한 것 같습니다. 이를 해석하면, 우리들이 진리에 미(迷)하고 물질에 분주하기에 우리의 뜻이 물질에 옮기는 것이니 물욕에 동심(動心)이 되면 정신이 피곤해져서 스스로 극기제욕(克己制欲)하여 성정(性靜)을 얻으면 정감이 안일되며, 진리를 지키면 지만(志滿)을 얻어서 수분지족(守分知足)하고 안빈낙도(安貧樂道)의 청복(清福)을 향수하여 우리들의 맑은 도의가 천지에 충만할 것이라는 내용이다.

 오인들이 항상 심동신피(心動神疲)되는 것은 이념(離念)이 망동하기에 정신이 피로한 것이니 자력으로 좌선(坐禪)같은 공부를 하여 망성(妄性)을 고요하게 가라앉히면 분마(奔馬)와 같은 정욕(情欲)도 평안하게 가라앉게 되는 것입니다.

 이것이 곧 성자(聖者)의 수행이니 비록 성인이라도 방념(放念)하면 광인(狂人)을 만들고 비록 광인이라도 극념하면 성인을 만든다는 말은 이를 두고 말하는 것입니다. 우리가 학문이나 기술을 성공함에는 처음에는 남에게 학습하되 나중에는 자기가 기묘를 얻어서 그 개성의 본분을 발휘하는 것입니다. 그렇기 때문에 석존께서도 무사자오(無師自悟)하셨고, 제자들에게 말씀하시되, '나는 선도자(善導者), 즉 길 안내자와 같아서 너희들에게 보화가 있는 곳으로 가는 길을 가르쳐 줄 뿐이고, 불 없는 밤에 등불을 비추어 주는 것이며, 의사가 병자(病者)에게 약을 가르쳐 주는데 불과한 것이니 가고 아니 가고 먹고 안 먹는 것은 너희들에게 있느니라'고 하셨습니다.

 이것이 곧 자력 신앙과 자력 수도를 여실하게 교시하는 것입니다.

문 : 자력 신앙과 타력 본원 신앙은 어떠한 근거에서 분립되는 것입니까? 그리고 그 우열은 어떠한지요?

답 : 이는 모두가 인간의 진리적 요구에서 나온 것이니 우리들은 첫째 무한한 생명의 자유 발전을 동경하고 정신의 독립에 의하여 해설을 얻으려는 요구가 있습니다. 우리들의 심령은 사실상 본래 청정의 영체(靈體)를 가지고 있지만 이것이 어떠한 물욕적 장애를 입어서 부자유 불청정의 구량(垢梁)이 있게 됨

으로 심상(心上)에 신성(神性)을 인정하고 자력의 반성과 수행에 의하여 해탈을 얻으려는 요구가 있으니 여기서 출발한 것이 자력 신앙입니다.

둘째는 우리들이 이런 요구가 있으나 반면에 초인간적인 절대 위력자를 인정하고 그에게 해설을 구하려는 요구가 있으니 우리들은 자기의 무한생명의 자유적 위대성을 느끼는 동시에 유구한 자연의 시간에 비하여 하루살이 같이 짧은 80~90년 미만의 자기 수명을 관찰하여 본다든지 망망한 우주 공간의 창해의 일표(一瓢)에 지나지 않는 육척에 불과한 자기 육신을 돌아볼 때 또 그 밖에 천만사의 한 가지도 뜻대로 성취되지 못할 때 객관적 존재의 진리를 신격화 하여 그 섭리에 의한 해설을 구하려는 요구가 있는 것입니다.

자기의 미약과 무능을 알고 절실히 느낀 바에 따라 타력 신앙을 요구하게 되는 것이니 여래의 자비와 구제를 바라는 것입니다.

불교에서는 전자를 자력 성도문(自力聖道門)이라 하고, 후자를 타력 정토문(他力淨土門)이라 이릅니다. 이런 두 신앙은 불교 이전 인도의 육파철학사상으로부터 배태된 것입니다. 인생의 각별함은 동양철학으로는 태양(太陽)·태음(太陰)·소양(小陽)·소음(小陰)의 4상(四象)으로 구별했고, 현대 심리학에서는 신경질·다혈질·담즙질·점액질과 같이 4종으로 인간의 성질을 구별합니다.

신경질·다혈질·소양·소음 같은 사람은 타력 신앙을 좋아하며, 담즙질·점액질·태양·태음의 사람은 자력 신앙이라야 만족합니다. 두 가지 신앙이 모두 필요한 것입니다. 우열은 없습니다. 해탈을 목표한 그 종극점이 동일한 까닭입니다.

문 : 불교에서는 신앙의 대상으로 중요한 것이 무엇입니까?

답 : 4가지가 있으니 1은 신근본(眞如)이요, 2는 신불이요, 3은 신법이요, 4는 신승(僧)입니다. 다시 설명하면 신근본은 진여법(眞如法)을 악념(樂念)하는 것으로서 불교에서 말하는 우주 실상의 진리를 오득하려는 총신이요, 신불은 불께서 무량한 자비와 지혜의 공덕을 갖고 계시니 그것을 신하여 선근을 발기하여 일체정지(一切正智)를 구하자는 것이요, 신법은 불소설(佛所說)의 팔만사천법문이 모두 전미개오(轉迷開悟)와 안심입명(安心立命)의 요담이니 그를 믿어 깨우치자는 것이요, 신승은 고승들이 불교 단체를 계승하여 화합과 애경을 위주하여 내세중생을 제도하여 왔으니 그를 믿어서 같이 수행하여 자리이타(自利利他)의 보살행원을 성취하자는 뜻입니다.

문 : 공자와 예수와 석존의 3대성인(三大聖人)의 인생에 대하여 교시하신 신조와 철리(哲理)와 구제에 대하여 공정한 존경의 눈으로 관찰하여 말한다면 어떻다고 생각합니까? 그리고 같고 다른 점은 무엇입니까?

답 : 성인(聖人)은 무이심(無二心)이오, 대도(大道)는 일리(一理)뿐입니다. 그런즉 생이지지(生而知之)하신 이 3대 성인은 동일한 목적으로 인생을 구제하셨는데 오직 감사를 올릴 뿐입

니다. 감히 무슨 말씀을 드리겠습니까? 그러나 이제 그 대략만을 말씀드리면, 공자께서는 인생 필수의 윤리도덕을 말씀하시고 수신제가와 치국평천하를 목표하고 오상(五常)을 규명하여 눈에 보이는 인간의 악행실을 교정하는 도(道)의 세계를 건설하셨고, 예수께서는 당시 전설적 미신에 빠져 인생을 광혹케 하는 자들에게 바른 신을 얻게 하고 불의와 물욕에 빠져 암흑의 길로 가려는 자들에게 천국을 찾게 하고, 잡귀・잡신에게 침범을 당하여 제정신을 모르는 광인(狂人)환자와 신경병자(神經病者)들에게 복음을 주어 성령의 신비적 위력과 기적을 보이셨고, 석존은 우주 인과의 법칙과 인생의 생사미오를 밝혀서 윤회전생(輪廻轉生)의 인연의 도리와 생자필멸과 희자필리의 인생무상의 진리를 가르쳤습니다.

 3대 성인이 모두 인생 구제의 목적으로 같은 사명을 가지고 활동하시고 노력하셨으니 그 목적과 사명은 동일한 것이라 하겠습니다. 다른 점은 인생 관찰의 방법이 다르시니 공자께서는 '부지생(不知生)이어니 언지사(言知死)'라고 내세는 말씀하시지 않고 현재만 말씀하셨고, 예수께서는 과거・현재・미래의 3세를 겸하여 조물주가 천지와 인생을 창조한 시초와 종말의 우주인생의 심판을 말씀하셨으니 입체적인 유시유종(有始有終)의 우주인생관이요. 석존께서는 삼세인과연쇄부절(三世因果連鎖不絕)의 연기론(緣起論)을 주장, 인과(因果)를 밝히시고 해탈(解脫)을 얻게 하셨다고 관찰할 수 있으니 이것이 3대 성인의 다른 점입니다.

 〈인과경(因果經)〉에 보면, '욕지전세사(欲知前世事)인데 금생

수자시(今生受者是)요 욕지내세사(欲知來世事)인데 금생작자시(今生作者是)라 하였는데, 이는 전세사(前世事)를 알려고 하려면 금생에 자기가 향수하는 응보의 결과가 그것이니, 금생에 잘사는 것은 전생에서 작선(作善)의 소치요, 금생(今生)에 남보다 고생을 더 많이 하고 잘못 사는 것은 전생에 악행을 지은 업보입니다.

미래의 내세사란 별것이 아닙니다. 자기가 금세에 있을 때 선(善)을 짓느냐, 악(惡)을 짓느냐, 그 선악업(善惡業)의 작위가 바로 그것이란 것입니다. 따라서 불교에서는 인과의 도리를 믿고 내세의 일을 위해서 선과 복을 지으라고 가르칩니다.

□ 미신(迷信)과 정신(正信)

문 : 종교를 믿는 자가 적지 않으나 정신(正信)과 미신(迷信)을 불분하고 맹목적으로 믿어서 정진(正眞)의 교리(敎理)를 바로 아는 자가 적습니다. 미신과 정신을 가려서 미신에 혹하지 않을 도리를 설명해 주세요.

답 : 미신은 무지몽매한 시대에서 발생한 원시종교 신앙의 여폐로서 지식과 학문을 무시하고 비판없이 백귀(百鬼)와 잡신(雜神)을 믿고 그에게 수복(壽福)을 구하며, 또는 정당한 종교를 신봉할지라도 그 교리와 계명만 믿어서 자기 수행에 의하여

해탈을 구할 줄 모르고, 그 종교의 공덕설과 인과설에만 심취하여 공리주의·이기주의·독선주의에 빠진 것에 기인되는 것으로 지금도 무식한 대중인 문맹계급과 부녀자들 가운데 미신을 믿는 이들이 많습니다. 정신(正信)을 얻자면 지식과 병행해서 나가야 됩니다. 그래서 불전(佛典)에 '유신무해 증장무명 유해무신 증장사견(有信無解 增長無明 有解無信 增長邪見)'이라 하였으니, 신앙만 있고 지식이 없으면 무명(無明)을 증장(增長)하는 것(무명은 미신이란 뜻)이다. 또 지식만 있고 신앙이 없으면 사견을 증장하느니 사견은 경위 분석만 하고 이론만 캐어서 이기와 모리에 몰두하여 사람을 속이는 지식과 수단만 갖는다는 뜻입니다.

불교에서는 신앙과 지식과 관행을 겸전해서 해탈의 목적을 달성하는 것으로서 최고 이상을 삼고 있습니다.

문 : 불교의 신(信)·해(解)·행(行)에 대한 구체적인 방법은 어떤 것인가를 자세히 설명해 주세요.

답 : 석존께서 실천궁행하신 실생활에 대하여 말씀드리겠습니다. 〈잡아함경(雜阿含經)〉이라는 불경을 보면, 심전경작(心田耕作)에 대한 법구가 있습니다. '신심위종자 고행위시량 지혜의액 참괴심위원 信心爲種子 苦行爲時雨 智慧爲利厄 慙愧心爲願'이라 했으니 신앙심으로서 종자를 삼고, 실천궁행의 고행으로써 종자를 윤생시키는 단비로 삼고, 그 종자를 잘 길러내는 지혜로써 밭을 갈고 제초하는 도구, 즉 보습과 호미와 또

는 경수(耕水)의 멍에를 삼으며, 수양・반성을 꾸준히 함으로 써 수래채를 삼는다는 것입니다.

문 : 미신의 근본이 되는 원시종교의 기원은 어떤 것입니까?

답 : 종교의 기원은 철학의 기원과 동일합니다. 원시민족이 자연계의 천지일월성신(天地日月星辰)과 삼라만상 등의 현상을 보고 경이와 호기심과 의혹을 갖고 해결의 지식을 구한 것이 철학의 기원인데, 이런 반면에 원시인들은 자연계의 현상에 대하여 공포와 위경과 감사의 마음을 갖고 신앙을 받들게 되었으며, 천(天)・지(地)・일(日)・월(月)・풍우(風雨)・뇌(雷)・노산해(露山海)・삼림(森林)에 대하여 그것을 초인간의 위력으로 보고 믿게 되었습니다.

원시인들이 캄캄한 밤에 공포에 떨다가 아침이 되어 해가 떠오르면 그 은총에 감사의 예찬을 바치지 않을 수 없었던 것입니다. 이처럼 삼라만상을 신으로 숭배하다가 그 뒤에는 그 물체를 맡은 신이 있다 하며, 다신교(多神敎)가 발생하게 되었습니다. 그러나 이 많은 신을 섬길 수 없어 선신(善神)・악신(惡神)으로 나눠 섬기더니 나중에는 선신 즉 우주 창조의 전지전능한 하나의 신을 섬기는 일신교가 되었습니다. 그러는 동안에 물체를 숭배하는 서물숭배(庶物崇拜 : 암석・패곡류・목편・孔雀尾등에 신비한 신의 존재가 있다고 믿는 것)가 있고, 토템미즘이라는 동물 숭배(소・뱀・족제비・쥐 같은 것을 선조의 영의 변화로 믿는 것)라든가 사령숭배(死靈崇拜 : 일찍이 사망한 조부모나 영웅들의 신이 천지간을 돌아다니며 화·복을 주는 것으로 믿는다), 우상숭배(물체로 인형같은 것을 만들어서 믿는 신앙, 천하대장군 지하여장군 등) 등 이런 열등 종교의 신앙이 발달되었고, 범신교(汎神敎 : 우주만유가 모두 한덩어리 신의 존재다. 인 즉 신, 신 즉 인으로 보는 사상)도 생겨났습니다. 다음에 무신교인 불교가 있게 되었습니다.

불교는 범신교(汎神敎)에 가깝습니다. 불교는 인신동격교(人神同格敎)에 속하므로 심(心) 즉 시불(是佛), 불(佛) 즉 시심(是心)이라는 사상입니다. 누구든지 수도에 의하여 신이 될 수 있고, 불이 될 수 있다는 신앙이니 내가 만약 인(仁)하다면 순(舜)도 되고, 요(堯)도 될 수 있다는 사상입니다. 이것을 자력 신앙의 정신이라 할 수 있는 것입니다.

천지인(天地人) 삼재(三才) 가운데 천지를 집이라 하면, 인(人)은 주인옹(主人翁)이 될 것입니다. 정천입지(頂天立地)하고 안황비직(眼璜鼻直)하여 발을 땅에 디디고 머리는 하늘을 이고 서서 다니는 것을 보면 사람이 천지간에 기둥이라는 것을 표상한 것입니다. 고로 석존이 탄생 후에 한 손은 하늘을 가리키시고 한 손은 땅을 가리키시며 외치시되, '천상천하(天上天下)에 유아독존(唯我獨尊)'이라고 한 것은 우주 즉 아(我), 아(我) 즉 우주의 신념과 무신론적 지자(智者)·성자(聖者)라는 기개를 가지고 이 세상에 군림하신 표현이라고 관찰할 수 있습니다.

종교학자의 안목으로 보면 유귀숭배(幽鬼崇拜)의 좌축복술(坐祝卜術)과 같은 것이라도 종교의 분야가 아닌 것은 아니나 인류의 문화·문명이 깨어남에 따라 자연도태당하여 지식인이 돌아보지 않는 것은 미신이요, 아무리 원시종교 사상에서 싹텄다 해도 그 교리와 신조가 철학적 진리를 배경하고 과학적 학문과 지식을 수반해 온 것은 정신(正信)이라고 하겠습니다.

□ 종교의 정의와 불교의 구세주의(救世主義)

문 : 종교의 정의는 신(神)과 인(人)의 관계, 즉 인간과 초인간의 결합이라고 하는데 불교는 무신론(無神論)을 주장한다니 그 정의가 어떤 것입니까?

답 : 불교에서는 인(人), 즉 신(神)의 사상으로서 신을 부인하나 실상진여(實相眞如)와 열반 묘리의 존재를 시인하느니, 이는 우주 자연의 인과율의 이법(理法)인 진리를 각(覺)의 상대로 하고, 이 진리에 순응하여 인간문제를 해결하려고 하는 것입니다.

불교를 현대인의 종교관으로서 정의해 본다면 '법(法)과 인(人)의 관계'라고 하겠습니다. 불교의 숙어로서 본다면 진여열반(眞如涅槃)이란 말은 우주의 실체요, 적멸실상(寂滅實相)의 진리를 가르친 것입니다.

문 : 불교는 염세주의로 출발하여 개인 해탈 문제에만 몰두해 있는 듯하니 사회적 대중을 구원하는 문제로 본다면 시대에 뒤

지고 있는 것이 아닌가요?

답 : 그럴듯한 말씀입니다만 실은 그렇지 않습니다. 불교 안에는 소승불교와 대승불교의 양대 사상이 있는데, 소승불교에서는 염세주의인 은의적 개인 해탈에 주념하고 있으나 대승불교에서는 대중적 구세주의를 취하고 있습니다. 그러므로 소승불교로 보면 개인 각자가 자기 문제를 해결하여 성자의 역에 이른다면 사회 구제는 저절로 되는 것이요, 대승불교로 말하면 대중적으로 정불국토의 운동을 일으켜서 교단을 중심으로 해서 사회 구제의 이념과 사상을 가지고 그것을 실행함을 목적하고 있습니다. 이는 석존께서 출가 수도하여 성도하신 후에 50년을 시종일관하여 입적하실 때까지 사회 교화에 헌신하신 것을 보더라도 알 수 있지 않습니까?

문 : 대승불교와 소승불교라는 것은 내용이 어떤 것입니까?

답 : 불교 발전의 시대적 과정의 사상을 말한 것이니, 이는 원시불교로부터 말해야 됩니다. 근본불교, 원시불교란 것이 있는데 이는 석존의 생존시부터 입멸하신 후 백 년까지를 가리킨 것입니다.

이 시대의 사상은 불타께서 증오하신 사성제(四聖諦 : 苦·集·滅·道)를 중심으로 해탈을 목적으로 하고 수행하는데 있어서 출세간의 도는 물론이려니와 세간의 도(재가의 논리도덕)에 대해서도 많은 관심을 가지고 지도하며 연구했습니다. 그리고 석법(釋法)으로나 교법(敎法)으로나 계율(戒律: 5계, 10계)로서의 여러 교목이 모두 동일한 개오(開悟)를 목표한 부분이기에 철저히 수행하면 해탈에 달할 수 있으며, 또 단순하게 수학 실천하면 솔직이 해탈이란 졸업을 얻을 수 있는 것으로 믿고 내면수도(內面修道)로 골자를 삼고 형식주의보다 정신개발의 신념으로써 주를 삼고, 누구나 생전에 석가여래와 같이 해탈을 얻을 수 있는 것으로서 목적을 삼았습니다.

내면의 정신개발이란 형식적 계명이라든지 의례라든지 논리적 교리 설명은 그다지 문제시 하지 않습니다. 그러던 것이 백년 후에 와서는 불타의 내면적 정신 체달의 이념보다 외형적 이론 전개와 형식적인 것에 몰두하는 파가 생겼고, 각자가 오득한 주장의 차이로 20여파로 나눠졌는데 이를 소승불교라고 하니, 소승이란 말은 물건을 많이 싣지 못하는 소거(小車)라는 뜻입니다.

이 주장은 너무나 교훈적이어서 형식적・전설적・소극적인 경향으로 흘러 개인적 해탈을 중시하는 비대중적인 것이었습니다.

불타를 지나치게 초인간시하여 제자로서는 아무리 수행을 할지라도 육신으로서는 성불할 수 없고, 다생(多生)을 지나면서 수행하여야 성불할 수 있다는 주장이며, 구타주의(救他主義)보다 자구주의(自救主義)인 염세적 구도(救道) 관념이 짙은 것이었습니다.

대승불교는 원시불교를 기초로 한 불타의 정신을 자유롭게 해석하는 자유파를 형성하여 불교 개혁을 일으키고, 새로운 운동을 했습니다. 대중적이요, 통속적인 속인불교를 건설하자는 절실한 요구의 부르짖음이었습니다. 신체 구속의 계율주의보다 정신개오의 진리 규명을 존중하며 겸선천하(兼善天下)의 구타제생(救他濟生)에 안목을 두어서 성불은 승려만이 얻는 것이 아니라 누구든지 재가한 채로 수심정행(修心淨行)만 하면 성불할 수 있다는 주장과 정불국토를 건설하는 사후왕생 극락세계의 이념까지 표현케 된 것입니다.

□ 예지(叡智)지식과 불상(佛像)우상의 차이

문 : 일반 종교에서는 신앙의 구경(究境) 목적을 회개와 승천에 두는데 불교에서는 신앙 목적을 어디에다 둡니까?

답 : 견성오도(見性悟道)와 대각성불(大覺成佛)이란 말은 범어인데, 성불(成佛)이라는 말은 대각(大覺)으로 성취한다는 뜻입니다.

그러면 대각은 무엇이겠습니까? 지혜 즉 정지(正智)를 얻는다는 뜻이니 곧 예지를 가리킨 것입니다. 지혜는 지식과는 다릅니다. 지식은 우리 인간의 욕심에 기하여 경험을 적취한 것으로서 신물체(新物體)와 신사물(新事物)에 대하여 분석하고 해석할 수 있는 작용을 특질로 하는 것입니다. 그러나 지혜는 그와 반대로 지식을 초월한 초경험적 인식을 기인으로 하여 총합적으로 직관체득(直觀體得)하는 선천적 지(智)의 발휘를 말하는 것입니다.

〈법구경〉을 보면, '약인수백세 우치무지혜 불여생일일 일심학정지(若人壽百歲 愚痴無智慧 佛如生一日 一心學正智)'라 했으니, 만일 사람이 백세를 살더라도 우치해서 지혜가 없으면 차라리 하루를 살다 죽더라도 일심으로 정지(正智)를 배우는 것만도 못하다 라는 말입니다.

불교에서는 이 예지를 보리(菩提)·반야(般若)라고도 합니다. 반야는 곧 정지라는 뜻이오, 보리는 대각(大覺)·원각(圓覺)이라는 뜻입니다. 그래서 이 대각과 정지를 얻고 보면 우주만유의 이 법에 대하여 무소부지(無所不知)하고 무소불통(無所不通)하여 선험적인 예지 발휘로써 모든 것을 다 알아서 선에 대하여 불수이자수(不修而自修)하고 악에 대하여 부단이자단(不斷而自斷)하게 된다는 뜻입니다.

변호사나 판검사·경찰·관리가 어떤 사건으로 법망에 얽히는 것은 법률의 지식 부족이 아니라 자못 물욕과 정욕에 눈이 어두워 사리판단의 예지가 감추어지는 까닭입니다. 사람은 길흉화복같은 고락사(苦樂事)에 대하여 누가 가르쳐 주지 않아도 예감이란 것이 있는 것입니다. 불선한 일을 하면 누구나 께림칙한 양심의 빛이 번쩍거립니다. 이것이 곧 예지입니다. 이것을 지키고 더욱 빛나게 하는 공부가 불교의 수도입니다.

문 : 불교에서는 명심견성(明心見性)을 오도(悟道)의 목표로 하고 있으니 불교에서 보는 심성(心性)은 어떤 것일까? 그 심

성을 어떻게 개발하고 관찰해야 오도가 되는지 그 방법을 말씀해 주시지요.

답 : 이 문제에 대하여는 삼계유심(三界唯心) 문답 가운데서 자세히 말씀드려서 중복되는 감이 없지 않습니다. 간단하게 말하자면, 심(心)은 총명(總名)이요, 성(性)은 심(心)의 체(體)요, 의(意)와 정(情)은 심(心)의 용(用)입니다.

경전(經典)을 보면 심(心)은 집기(集起)로서 체(體)를 삼고, 의(意)는 사량(思量)으로써 체를 삼고, 식은 분별사별로써 체를 삼는다고 하였으니 이것만 보아도 심의식(心意識)의 작용이 어떠한가를 알 것입니다.

이 중에 식이란 것은 정을 가리킨 것입니다. 또는 무선무악(無善無惡)이 심의 체요, 유선유악(有善有惡)이 의의 등이요, 지선지악(知善知惡)이 정의 용이라 했으니 이것이 불교의 심리관(心理觀)입니다. 그런데 이 본성본심(本性本心)의 관찰에 대하여 중국 학자의 주장을 보면, 맹자는 성선설을 주창하고 비유하여 말하기를, 사람은 어린아이가 물에 빠지는 것을 보면 무조건 건지려드는데 이는 인생이 본래 선한 까닭이며, 순자는 성악설을 주창하고 비유하기를 인생은 악(惡)이 본성이요, 그 선(善)은 허위인 것이니 나무를 베어서 채색한 것과 같은 것이라고 합니다.

인성(人性)이 본선(本善)이라면 도덕을 가르칠 필요가 어디 있으며, 양자는 인성의 선악구무설(善惡俱無說)을 주장하여 말하기를, 성은 본래 선한 것이나 자연의 충동에 의하여 악이 된 것이라 하였고, 고자(告子)는 인성(人性)의 선악구무설을 주장하여 말하기를, 성은 단수(湍水)와 같아서 동결칙동류(東決則東流)하고 서결칙서류(西決則西流)한다고 했습니다.

석존께서는 심성(心性)의 자체가 본공(本空)하여 선악이 구공한 동시에 선악이 구유한 것을 말씀하셨으니, 선악구공(善惡俱空)의 이(理)는 선악미발전(善惡未發前)인 선악초월의 견지를 말씀한 것이오, 선악구유의 이(理)는 일념(一念)이 재동(才動)하는 선악시발의 단(端)을 가르친 것이니 선인선과(善因善果)의 연기인연(緣起因緣)의 견지를 말씀한 것입니다. 그러므로 심성이 본공(本空)한 성본정(性本淨) 망본공(妄本空)의 직관 응시하는 동시에 여러 가지 선악의 인연종자(因緣種子)가 진리를 본공(本空)한 심성(心性) 가운데 잠재하였다가 발전하여 선악인과가 벌어진 이치를 개오하여 지악작선(止惡作善)의 도를 지키는 것이 불교의 오도(悟道)방법입니다.

문 : 불교는 무신론으로서 유불유심(惟佛惟心)인 마음(心)이 바로 부처의 종교라면서 다불(多佛)·다보살(多菩薩)이 있으니 다신(多神)을 숭배하는 다불교(多佛敎)로 보이는데 그것은 어떤 까닭입니까?

답 : 우주만유 가운데 이(理) 즉 지(智), 지(智) 즉 이(理)의 체(體)인 대각(大覺)이 중심이 됩니다. 그 밖에 천(天)·신(神)·인(仁) 등은 모두 대각성자(大覺聖子)를 신봉하는 자임에 지나지 않으니, 대각이 우주 지배자인 중심 생명이 되는 까닭입니

다. 석존의 재세시에는 오직 불타 한 사람만을 선각자로 제자들이 숭배하고, 우주 실상의 진리를 마음속으로 명상하고 사색하였을 뿐이요, 전설적 재래종교의 제신들을 숭배하지 않았습니다. 다신다보살(多神多菩薩)은 대승불교 가치의 배경을 가지고 일어난 것입니다.

석가일불신(釋迦一佛身)을 정신적 법신(法身)과 과보적 법신과 교화적 응화신의 3신(身)으로 나눠서 보게 되었으니, 천지만물 그대로가 무형한 석가의 정신의 본체라고 본 것이 법신이요, 다겁(多劫) 수행의 과보로 보아서 극락세계에 계실 분이며, 아미타여래를 신격화한 것이 보신(報身)이요, 석가가 이 세상에 오신 것은 우리 중생을 교화키 위하여 우리와 같은 인신(人身)을 가탁(假託)하여 오신 것은 화신(化身)입니다. 이를 토대로 삼아서 무수한 화신불(化身佛)이 생겼으니 모두 석가 일불(一佛)을 본위로 하여 철학적·문학적인 예술의 가치로 표현한 것이 불교의 다불관(多佛觀)입니다. 보살은 불(佛)의 후보자라는 말입니다.

석가 일불의 대지(大智)와 대비(大悲)·대력(大力)과 대행(大行)과 대원(大願)을 각분하여 하나의 보살로 화하여 그 활동으로서 석가 이상을 우주로 크게 발휘시킨 것이 다보살(多菩薩)의 사상이니 석가 일불(一佛)의 분화체(分化體)라고 볼 수 밖에 없습니다.

□ 오도(悟道)와 사제(四諦)

문 : 석가세존께서는 왕자로 출생하여서 설산(雪山)에서 6년 동안 고행을 하다가 35세 되시던 해 12월 8일 새벽에 명성(明星)을 보시고 대오(大悟)를 얻었다고 하는데 그 오도(悟道)의 내용은 어떠한 것입니까?

답 : 세존께서는 왕자로 탄생하셔서 인생의 무상을 느끼시고 19세때 출가하고 설산에 들어가서 인도 재래의 바라문교도들과 같이 무수한 고초를 겪으시다가 6년만에 궁중 생활의 환락도 인생의 궁극 목적이 아니고 산중고행 생활도 궁극 목적이 아니라고 간파하셨습니다. 수도의 묘리는 신체 고락에 있지 않고 정신통일과 심리구명에 있음을 체득하시고 정각산(正覺山) 아래 보리수 밑에 앉아서 명상선정(冥想禪定)에 드셔 우주법칙과 인과율과 인생 이면에 횡재한 고락생기(苦樂生起) 및 존재며 생사의 귀추문제를 탐구하시다가 12월 8일 새벽에 동천에 떠오르는 명성(明星)을 보시고 확연대오하셨으니 그 내용은 불가사의한 것입니다. 경전에 보면 4성제(四聖諦)의 진리를 발견하신 것이라 했습니다.

4성제는 고(苦)·집(集)·멸(滅)·도(道)의 네 글자를 가리킨 것인데, 고(苦)는 인생의 고과(苦果)를 지칭한 것으로, 8고(八苦)가 있습니다. 8고는 생고(生苦)·노고(老苦)·병고(病苦)·사고(死苦)·애별리고(愛別離苦)·원증회고(怨憎會苦)·구불득고

(求佛得苦)・오음성고(五陰盛苦) 등입니다. 집(集)이란 것은 인생과 인의 내용을 가리킨 것이니 탐(貪)・진(瞋)・치(痴)의 3독(三毒)을 중심으로 하여 생긴 12인연을 가리킨 것입니다.

12인연이란 즉, 무명(無名)・행(行)・식(識)・명색(名色)・6처(六處)・촉(觸)・수(受)・애(愛)・취(取)・유(有)・생(生)・노사(老死)한 것입니다.

멸(滅)이란 인과(因果), 즉 열반의 진리를 가리킨 것이니, 상(常)・낙(樂)・아(我)・정(淨) 등의 4과(果)를 말하는 것입니다.

도(道)란 것은 멸과를 얻는 도인(道因)인데 8정도(八正道)를 가리킨 것이니, 8정도는 정견(正見)・정사유(正思惟)・정어(正語)・정업(正業)・정명(正命)・정정진(正精進)・정념(正念)・정정(正定) 등입니다.

문 : 너무도 어려운 문제들입니다. 8고(八苦)부터 순서 있게 설명해 주세요.

답 : 석존께서는 수도하시다가 사성제(四聖諦)의 이치를 발견하시고 오도하신 결과 인생은 대체로 애욕과 물욕인 욕심의 본능을 가지고 있는 이상 낙(樂)보다 고(苦)가 많은 것을 깨달았습니다.

사실상 인생은 육체의 생리적・정신적 관찰로 보아 고(苦)가 많이 있을 뿐입니다. 즉 생고(生苦 : 출생시 고통), 노고(老苦 : 노쇠 고통), 병고(病苦) 등 사고는 생리적 고통이요, 애별리고(愛別離苦) 원증회고(怨憎會苦) 구불득고(求不得苦 : 자기 욕심을 채우면 채울수록 한이 없이 만족을 채울 수 없는 고통), 오음성고(五陰聖苦 : 오음은 심신의 전체이니 색음은 육체를, 수·상·행·식음은 마음을 가리킨다) 등은 정신적 고통입니다. 5음(陰)을 5온(蘊)이라고도 합니다.

5온(五蘊)이란 말은 몸(身)과 마음(心)은 모든 고통을 담고 있는 기구로서 이상의 7고(七苦)를 담아 가지고 많은 고통 속에서 허덕인다는 뜻입니다. 이런 고통덩어리인 인생은 고해중생(苦海衆生)이라고도 하며, 이 세상을 고해(苦海)라고 말합니다.

석존께서 출가하신 동기도 팔고중사고(八苦中死苦)를 직면하셔서 인생은 무슨 까닭으로 출생하며, 뜻없이 죽고마는가 하는 문제를 해결하기 위하여 출가하신 것입니다. 불전을 보면, 인간의 애욕과 물욕에 대한 구불득고(求佛得苦)의 고통상을 도산지옥에 비유하여 아래와 같은 묘사를 했습니다.

옥졸들이 죄인들을 도엽수하(刀葉樹下)에 놓고 그 나무꼭대기에 꽃과 같이 미복(美服) 화장한 미녀를 보이면서 나무 위로 올라오라 한다. 이를 본 죄인은 그 나무 위로 올라간다. 그러나 나뭇잎이 모두 도검 같아서 죄인의 육신을 베이고 근육까지도 자르면서 깎아낸다. 천신만고 끝에 겨우 나무에 올라갔으나 그 미인은 어느새 지상에 내려와서 말하기를 '나는 낭군을 정말로 사랑하는 안타까운 마음으로 당신을 만나려고 이곳에 와 있는데 당신은 어째서 가까이 와서 안아 주며 악수해 주지 않습니까?'라고 한다.

죄인은 그것을 보고 다시 욕심을 내며 도엽에 찔리면서 피투성이가 되어 간신히 땅에 내려온다. 그러면 그 여인은 어느새 올라가 앉아 가진 아양을 부리고 있다.

죄인은 속으면서도 아무것도 모르고 다시 올라간다. 이와 같이 무량백천세(無量百千世)를 뒤바꿔 가면서 죄인과 미인은 서로 만날 길이 없으니 이것이 마치 자심(自心)이 청정한 줄을 모르고 그림자 같은 물욕에 끌린 것이니, 구불득고도 이와같다 라고 했습니다.

인간의 고민상은 참으로 이와 같은 현실이라고 아니할 수 없습니다.

문 : 고제(苦諦)에 대해서는 잘 알겠습니다. 그 다음 집제(集諦)란 것은 어떠한 것입니까?

답 : 집제(集諦)는 인생의 고과(苦果)에 대하여 고인(苦因)을 말한 것이니 이 고인은 12인연이 집합하여 고인을 지은 것인 즉, 인생의 고과를 멸하자면 이 고인이 어떠한 것인가를 구명하지 않으면 아니 되는 것입니다. 그러면 12인연이란 것을 아래와 같이 간단히 말씀드리겠습니다.

1. 무명(無明: 10리(理)를 바로 인식하지 못하는 무명(無明)·탕애(湯愛) 본능의 충동욕)
2. 행(行: 본능욕에 기하여 업(業)을 조작하는 조업 행동체)
3. 식(識: 그 부모가 교음함에 의하여 정충이 투입될 때 입태(入胎)되는 식심(識心)
4. 명색(名色: 태중형체(胎中形體) 미완위명(未完位名)은 심(心)이요, 색은 육체)

5. 육입(六入: 태중에서 육근(六根), 즉 안·이·비·설·신·의 등 신(身)과 심(心)의 완비위(完備位)

6. 촉(觸: 출생 후부터 2, 3세까지 재(財)와 색(色)을 모르는 때)

7. 수(受: 4~5세로부터 12, 13세까지 이르는 중에 고락을 감수할 때)

8. 애(愛: 14~15세 전후에 재색(財色)에 눈이 떠서 애착할 때)

9. 취(取: 애착심이 증장(增長)하여 재(財)와 색(色)을 탐취불기(耽取不己)하는 때)

10. 유(有: 애(愛)와 취(取)의 염(念)으로부터 미래세(未來世)의 당유과(當有果)를 적취(積聚)하는 제업력(諸業力)

11. 생(生: 이상 애취유(愛取有) 등에 의하여 기혹조업(起惑造業)하여 미래세에 수생(受生)하는 찰나)

12. 노사(老死: 미래세에 장생(長生)하여 다시 늙고 병들어 사망하는 것)

 이같이 최초 근본이 되는 번뇌의 업혹(業惑)인 무명(無明)으로서 행과 식의 인연을 기하여 인생이 출생하게 되는데, 이것이 과거·현재·미래의 3세를 연쇄하게 되니 무명과 행의 2인(因)이 과거인(過去因)이 되어 식(識)·명(明)·색(色)·육인촉수(六因觸受)의 현재 5과를 생하고, 현재세의 수·취·유의 3인이 고인이 되어 미래세의 생과 노사의 2과를 만들어서 무궁한 생사의 연속을 내게 되는 것입니다.

 고로 12인연 중에 무명(無明)과 행(行)의 두 가지와 애(愛)·취(取)·유(有)의 세 가지가 이명동의가 되어서 반복 순환하여 들어가는 것이니, 불교에서는 이를 가리켜서 윤회전생(輪廻轉生)이라고 합니다. 그러므로 불교에서는 신이나 조물주가 인생을 만드는 것이 아니라, 인생 자체가 무여무종(無如無終)으로 조업수보(造業受報)의 인연으로서 우주 내에 충만한 청정일심이 자연 혼탁하여 인생이 되어서 무궁하게 윤회전생을 하는 것인데, 선(善)을 만들면 천당에 생하고, 악을 만들면 지옥에 타락하고, 나쁜 마음을 쓰면 범이나 늑대 같은 것이 되고, 우둔한 행위를 하면 지렁이가 되고, 경망한 용심(用心)과 행동을 하면 나비가 된다는 것입니다.

그렇게 전생한 요소는 12인연의 업연기(業緣起)를 중심으로 하여 그렇게 된다는 것입니다.

문 : 멸(滅)과 도(道)는 어떤 것입니까?

답 : 이상의 고(苦)・집(集) 2제(諦)는 출세문인과(出世間因果)라고 하는데 멸(滅)이란 것은 제행무상(諸行無常)・제법무아(諸法無我)・열반적정(涅槃寂靜)의 3법 가운데 열반적정을 가리킨 것으로 이것은 대학, 원각을 지칭하는 것입니다.

열반(涅槃)을 역하여 적멸이라 함은 진심성체(眞心性體)가 멸망한다는 것을 이르는 것이요, 파도가 가라앉으면 해수가 고요한 것과 같이 무명애욕(無明愛慾)의 번뇌가 가라앉으면 대현(大賢)이 나타난다는 뜻입니다.

멸(滅)이란 것은 불과(佛果)를 가리킨 것이니 이에는 상(常)・낙(樂)・아(我)・정(淨)의 4덕(德)이 구유(具有)하니 곧 실상을 말한 것입니다. 도(道)는 8정도(八正道)를 가리킨 것이니, 8정도는 멸과를 득하는 도인(道因)이 되는 것입니다.

1. 정견(正見: 정지견(正知見)이니 우주의 진리를 여실지견(如實知見)함이니 생자필멸(生者必滅)·회자정리(會者定離)를 그 사실대로 보고 원도치 않으며, 고(苦)·집(集)·멸(滅)·도(道) 4제(諦)의 리(理)를 진실로 인식하여 무사견(無邪見)한 것)

2. 정어(正語: 망어(妄語)와 기어(奇語)와 양설(兩舌), 이문반문(離間反問)의 말과 악구(惡口) 등을 떠난 진실어)

3. 정사유(正思惟: 정직한 사변(思辨)과 사색(思索)이니 무진과 무해(無害)를 주고 생각하고, 원한과 질투와 교만과 사욕 등을 관(觀)하고, 4제(諦)를 분별사유하여 대각(大覺)을 존사(尊思)하는 것)

4. 정명(正命: 바른 생활이니 법에 합당한 의식주의 생활을 하고 기만적 생활을 떠나는 것)

5. 정정진(正精進: 역구정각(力求正覺)하여 수도에 전념하되 신(身)의 무상을 관(觀)하고, 법의 무아(無我)를 관하여 미발악(未發惡)을 막고 미생선(未生善)을 일으켜 선후치심(先後治心)하여 수도에 전념하는 것)

6. 정념(正念: 바른 기억이나 정도(正道)를 생각하고 사념(邪念)을 두지 말며 4성제를 항상 기억하는 것)

7. 정업(正業: 바른 지조이니 살생·절도·사음 등을 하지 않을 것)

8. 정정(正定: 선정에 드는 좌선공부이니 만사도망(萬事都忘)의 공삼매(空三昧)와 무념무상의 삼매를 닦아 열반멸도를 직관, 응시하여 진심의 안정을 얻어서 안신입명하는 것)

등이 8정도입니다. 이를 잘 지키고 수행하면 12인연을 단절하고 고과(苦果)인 8고(苦)를 면하고 대각멸과(大覺滅果)인 불타

각위(佛陀覺位)를 얻게 된다는 것이니 이것이 4성제의 진리인 동시에 불타의 오도(悟道) 내용이 되는 것입니다.

불교에서는 우주만유 전체를 대총상법문(大總想法門)이라 하고 그 중심을 중생심(衆生心)이라 하고, 그 가운데 진(眞)과 망(妄)을 나누고, 진을 불변(不變)과 수분(隨分)으로 나누고, 망을 체공(體空)과 성사(成事)로 나누고 진중불변과 망중체공을 진여문환멸(眞如門還滅)하여 오도(悟道)의 묘제(妙諦)를 얻게 합니다.

□ 참회(懺悔)와 멸죄(滅罪)

문 : 기독교와 같은 다른 종교에서는 원죄설(原罪說)을 주장하고, 회개 속죄하여 승천을 목적으로 하는데 불교의 참회 멸죄관은 어떠합니까?

답 : 불교에서는 그 교리의 주지(主旨)가 번뇌를 없애고 명심견성(明心見性)하여 열반 대도에 돌아감에 있는지라 무명번뇌(無明煩惱)를 죄로 보고 이 무명번뇌의 죄악을 참회하여 단악수선(斷惡修善)의 멸죄로서 오도를 주장합니다.

인생이 고(苦)에서 시작하여 고에서 끝남은 그 원인이 무명번뇌의 탐욕에 있고, 그 탐욕의 원인은 아(我)의 일념집착(一念執着)에 있으니, 만약 죄악의 덩어리인 아(我)라는 일념을 탈거하고 무념(無念)·무상(無想)·무아(無我)의 경지에 달하면 인생의 구경낙지(究竟樂地)가 나타나는 것입니다. 그러나 불교에서는 무명번뇌를 원죄관(原罪觀)으로 보지 않습니다. 왜냐하면 죄악이 본공(本空)하고 심성이 본정한 것이어늘 그 본공본정(本空本淨)의 이치를 알지 못하는 무명아집(無明我執)의 일념 망심이 발동하여 모든 죄악을 낳는 것이니 죄성의 본공을 달관하여 망심을 지식하면 그것이 참회요, 다시 악을 범치 않고 선행을 만드는 것이 멸죄입니다.

불교에서는 범죄를 지었더라도 참회하면 죄가 멸하는 것이 되고, 또는 참회와 동시에 수선하여야 죄근(罪根)을 발거하는 것이라고 봅니다.

죄악의 근본은 무명번뇌의 빈심(貧心)·진심(瞋心)·치심(痴心) 등의 3독(毒)인데, 아무리 참회할지라도 후일에 재범을 하면 죄가 멸할 날이 없고, 또는 범죄자가 일시적 참회로서 불천(佛天)의 용서를 받는다 할지라도 후래(後來)로 가지고 있는 탐·진·치 3독을 그대로 두고 보면 복은 복대로, 죄는 죄대로 남아 있게 됩니다. 비유하건대 가마솥 가운데 끓는 물을 식히려고 위에서 한두 통의 찬물을 붓고 밑에서 타는 불을 그대로 두면 화력은 강하고 냉수력은 약해서 언제까지나 식혀지지 않는 것과 같습니다. 세상에 전과를 참회하는 자는 많은데 재범치 않는 자는 적으며, 일시적 회개심으로 속죄적 용서를 받는 자는 많은데 심중(心中)의 악인 탐욕과 번뇌가 그냥 있으니 이래서 무슨 참회의 공덕이 있겠습니까? 고로 참회한 후에는 재범치 않을뿐더러 수행을 해야만 아주 멸죄(滅罪)가 되는 것입니다.

□ 가아(假我)와 무아(無我)와 진아(眞我)

문 : 불교에서는 가아(假我)와 무아(無我)와 진아(眞我)의 3종을 말하는데 그 구별이 어떠합니까?

답 : 세인이 아(我)라고 하는 나는 불교 안목으로 보면 실로 가아(假我)에 불과합니다. 왜냐하면 신심인연(身心因緣)에 의하여 생래(生來)한 것이기에 이 몸은 아가 아니요, 이 몸은 인연의 소집성(所集成)이요, 따라서 무상한 것입니다. 만일 이 몸이 아(我)일 것 같으면 아신(我身)은 이렇게 있으라, 이렇게 있지 말라 하고 욕구하면 그대로 할 것입니다.
 마치 왕이 그 나라 일에 있어서 벌을 주고 상을 주어서 자기 생각대로 되는 것과 같습니다. 그런데 원치 않는데 병들고 늙어 버리고 내가 요구하는 대로 되는 것이 없습니다.
 이 몸이 아(我)가 아닌 것과 같이 이 마음(心은 眞理的 心이 아니요, 識心을 말함)도 또한 아(我)가 아닙니다. 왜냐하면 마음도 또한 인연의 소집성이요, 변천하는 것입니다. 심(心)이 아(我)라 한다면 마음대로 욕구할 터인데 그렇게 되지 않습니다. 그런즉 신심(身心)은 모두 가아(假我)가 아닙니까? 고로 이 몸이 상주한 것이 아니고 무상한 것인가고 묻는다면 누구든지 무상한 것이라고 답함이 맞는 것입니다. 또 무상은 고(苦)인가 낙(樂)인가고 묻는다면 고라고 대답할 것입니다. 그런즉 심(心) 또한 무상한 것으로서 고(苦)요, 아(我)는 아닙니다.

그러면 이 개체를 구성하고 있는 신심과 경계는 한 가지 진정한 아(我)와 아소(我所)가 아닙니다. 몸과 경계도 연에 의하여 생한 것이기에 변천하여 고정함이 없습니다. 모두 유수같이, 등화같이 변천하고 있습니다. 심(心)도 또한 마찬가집니다. 신과 심에 대한 집착을 버리지 않으면 안됩니다. 이렇게 되면 개오(開悟)를 얻게 됩니다.

이 세상에 있어서 어느 누구라 하더라도 얻지 못하는 것이 5가지가 있으니,

1. 늙어가는 몸으로서 노인이 되지 않는 것.
2. 병드는 몸으로서 병들지 않는 것.
3. 죽는 몸으로서 죽지 않는 것.
4. 멸(滅)하면서 멸치 않는 것.
5. 진(盡)하는 자로서 진치 않는 것.

세상 사람들은 이 난피지사(難避之事)에 당면하여 부질없이 고민하고 있으나 불교의 교훈을 알게 되면 피하기가 어려운 것을 잘 알기 때문에 이런 우치한 번뇌를 하지 않습니다.
이와 같이 신(身)과 심(心)을 가아로 보기에 무아의 진리를 깨치게 됩니다. 무아(無我)를 깨치는 데는 세상에 4가지 진실이 있으니,
 1. 모든 생(生)으로서 생을 받는 자는 무명(無明)으로부터 생한 것이며,
 2. 모든 욕망의 대상이 된 것은 무상(無常)이요, 고(苦)요, 변

천하는 것이며,

3. 모든 존재의 것은 무상(無常)이요, 고(苦)요, 변천하는 것이며,

4. 아(我)와 아소(我所)가 없는 것이니, 아소는 즉아(卽我)의 소유란 것입니다.

모든 것은 모두 무상한 것으로서 변천하는 것입니다. 여하한 것이라도 무아인 것은 불(佛)이 이 세상에 나오시고 안 나오시고 간에 정해 있는 진리입니다. 세존은 이를 아시고 깨쳐서 교도하셨습니다. 그러나 이 무아는 아무것도 없는 허무를 말한 것이 아닙니다.

무아(無我)는 무심(無心)이란 말과 같으니, 무심은 빈 병이란 말과 같습니다. 그렇다고 빈 병은 무병체(無甁體)를 말한 것이 아닙니다. 곧 아무것도 담지 않는 것을 말하는 것이니, 무심도 이와 같아서 선악심(善惡心)을 초월한 것을 무심이라 합니다. 따라서 무아(無我)는 아(我) 및 아소(我所)가 없는 무아, 즉 망아(忘我)가 없는 아(我)로써 무심이 진심인 것과 같이 무아가 곧 진아가 됩니다.

다시 말하면 개성의 아집을 떠나서 우주대아(宇宙大我)의 허공진아(虛空眞我)가 나타나게 되는 것이 곧 불교의 진아(眞我)입니다.

□ 좌선(坐禪)의 요체

문 : 좌선이란 어떤 것입니까? 요즘 선(禪)에 대하여 특히 관심이 대단합니다. 그 내용과 방식을 말씀하여 주십시오.

답 : 선에 대하여 몇 가지로 분류하여 설명해 드리겠습니다.
가) 좌선(坐禪)의 어의(語義) ─좌선이란 말은 범어의 선군(禪郡)으로서 여기서는 정려(靜慮)라고 합니다. 다시 말하면 고요히 생각하여 헤아린다는 뜻입니다. 좌선이라 함은 범한겸거(梵漢兼擧)라고 이르며 많은 해석이 있습니다만 강한 의미를 붙이면 정좌사유(靜坐思惟)한다는 뜻인데, 이는 단지 문자상의 뜻이요, 결코 좌선의 전체적인 의미가 될 수는 없다고 하겠습니다.
나) 선종(禪宗)에서의 불립문자(不立文字) 견성성불(見性成佛)의 종지(宗旨)─선가귀감(禪家龜鑑)이라는 선문(禪文)에 세존삼처전심심자위선지(世尊三處傳心者爲禪旨)요, 일대소설위교문(一代所說者爲敎門)이라 운선시불심(云禪是佛心)이요, 교시불어(敎是佛語)라 하였으니 석가세존이 45년간 설하신 경전이 교가 되는 것이요, 오직 석가세존에게만 이심(以心)으로 의심(依心)한 정법안장(正法眼藏)이 즉 선이 되는 것입니다.
　교의 종지라는 것은 〈화엄경〉의 현담(縣談)은 화엄종의 종지요, 〈법화경〉의 현설은 천태종의 종지가 되는 것과 같습니다. 그 근본적 종지는 '불립문자(不立文字) 직지인심(直指人心)

견성성불(見性成佛)'이란 것입니다.

다) 선(禪)의 분류

1) 외도선(外道禪: 좌선을 修하는데 여러 가지 사견을 기하여 그 경계에 집착하는 禪)

2) 범부선(凡夫禪: 我見과 我慢을 증장하는 폐가 있는 것)

3) 소승선(小乘禪: 열반을 득하려는 有所得心으로 닦는 것)

4) 대승선(大乘禪: 위의 3좌선보다 稱勝하지만 3止3觀에 그칠 뿐인 것)

5) 최상승선(最上乘禪: 달마문하의 좌선을 지칭한 것인데 如來禪과 祖師禪으로 나눈다)

라) 불립문자(不立文字) 견성견불(見性見佛)의 제창동기(提唱動機) ―달마대사가 양무제와 법문답(法問答)을 하다가 서로 기연이 맞지 않음으로 강을 건너 위나라에 가서는 숭산소림(嵩山小臨) 굴 안에서 9년 동안 면벽관심(面壁觀心)하여 공부를 쌓은 것은 오로지 교외별전(敎外別傳)의 본래면목을 찾은 것이며, 이것을 얻음으로써 그 제자 혜가대사(慧可大師)에게 전수하고, 또 승찬(僧燦)에게 전수하고 도신(道信)·홍신(弘忍)·혜능(慧能)에게 대대상전하여 왔습니다.

그 후에 혜능대사가 금강반야바라밀경을 직접 홍인대사에게서 받았다 하여 소의경전(所依經典)으로 삼는 동시에 달마대사로서 초조(初祖)를 삼고 혜능대사로 제 6대 조사를 삼아 선의 종풍(宗風)을 크게 선양하였습니다.

이와 같이 달마문손(達磨門孫)이라 지칭하는 북종신수문하(北宗神秀門下) 등과 남종하택신회문하(南宗荷澤神會門下) 등의 지해종도(知解宗徒)로서 달마선(達磨禪), 즉 자기 선종의 근본종지를 이루지 못하고 오히려 교종들의 소의경전을 주요시하는 교풍(敎風)경향에 끌리어 본래문자를 불립하는 문중임에도 불구하고 문자경(文字經)인 〈금강경〉과 〈능엄경〉으로서 자종(自宗)의 소의경전으로 삼았던 것입니다.

이런 구구한 소의경전설을 일봉파쇄(一棒破碎)한 것이 불립문자 직지인심 견성성불이라는 근본 종지가 확립된 것입니다.

마) 불립문자(不立文字) 견성성불(見性成佛)의 대교배석(對敎配釋) ―교종(敎宗)에 있어서는 1) 소의성전(所依聖典) 2) 소전지리(所詮之理) 3) 소수지행(所修之行) 4) 소증지불신(所證之佛身)을 말했는데, 예를 들면 소승각종파(小乘各宗派)에서는 〈소의경전〉은 〈아함경〉이요, 소전지리(所詮之理)는 업감연기(業感緣起)요, 소수지행(所修之行)은 아승구겁(阿僧口劫)인 수혜(修慧)와 백겁(百劫)의 수복이요, 소증지불신(所證之佛身)은 계(戒)·정(定)·혜(慧)·해탈(解脫)·해탈지견(解脫知見)인 5분법신(五分法身)이라 했으며, 가령 화엄종으로 말하면 〈소의경〉은 〈화엄경〉이요, 소전지리(所詮之理)는 4법계 10현문이요, 소수지행(所修之行)은 삼생수행성불(三生修行成佛)이요, 소증지불신(所證之佛身)은 십신무애신(十身無碍身)이라고 합니다.

이같이 교종 각파들의 〈아함경〉과 〈화엄경〉 등의 문자지묵경(文字紙墨經)으로서 소의성전을 삼는데 선종에서 불립문자로 소의성전을 삼고, 교종 각파들의 업감연기(業感緣起)·법계연기(法界緣起)로서 소전지리를 삼는데, 선종에서는 직지인심

(直旨人心)으로서 소전지리를 삼고, 교종 각파의 소수행(所修行)을 말할 때는 삼지겁(三只劫)이라든가 백겁성불(百劫成佛)이니 삼생성불(三生成佛)이라 말하는데, 선종에서 견성성불(見性成佛)이라 말하고, 교파들의 소증지불신(所證之佛身)을 5분법신이니 십신무애신(十身無碍身) 등이라 말하는데 선종에서는 환화공신즉법신(幻化空身卽法身)이라는 색신(色身)과 법신(法身)이 불이(不二)한 법신을 말하는 것입니다.

바) 최상승선(最上乘禪)의 오입심경(悟入心境) ―최상승선 가운데 오입(悟入)의 심경이 2단계가 있는데 첫 단계는 여래선(如來禪)이니, 그 요지는 천지지천천지전(天地地天天地轉) 수산산수수산공(水山山水水山空)이란 것입니다.

천(天)이 지(地)로, 지(地)가 천(天)으로 전하며 수(水)가 산(山)으로, 산(山)이 수(水)로 변할 수 있으며, 이 현상계의 천지와 산수는 본래 공(空)한 것이다 라는 뜻입니다. 그러므로 여기에서는 목전에 보이는 삼라만상을 부인하는 동시에 이를 멸각하고 본래의 공(空)에 계합(契合)하는 것이 완전한 목적이 되는 것입니다. 또 여래선상(如來禪上)에서의 망상(妄想)둔절한 경지를 말하는 게가 있으니, '양개이우투입해직지여금무소식(兩箇泥牛鬪入海直至如今無消息)'이란 것입니다.

흙으로 조성한 양우(兩牛)가 해수(海水) 가운데 들어옴으로 그 우(牛)의 전체인 흙은 해수로서 다 풀어져 버려, 소는 흔적조차 없기에 지금까지 소식이 없다는 말입니다. 그런데 이 양개이우(兩箇泥牛)란 심적 분별인 시비호악(是非好惡) 자타염

정(自他染淨) 등의 대립적 심리작용을 비유하는 말이어서 보통 인간적 분별사량, 즉 번뇌망상의 한 점 흔적도 없이 녹아 없어진 곳이 여래선(如來禪)에서의 근본 목적에 달하는 심경입니다.

이 단계를 넘어 있는 또 한 단계는 조사선(祖師禪)이란 단계로서, 그 요지는 '천천지지하회전 산산수수각완연(天天地地何會轉 山山水水各完然)'이란 것이니 천지산수(天地山水)의 외경만상(外境萬象)을 없애려는 것이 아니라 그대로 산은 산으로, 수는 수로 천지는 천지로 보는 것입니다.

외적 경계를 그대로 두고 이 경계를 집착하는 주관적 내심, 즉 망상분별만을 없애는 것입니다. 예를 들면 '철우불파사자후(鐵牛不怕獅子吼)'란 것입니다. 즉, 사자일후에 백수뇌열(百獸腦裂)하는 무서운 사자의 고함소리를 들어도 무쇠로 주성(鑄成)한 소는 심적 감각이 없는 무심물(無心物)이기 때문에 조금도 공포심을 느끼지 않는다는 말입니다. 그러므로 이 철우(鐵牛)와 같이 내적 분별이 없는 도인(道人)에게는 음악의 아름다운 소리와 미인의 예쁜 얼굴이라도 귀와 눈에 아무런 쾌감을 주지 못한다는 것입니다.

사) 간화(看話)의 방법 ―화두(話頭), 즉 공안(公案)을 참구(參究)하는 것은 임제종(臨濟宗)께서 좌선하는 방법으로서 이를 간화선(看話禪)이라고 합니다. 조동종(曹洞宗)에서는 본래 화두를 참구하지 않고 좌선하는데 수조선(獸照禪)이라고 합니다. 수수이상조(獸獸而常照)한다는 말입니다. 여기서는 간화선을 말하는 것이니 그 방식을 대략 설명하겠습니다.

화두는 1천 7백안(案)이나 됩니다. 어떤 공안(公案)을 취급하든지 마음대로 선택하는 것이지만, 참구하는 요법은 성성적적한 마음으로서 혼침(昏沈)과 산란의 어느 곳에도 빠지지 말고 오직 심(心)과 안(眼)을 화두와 같이 한곳에 모아서 응결시켜야 되는 것입니다.

이와 같이 화두를 참구하는 사람은 길을 찾아, 지구성을 가지고 간단없이 오래오래 침구하여 나간다면 자연히 대오(大悟)를 얻게 될 시절이 올 것은 조금도 의심할 것이 없습니다.

□ 반야심경(般若心經)의 지송(持誦)

문 : 불교 경전 가운데 가장 간단하고 지송(持誦)하는 데에 지루한 감을 주지 않고 외움으로써 정신수양에 크게 도움이 되는 좋은 경(經)이 있으면 소개하여 주시기 바랍니다.

답 : 한 가지를 소개하면 〈마하반야바라밀다심경〉이 있습니다. 석가세존께서 12월 8일에 대도(大道)를 깨달으신 후로 45년간의 긴 세월을 거쳐 8만 4천 법문을 널리 설하셨는데 이것이 〈팔만대장경〉이라는 경전입니다.

단 2백 60자밖에 되지 않는 〈반야바라밀다심경〉을 만든 것입니다.

□ 불교철학에서의 유적 사상(有的思想)

문 : 동양 불교사상에 있어서 공(空)의 철학적 사상과 유(有)의 철학적 사상의 2대 조류가 있다고 합니다. 공적 사상에 관한 강의는 있었으나, 유적 사상에 대하여는 한 번도 들어본 적이 없습니다. 이에 대해 말씀해 주십시오.

답 : 불교철학에 있어서 공적 또는 유적 사상은 고도의 철학설이기 때문에 이해하기 어렵습니다. 대개 학문적인 유(有)의 철학적 사상은 소승불교 20부 중에서 '설일체유부(說一切有部)'에서 찾아볼 수 있습니다. 즉 '3세실유법체항유(三世實有法體恒有)'를 목표로 하는 학설입니다. 이 두 구절을 일련문으로 연결시켜 보면, 3세를 통하여 실유(實有)하는 제법(諸法)은 그 법체가 항유불멸(恒有不滅)한다는 것으로 법체(法體)는 주어요, 3세는 보어(補語)입니다.
 이 3세의 제법(諸法)이라는 법은 현상적 법을 말함이요, 법체(法體)는 실체적 법체를 말함이니 즉 3세현상제법의 실체적 법체가 항유한다는 것입니다.
 어떤 학설은 이 양구(兩句)를 분해하여, '삼세실유(三世實有)'란 구는 제법의 실체적 법체가 시간적으로 3세에 실유한다고 보고, '법체항유(法體恒有)'란 구는 실체적 법체가 공간적으로 항유한다고 봅니다.
 다음으로 '삼세실유(三世實有)'의 의미를 해석하면 '대중부

(大衆部)'와 '경량부(經量部)'에서는 과래(과거와 미래)에는 무체요, 현재만이 유체라고 주장하는 학설에 대하여 3세개실유(三世皆實有)를 주장하는 것입니다. 이 3세개실유를 주장하는데 4종의 인증이 있으니 다음과 같습니다.

1. 야과거색(若過去色)과 미래색(未來色)이 비유(非有)면 불응어과거색(不應於過去色)과 미래색에 근수염사(勤修厭捨)하며 근단차구(勤斷次求)니라 하였으니, 즉 색등제법(色等諸法)이 3세에 거하여 실유(實有)하다는 경(經)의 증문(證文)이요.

2. 식(識)은 2연생(緣生)이니 위안급색(謂眼及色)이요, 내지 의근급법(意根及法)이라 하였으니, 즉 과거세의 제법과 미래세의 제법이 실유치 않다면 과거와 미래를 연취하는 식(識)은 그 견(見)이 없게 되는 고로 근(根)·경(境)의 2연(緣)을 구할 수 없으리라는 말이니 이것도 역시 근·경 등 제법이 3세실유(三世實有)를 증명하는 경문이요.

3. 이식기시(以識起時)에 필유경고(必有境故)로 위필유경(謂必有境)하여 식내득생(識乃得生)이니 약과거(若過去)와 미래의 경체약무(境體若無)라면 식역부득생기(識亦不得生起)라는 것이니, 즉 과거와 미래를 추억하는 인식적 작용이 있는 것은 즉 과거의 6경(六經) 등 법이 있음으로써 라는 유경증(有境證)이요.

4. 기사업(己謝業)이 유당과고(有當果故)니 약무과거체자(若無過去體者)면 선악이업(善惡二業)이 당과응무(當果應無)라는 것이니, 즉 인(因)이 과거에 있으면 반드시 과가 당래(當來)에 있다는 의미로서 과거 미래의 인과 등 제법이 실유하다는 것을

증명하는 것입니다.

이와 같은 증문(證文)으로서 3세에 모두 개실유하는 제법의 법체가 항유한다는 것을 주장하는 것입니다. 제법의 법체가 3세를 통하여 항유한다는 것인 즉, 제법의 법체가 실유한다는 것이 주목표가 되지마는 그 2세란 것은 그 자체가 실유한 것인가 실유치 아니한 것인가 라는 것도 또한 문제가 되지 않을 수 없습니다.

이 3세 자체(三世自體) 문제에 대하여서는 분별론사(分別論師) 등은 3세의 자체가 실유한 것이라고 고집한 모양이나 유부종(有部宗)에서는 3세는 즉, 유증제법이라 이 3세는 유위제법을 떠나서는 있을 수 없는 존재이며, 유위제법은 본래 무상선인 고로 3세 역시 무상하여 실유가 못된다고 봅니다. 이같은 무상성(無常性)인 3세의 시간적 형성에 의하여 법체가 항유한다는 것입니다.

유부종의 종지(宗旨)는 제행무상(諸行無常)이 있다면서 여기서는 도법체항유(法體恒有)를 창설하니 유(有)와 무(無)라는 양설이 자어상위(自語相違)가 아닐까요? 하는 질문이 많습니다.

제행무상(諸行無常)이란 것은 피종(彼宗: 유부종)의 근본종지로서 절대로 무상을 부인하는 학설은 외도설이라고 해도 과언이 아닙니다.

그러면 여기서 말하는 법체항유는 상주불변의 유가 아니요, 즉 찰나멸(刹那滅)하면서 자류(自類) 상속으로 부단히 항유한다는 유이니, 즉 무상으로서의 유가입니다. 다시 말하면 상주불변(常住不變)의 유(有)가 아니므로 상유라 칭하지 않고 전멸

후생(前滅後生)의 자류상속(自類相續)인 유이기에 항유라고 칭한 것이니 항자에 착안하기를 바라는 바입니다.

이 제법의 자류상속이란 것은 즉 색법(色法)은 색법으로, 심법(心法)은 심법으로 찰나찰나에 전멸후생(前滅後生)하면서 그 자류로서만 부단히 상속하고 색법이 심법으로, 심법이 색법으로 변한다는 것은 아니라는 것입니다. 심소(心所) 등의 여법(餘法)도 마찬가집니다.

그런데 이 법체항유설(法體恒有說)에 대하여 재래 일본학계에서는 체멸설용멸설(體滅說用滅說), 체용절충설(體用折衷說) 등의 학설이 있습니다. 체멸설은 나라(奈良) 흥복학파(興福學派)의 학설이니 즉 '유위법(有位法)의 법체(法體)는 본래생왕이멸(本來生往異滅)의 사상변천(四相變遷)을 대(帶)하였으므로 법체까지 멸치 않으면 안된다'고 하는 설이요, 용멸설(用滅說)은 원흥학파(元興學派)의 학설이니, 즉 '유위법체(有爲法體)는 본래 불생불멸하는 것이요, 단 유위법(有爲法)의 작용만이 멸하는 것이다' 라는 학설입니다.

이 체멸설(體滅說)과 용멸설(用滅說)도 상호비집한 양 학파의 의견과 그 전거, 증문 등으로 보아 양파가 다 같이 체용(體用)을 희통치 못할 것으로 보았고, 그 결과 결국 체용 절충설을 주창한 학설이 생겨났는데, 바로 일본 해응사(海應師)의 학설입니다.

이 학설에 의하면 체(體)와 용(用)은 불즉불리(不卽不離)의 관계가 있는 것인즉, 불즉문(不卽門)의 입장에서는 체(體)는 시유(是有)요 용(用)만이 멸(滅)하는 것이요, 불리문(不離門)의 입장에서는 체용구멸(體用俱滅)이라고 말했습니다.

이제 말한 것은 '설일체 유부종(說一切 有部宗)'이 주장하는 바로서 3세실유법체항유(三世實有法體恒有)'라는 학설인즉, 불교철학의 유적사상(有的思想)입니다.

제3부
죽음이란 무엇입니까?

□ 삶이란 무엇입니까?

문 : 우선 본질적인 물음이 되겠는데요. 삶의 의미와 죽음의 초극(超克)에 관한 문제입니다. 공자님께서는 제자가 죽음이란 무엇이냐고 물으니까 우리가 삶이란 것도 잘 모르는데 어떻게 죽음까지 다루겠느냐고 했습니다. 삶과 죽음 —이것은 인류역사 이래 가장 인간을 괴롭혀 온 문제가 아닙니까? 근래의 실존주의 사상에 있어서도 인생에 있어서 가장 중요한 문제는 죽음이며, 이 문제를 극복해야만 참다운 인간의 삶을 계속할 수 있다고 말하고 있습니다만, 과연 삶과 죽음의 진정한 의미는 무엇이며, 또한 죽음의 문제를 어떻게 초극할 수 있을까요? 생의 의미부터 말씀해 주세요.

답 : 삶이란 여러 가지의 의미로 말할 수 있겠죠. 생물학적인 생명현상으로 또한 경제적 영위로서의 생활로도, 또 인생의 문제로도 말입니다. 물론 여기에서는 근본문제로서 삶의 의미를 물은 것으로 압니다.
불교에서는 인간이 태어나고 죽는 것은 인연(因緣)에 의한 것이라고 봐요. 인간의 생사문제뿐만 아니라 우주(萬有) 일체의 현상도 그것을 성립시키는 것은 인연의 가합(假合)에 의한 것

이며, 따라서 그 인연법의 상관적 관계를 떠나서는 모든 일체는 존재할 수가 없는 것입니다. 여기서 인(因)이란 말은 '씨앗' 즉 종자와 같아서 만물의 중심적 원인이 된다는 말이며, 연(緣)이란 뜻은 그 종자를 기르는 일광·공기·비료·수분같은 것으로써 그 인(因)을 발전시키는 외적 조건이 된다는 말이 됩니다. 만유일체(萬有一切)의 현상이 이러한 인연의 가합(假合), 곧 공간적인 존재의 인과(因果)와 시간적인 연기(緣起)에 의하므로 영원히 머무는 것이 하나도 없게 됩니다. 그래서 제행무상(諸行無常)이라는 것입니다. 왜냐하면 '제법종연생(諸法從緣生) 제법종연멸(諸法從緣滅)' 즉 우주의 만상과 인간만사는 모두 인연에 따라 낳았다가 인연에 따라 멸하기 때문입니다.

문 : 그렇다면 언뜻 보기로는 인생은 허무한 존재가 아닙니까?

답 : 그게 아니죠. 인생이 그 인연에 의한 무상(無常)한 존재라는 것을 깨닫고 모든 집착과 탐욕에서 벗어나 참지혜를 깨닫게 되면 영원무궁한 삶을 얻게 됩니다. 불교의 궁극적인 생은 허무한 삶도 또한 백 년 미만의 삶도 아니고 영원한 생(生)입니다. 이 영원무궁한 삶이라 나(生)는 것도 멸(滅)하는 것도 없는 무생무멸(無生無滅)한 삶이거든요.
다시 말하면 인간이 모든 삶의 집착에서 떠남으로써 죽음의 길도 없는(왜냐하면 삶이 있기 때문에 죽음이 있는 것이므로), 무생의 영원한 삶을 살게 되는 것입니다. 따라서 인간 본래의 삶의 의미는 이처럼 영원무궁한 삶으로써 그 가치를 지니게 되는

것입니다.

문 : 스님, 불교에서 말하는 그 무생(無生)의 삶은 도의 자리, 즉 깨달음의 자리와 결부해서 이뤄질 수 있는 것이 아니겠어요?

답 : 그렇죠. 생사가 둘이 아닌 하나의 경지, 곧 낳고 죽는 문제를 완전히 초월함으로써 이뤄지는 영원한 삶이니까, 그러한 경지는 곧 깨달음의 경지죠. 그런데 본래의 모든 중생은 성불(成佛)할 수 있는 가능성을 갖고 있습니다(一切衆生悉有佛性). 곧 모든 중생들이 불성(佛性)을 가지고 있다는 말은 모든 중생이 성불할 수 있다는 뜻이라는 겁니다. 때문에 성불함으로써 영원한 삶을 얻는 것이 본래의 인간의 가치라는 것이죠. 그래서 범부도 수양을 쌓고 도를 닦아서 시공이 끊어진 마음의 자리, 곧 영원한 삶을 얻도록 해야 합니다.

기독교 같은 곳에선 인간이 도저히 신의 위치까지는 이를 수 없다고 말하잖아요? 그러나 불교는 긍정하거든요. 이렇게 볼 때 불교는 어느 종교보다도 인생의 의미를 긍정적으로 파악하고 있다고 볼 수 있습니다.

□ 죽음이란 무엇입니까?

문 : 삶의 의미를 영원한 무생(無生)의 삶으로써 살폈는데, 그

렇다면 결국은 죽음의 문제가 보다 우선의 문제가 될 것 같습니다. 다시 말하면 죽음을 극복함으로써 영원한 삶을 이룰 수 있다는 것인데, 우선 '죽음'이라는 문제를 어떻게 보아야 할까요?

답 : 세상 사람들은 누구를 막론하고 생전(生前)에 어찌하면 이 몸을 행복하게 하며 잘 살게 할 것인가? 하는 삶의 문제에 급급하죠. 그러나 불교에서는 이와는 달리 생전의 일보다 죽음의 문제와 죽음 이후의 문제를 더 중시합니다. 이것은 곧 영생할 수 있는 도의 경지이기 때문에 당연한 것이며, 따라서 죽음의 문제를 완전히 초극했을 때 우리는 득도(得道)했다고 할 수 있어요. 그래서 불교에서는 환영(幻影)과 같은 육신보다는 영원한 정신문제에 파고 들어가는 것이 그 오의(奧義)요, 본령이라 할 수 있습니다. 따라서 불교에서의 색신(色身)은 시가(是假) 내지 유생유멸(有生有滅)이나, 진심(眞心)은 여공(如空)하여 불단불변(不斷不變)이라든지, 사대(四大)는 괴산(壞散)하여 귀화귀풍(歸火歸風)하되, 일물(一物)은 장령(長靈)하여 개천개지(蓋天蓋地)라든지 하는 글귀가 모두 이 생사 문제에 대한 해답이라 할 수 있어요.

또 이런 말이 있지요. 즉 구생구멸(漚生漚滅)하되 수무생멸지흔(水無生滅之痕)이요, 운거운래(雲去雲來)하되 공절거래지적(空絶去來之跡)이라는 말인데, 여기에서 정신과 육체를 수(水)와 구(漚)로 비유하고 공(空)과 운(雲)으로 비유했어요. 이 말을 해석하면 물 위에 거품이 나고 꺼지고 다시 나서 생멸이 빈번하되, 거품이 생멸하는 물의 자체는 나고 꺼지는 흔적이 없는 것이요, 허공 가운데 한조각 뜬구름은 갔다가 오고, 왔다가 가서 왕래함이 무상(無常)하되 구름이 왕래하는 허공 자체는 왕래하는 자취가 끊어졌다는 말입니다. 이것은 이론이 아니라 실제이며 관념이 아니라 각오인 것입니다. 실제의 수양과 철저한 각오가 없는 사람으로선 이해하기가 어려운 문제입니다. 그러나 옛날의 현인들의 행상(行狀)을 보면 이러한 문제를 명(明)과 실(實)이 부합하게 실행한 일이 많았지요.

희랍의 철학자 소크라테스는 우매한 자들에게 참소를 당하여 사형을 당하게 되던 날, 면회하러 온 처자들을 달래 집으로 돌려보낸 후 얼굴을 면포로 가리고 나서 독배를 마시고 평상 위에 누워서 곁에 있는 제자와 여러 가지 대화를 나누고 있었어요. 그의 신체가 독기에 의해 점점 냉각되자 그는 면포를 벗었는데 곁에 있던 제자들은 스승의 창백한 얼굴을 보고는 소스라치게 놀라며 울음을 터뜨렸어요. 이때 소크라테스는 다음과 같이 말했어요.

"아까 내 가족을 돌려보낸 것은 이런 꼴을 보이고 싶지 않았기 때문이다. 죽음이 내게 무슨 상관이 있겠느냐? 나는 생전에 악한 일을 한 일이 없고, 이 몸이 마칠 때까지 착한 일을 해왔을 뿐이다. 금생(今生)이든지 내생(來生)이든지 간에 선인에게는 악보(惡報)가 없는 법이다. 그대들은 무엇 때문에 내 죽음을 슬퍼하느냐. 나는 죽음을 보기를 고향으로 돌아가는 것과 마찬가지로 볼뿐이다(觀死如歸).

또 원나라때 무학조원선사(無學祖元禪師)가 전시의 난을 피하여 온주(溫州) 능인사(能仁寺)라는 절에서 은거하고 있을 때의 일입니다. 반란군의 원군이 사내(寺內)까지 쳐들어오자 모든 중들은 피난을 가고 조원선사만 불당 내에 단좌하여 목상과 같이 부동하고 있었어요. 이것을 본 한 장군이 장검을 휘두르며,
"이 어리석은 중놈아! 넌 원장(元將)의 장검도 무섭지 않느냐? 어찌하여 도망가지 않았느냐?"
라고 호통을 치자, 조원선사는 다음과 같은 한시를 읊었어요.

乾坤無地卓孤節 且喜入空法亦空
珍重大元三尺劍 電光影裡斬春風
천지가 공하여 막대 하나 꽂힐 곳 없어 나도 공(空), 너도 공(空)한데
삼척검이 무엇이냐? 베려면 베어보아라, 바람 같은 이 몸을.

그러자 원군의 장수는 늠름한 도(道)의 위력에 크게 느껴서 팔을 내리며,
"당신은 보통 중이 아니며 생사(生死)를 초월한 도력과 법력이 있는 선사(禪師)이구료."
라고 말하면서 군졸들을 데리고 절을 물러났습니다. 이상 두 가지의 일화에서 본 것처럼 옛 성인들은 죽음 앞에서는 초연했어요. 그들이 이처럼 할 수 있었던 것은 생사를 초월했기 때문입니다. 곧 인간의 육신은 멸해지고 말지만 인간의 영혼은 억천만겁을 통하여 영원무궁하게 윤회전생한다는 참 진리를 깨쳤기 때문에 죽음 그 자체에 집착을 갖지 않는 것이었지요. 뭇 중생들은 지나치게 삶에 집착함으로써 죽음을 두려워하며 천

년만년 살고 싶어하지만 성인(聖人)은 죽음을 두려워하지 않는 것입니다. 인간은 본래 아무것도 없던 것이거든요. 따라서 무(無)이며 공(空)이었다는 자각을 가질 때 거기에는 생사가 일여함을 깨닫게 되는 것입니다. 삶과 죽음은 이원대립적인 것이 아닙니다. 그래서 옛부터 깨달음을 가진 성인은 인간에게는 삶과 죽음이 없으며 매일 매일이 삶의 연속인 동시에 죽음의 연속이라는 생사관(生死觀)을 가졌던 것입니다. 우리나라의 경허선사(鏡虛禪師)도 '평생을 임종이라고 생각하면 임종은 평생이 아니다'라고 했고, 또 '삶도 없고 죽음도 없고 만물 하나도 없다. 없다고 여기는 일도 없다'고 했습니다.

 물론 우리 인간은 현실적으로는 인연생(因緣生)이지만 또한 본성으로 말하면 모든 것이 공이거든요(一切諸法一切皆空). 그 공(空)의 자리는 곧 시공(時空)이 끊어진 경지이지요. 따라서 거기에서는 생멸(生滅)도, 생사(生死)도 없는 경지이기 때문에 그러한 공(空)의 자리를 깨친 이는 죽음을 옷 벗듯 할 수 있는 것입니다. 옷 벗는 것을 누가 죽는다고 말할 수 있겠습니까?

□ 생사초월이란 무엇입니까?

열반은 생사초월한 자리

문 : 우리가 보통 죽음을 생각하면 어떤 형태로든 생명이 존

속했으면 하고 바래지거나, 한편으로는 죽고 나면 그뿐이라는 생각이 듭니다.

답 : 사후에 영생한다는 생각이나 죽고 나면 그뿐이라는 생각은 다 같이 망상입니다. 전자는 삶(有)의 한편에, 후자는 죽음(無)의 한편에 다 같이 집착하는 경우입니다. 삶과 죽음은 상관(相觀)하는 것이어서 어느 한쪽을 취하고, 어느 한쪽을 버릴 수는 없는 것이거든요. 양자, 곧 삶과 죽음을 함께 버리고 이를 초월하는 곳에 깨달음이 있으며, 영원(永遠)한 것은 생사(生死)의 어느 한쪽에 있는 것이 아니라 생사를 아울러 초월하는 곳에 있게 되는 것이죠.

불교에서는 바로 이러한 생사를 추궁하고 해명하는 것으로써 그 근본을 삼고 있다고 말할 수 있어요. 불교의 모든 법문 중에서 가장 강조되는 것이 '생사일대사(生死一大死)'라 할 수 있죠. 〈법구경〉에 '사람이 비록 백년을 산다 해도 생사를 밝혀내지 못한다면 하루를 살면서 생사의 도리를 밝혀냄만 못하다'라고 하면서 생사에 얽매이고 해명하지 못한 범부에 대해 통절하게 개탄해 왔어요. 따라서 열반, 즉 영원한 경지라는 것은 바로 이 생사 초월에서만 발견된다고 할 수 있지요.

불타는 선수행(禪修行)으로 증득(證得)

문 : 생사 초월, 곧 생사(生死)를 여일하게 볼 수 있는 경지는

곧 깨달음의 경지가 되겠습니다. 부처님은 어떻게 그 깨달음의 경지를 증득했습니까?

답 : 불타(佛陀), 즉 각자(覺者)가 되었던 고타마 싯다르타는 29세에 출가하여 6년간이나 여러 곳의 학자들과 선지자(先知者)를 찾았으나 그를 만족케 해주는 이가 없었어요. 그래서 스스로의 몸을 괴롭히는 난행고행(難行苦行)을 했는데도 이것도 그의 구도의 마음을 채워 주지 못하고 영원한 기쁨을 주지 않는 것을 알았어요. 그래서 그가 35세 되던 때에 보리수 아래서 조용히 좌정하고 명상에 들어간 채 그 자세 그대로 7일간을 입정에 들어 일심(一心)으로 해탈의 진리를 구도(求道)하였지요. 그러다가 7일째 되던 날, 샛별이 빛날 때야 비로소 깨달음을 얻었습니다. 깨달음을 얻은 석존은,
 "일체의 중생은 모두 여래(如來)의 지혜덕상(知慧德想)을 지녔으나 다만 망상집착(忘想執着)을 가짐으로써 증득(證得)하지 못하는구나."
라고 말했어요. 이처럼 석존이 얻은 깨달음의 경지를 그대로 우리가 자기 것으로 하려는 수행, 곧 석존이 행한 것과 같은 방법 즉, 좌선을 손쉽게 따르고자 하는 것이 선수행(禪修行)입니다.

생사초월의 입문(入門)

문 : 그럼 보다 구체적으로 선수행(禪修行), 곧 좌선(坐禪)의

입문에 대해서 말씀해 주십시오.

답 : 범어의 '쟈나'를 한문으로 표현한 것이 선나(禪那)이고, 이를 줄여 선(禪)이라고 부릅니다. 선(禪)의 본 뜻은 정(定)·사유수(思惟修)·정려(靜慮)인데 진리를 사유하여 마음을 안정시키고 의식을 통일하여 소위 삼매(三昧)에 들어가는 것을 의미합니다. 곧 고요한 심경에 깊이 들어간다는 뜻인데 이러한 선수행이야말로 불도 수행의 밑뿌리가 되는 것입니다.

불상이니 불화(佛畵)에서 볼 수 있는 모든 불보살이 연대(蓮臺) 위에 앉아 있는 모습은 모두 이 선나(禪那)의 고요한 심경에 안주하고 있는 것을 뜻합니다.

좌선의 기본자세는 첫째가 정신단좌(正身端坐)입니다. 이것은 곧 부처와 동체가 되는 것인데, 바르게 앉는 조신(調身)과 고르게 호흡하는 조식(調息), 그리고 마음을 고르는 조심(調心)이 합쳐서 비로소 정시단좌가 이루어집니다. 그러니까 우선 앉아야겠지요. 조용하게 앉을 수 있는 곳이면 어디라도 좋지요.

먼저 바르게 앉아야(調身) 하는데, 이는 결가부좌(結跏趺坐)와 반가부좌(半跏趺坐)의 두 방법이 있습니다. 결가부좌는 완전히 책상다리로 앉는 가부좌로서 두 발꿈치를 아랫배에 가깝게 바짝 당기고 두 무릎이 담뇨 위에 밀착되도록 함으로써, 즉 엉덩이와 두 무릎의 세 점으로 정삼각형을 만들어 체중을 세 점에 고루 가도록 해야 합니다. 그리고 반가부좌는 한쪽 발목을 다른 쪽 다리 허벅지 위에 올려놓으면 되는 가부좌입니다. 이때의 주의점은 위로 올린 다리의 무릎이 함께 위로 올려져서 담뇨에 닿기 힘든 점이지요. 반가부좌의 경우에도 방석의 두께를 조절하여 정삼각형의 정점이 되도록 해야 합니다. 이렇게 해서 발이 제자리를 잡았으면 등과 목줄기를 바로 펴서 머리끝으로 천장을 찌르는 것 같은 기분으로 머리와 엉덩이가 일직선이 되게 앉습니다.

다음으로 손을 놓는 위치인데 바로 앉았으면 먼저 손바닥을 위로 향하게 해서 오른손을 왼발 위에 놓고 그 위에 역시 손바닥을 위로 향해서 벌려진 왼손을 오른손 위에 겹치게 놓으면서 두 손의 엄지손가락을 세워 두 끝을 맞대게 해 마치 손바닥과 엄지손가락으로 둥근 원형을 만드는 것처럼 하면 됩니다. 이때 두 팔꿈치를 몸에 붙여선 아니 되고 팔꿈치에 힘을 넣고 펴도 아니 됩니다. 어깨와 팔꿈치의 힘을 빼고 몸과 마음이 여유 있는 모습을 취해야 합니다. 그리고 또 자세에서 주의할 점은 좌선 중에 절대로 눈을 감아선 아니 되는데 눈은 큰 눈도 아닌 반눈을 떠야 하고 척추는 끝까지 바로 펴서 자세를 흐트러뜨리지 말아야 합니다.

다음으로 바로 앉았으면 호흡을 조절합니다. 좌선에서의 호흡은 '조용히, 가늘게, 길게' 합니다. 호흡의 횟수를 점차로 줄여 가는데, 들이키는 숨보다 내뱉는 숨을 길게 해서 나중에는 1분간에 한두 번 정도 하게 됩니다(보통 사람은 1분간에 16~17회). 여기서 내뱉는 숨을 길게 한다는 것은 마치 코 끝에 앉은 새털이라도 움직이지 않을 정도로 조용히 조금씩 내뱉는 것을 말합니다.

바른 자세와 바른 호흡 방법을 익혔으면 마음을 가다듬는 정신통일로 들어갑니다. 곧 삼매지경(三昧之境)이지요. 여기에는 수식관(數息觀)과 공안공부(公安工夫)가 있는데 초심자는 수식관이 알맞아요. 수식관이란 숨을 세는 관법을 말하는 데 자기의 호흡을 마음속으로 세는 거지요. 이와는 달리 호흡을 세지 않고 마음으로 나가는 숨과 들어가는 숨을 보는(觀) 것이 수식관(數息觀)입니다.

수식관(數息觀)에는 출식관(出息觀)과 입식관(立息觀), 출입식관(出入息觀)의 세 가지가 있습니다. 출입식관은 먼저 내뱉는 숨을 '하-나'라고 세고, 들이키는 숨을 '두-ㄹ'이라고 세는, 출입의 숨을 마음속으로 세는 관법인데, 열까지 헤아리면 다시 하나부터 헤아리죠. 이렇게 계속해요.

출식관은 내뱉는 숨에 맞춰서 한 호흡을 '하-나'로 세며, 입식관은 그 반대로 들이키는 숨에 맞추어서 '하-나'로 세어 열까지 헤아리면 다시 처음부터 반복하죠. 여기서 계속 열까지만 센다는 게 간단한 것 같으면서도 매우 어려운 5~10년 좌선수행한 사람도 지키기 힘든 일이지요.

수식관(數息觀)은 고참에게 알맞은 것인데, 호흡의 수를 세는 것이 아니라 오직 나가는 숨과 들이키는 숨을 마음속에서 천천히 뒤쫓는 것이죠. 다시 말해서 숨을 따라 나갈 때는 나가버리고 들이킬 때는 들어와 버리는 것이죠. 이것을 계속하는 것은 수식관(數息觀) 이상으로 어렵죠. 어디까지나 조용하고 면밀하게 호흡을 뒤쫓지 않으면 숨을 잊어버리고 잡념과 망상의 포로가 되지요. 내 마음이 호흡의 출입일여(出入一如)가 되어 자신의 호흡과 완전히 합일된다는 것은 전 우주와 융합(내쉴 때)되고, 또한 전 우주를 체내에 거두어들이는(들이킬 때) 것이 되어 자신의 존재가 전 우주와 일체가 된다는 의미입니다.

이제까지 말한 것은 좌선 입문에 대한 것이었는데 이런 좌선의 경지에서 교리적으로나 사량(思量)으로도 이해될 수 없는 조사(祖師)의 말씀을 참구(參究)하는 참선(參禪)을 해야 합니다. 다시 말하면 좌선수행에 의해서 진실한 자기를 자각함으로 말미암아 생사도 없고, 유무도 없고, 생멸도 없는 각(覺)의 경지에 이르게 되는 것이죠.

문 : 선수행(禪修行)의 입문에서 시작하여 깨달음을 얻는 것은 우리 범부로서는 무척 어려운 일인 것 같은데 범부들이 생사문제를 초월하는 방법은 참선 외에는 없습니까?

답 : 있지요, 깨달음을 얻는 방법은 상·중·하로 나눴을 때 참선(參禪)이 제일 나은 방법에 속하지요. 중간적인 방법으로써 관법(觀法)이 있는데, 이것은 교리를 연구해 들어가는 것이지요. 관법으로는 정관(靜觀)·환관(幻觀)·적관(寂觀)의 3가지가 있는데 정관(靜觀)은 주관적인 것으로 하나의 일념이 일어나면 이것이 어디서 일어났느냐 하고 생각해 보면 그 일념의 뿌리가 본래 없는 것이죠. 바로 곧 삶이 없으니 죽음도 없다는 등의 원리를 깨쳐서 도에 이르게 되는 것이죠.

환관(幻觀)은 객관적인 것으로서 일체의 만유는 실(實)로 있다고 보는 것이 아니라 꿈으로 본다는 것이죠. 삼라만상이 곧 꿈이니 집착을 벗어날 수 있죠. 이렇게 해서 도의 경지에 이릅니다.

　적관(寂觀)은 정관과 환관을 합쳐서 보는 것입니다. 곧 일념(一念)이나 실(實)로 보이는 일체의 뿌리를 캐보면 그 뿌리의 자리가 없고, 밖의 실로 보이는 만유는 꿈같은 것이어서 주관과 객관이 함께 없어지는 경지를 깨침으로써 도(道)의 자리에 들어가는 것이죠.

　다음으로 아주 낮은 사람을 위한 방법으로써 도의 자리에 입문할 수 있는 방법이 있는데, 그것이 염불문(念佛門)이라고 하죠. 곧 마음을 흔들리지 않고 열심히 주문(呪文)을 외거나 관세음보살, 아미타불 등의 부처나 보살 등의 이름을 외어 도의 자리에 들어가는 것이죠. 그런데 여기서 진리의 참다운 의미는 진언을 외는 자체에서 끝나는 것이 아니고 어디까지나 도달할 수 있는 곳까지 추구하여 비로소 입에 올려야 하는 진언을 말하고 있습니다.

　이처럼 누구든지 도의 경지에 들어가 생사를 초월할 수 있는 것이 불교의 진리이죠. 참선은 상근기(上根器)에 속한다 했지만 범부들이 집에서도 얼마든지 좌선을 할 수 있어요. 옛말에 '한 치의 선향, 한 치의 부처'라고 했는데 곧 선향이 한 치의 동안이라도 좌선을 하면 한 치만큼 부처가 된다고 했는데 하루 10분이나 20분씩 매일 하게 되면 그만큼 부처의 자리에 이를 수 있을 것입니다.

□ 영원한 생명이란 무엇입니까?

문 : 불교에서는 생사와 영혼의 문제에 대하여 구체적으로 밝히고 있는데도 석가세존께서는 육체와 영혼의 관계나 사후의 생존유무 같은 문제에 대하여 질문을 받았을 때 대답을 하지 않았다고 하는데 어째서 그랬는지요?

답 : 그것은 문제의 발상법에서 잘못이 있었기 때문이죠. 즉 그 무렵 흔히 논해졌던 불로장생(不老長生)이니 불사불멸(不死不滅)이니 하는 생각은 죽음과의 상대성을 벗어나지 못한 망상이기 때문이었어요. 다시 말하면 거기서 의미하는 '영원한 삶'이라는 것은 어디까지나 죽음에 대립한 삶이며, 그렇기 때문에 참으로 죽음을 극복한 것이 되어 있지 못한 것입니다.
생사(生死)는 둘이 아닌 하나로 파악되는 곳에서만 진정한 영원이라는 의미가 포착되는 것인데, 죽음에 대립하는 삶에서의 영원의 의미는 진정한 생사의 줄을 끊어버린 것이라고 볼 수 없었던 것입니다.
석가세존 당시 논쟁의 쟁점이 되었던 그런 문제들의 발상 자체가 그런 '영원'이란 그릇된 견해에서 파악되고 있었기 때문에 그런 질문에 대답할 수 없었던 것입니다. 즉 불사(不死)가 아니라 불생불멸(不生不滅)이어야 한다는, 다시 말하면 죽음에 대한 극락은 생(生)의 극복이 이루어져야 가능한 것입니다. 생사의 극복에 의해서 진정한 영원의 경지가 열리는 것이지요.

문 : 먼저 번에 '삶의 의미'에서 말씀하신 무생(無生)의 삶이 영원한 삶이라 하신 말씀과 같은 내용인 것 같습니다.

답 : 그렇죠. 그래서 불교에서는 항상 '불생불멸'을 말하고 무생(無生)·불생(不生)을 강조하기도 하지요. 〈열반경〉에 좀더 자세히 나오는데, 불생과 삶의 양상에 대해 '생생(生生)', '생불생(生不生)', '불생불생(不生不生)'의 4가지로 설명하고 있어요.

'생생(生生)'은 일상의 인간이 삶에 집착하여 살아가는 상태를 가리키고, '생불생(生不生)'은 세속적인 사고방식의 근본이 되는 생의 집착을 벗어난 상태를, '불생불생(不生不生)'은 삶에 대한 집착을 떠나고 나서 다시 현실의 생으로 돌아온다는 곧 현실의 생을 등진 것이 아니라 그것을 바르게 살려 나간다는 뜻으로 말하고 있어요. 그런데 여기에서 '불생'을 잊어버리고 '삶'에 빠지고 마는 위험이 있어, '불생'에 있으면서 삶을 버리지 않고 '삶'에 있으면서 '불생'을 잊지 않아 '삶'과 '불생'이 상주하고 상관하여 유지되어 간다고 해서 불생불생을 주장한 것입니다.

삶에 집착은 범부지만 '불생'에 집착은 소승의 이승(二乘)이며, '불생'의 도리를 망각한 끝에 범부가 될 위험성이 생긴 것은 대승보살이지요. 이렇듯 어떤 경우든 결국 인간의 삶에 얽힌 집착을 타파하고자 해서 이 '불생불생'의 도리가 주장된 것이죠. 곧 '불생불생'은 온갖 삶의 집착을 초월함으로써 얻어지는 진정한 영원의 경지이며, 그것이 열반이니, '이 대열반은 생상(生相: 삶에 대한 집착의 상)이 없으니 이를 '불생불법(不生不法)'이라고 부른다'고 설해진 것입니다.

문 : '영원의 지금'이라는 말이 있는데요. 이 말은 영원이라는 의미가 시간의 연장에 의해서가 아니라 그 시간 관념의 초월 속에서 발견된다는 의미인데, '법신상주(法身常主)'니 '생사여일(生死如一)'이니 하는 의미가 성립되는 것도 이런 입장에서 가능한 게 아닙니까?

답 : '영원의 지금'이란 말은 불교용어로는 '구원즉금일(久遠卽今日)'로 표기할 수 있어요. '영원'의 의미를 현실의 순간에서 발견할 때 '불생불멸'에서 여일한 것이고, 다시 '생사즉열반(生死卽涅槃)'이 되는 것이죠. 환언하면, 삶에 대한 죽음, 죽음에 대한 삶이라는 상대적 관념이 깨어져 버림으로써 생사가 여일하게 되는 것이고, 그 생사여일의 절대인 영원(涅槃)을 체득한다는 것입니다. 그래서 삶의 시간도 오는 일이 없고, 죽음의 시간도 오는 일이 없고, 죽음의 시간도 가는 일이 없으니 삶은 바로 진생(眞生)이 되고, 죽음은 곧 원사(園死)가 되는 것이며, 생사가 상주(常住)하게 되는 것이죠.

또한 생사는 처음도 끝도 없는 것이 되고, 그래서 생사를 두려워하는 것이 아닌 즐긴 것이 될 수 있으며, 버려야 할 생사도 없고 구해야 할 열반도 없는 경지가 되는 것이기도 하죠.

우리는 이러한 생사관(生死觀)을 순간순간의 생활 속에서 체험해야 합니다. 바로 '영원한 생명'의 확증에 의한 죽음의 극복을 이 '영원한 지금'의 경지를 체득하는 길밖에 없는 것이지요. 이것이 즉신성불(卽身成佛), 즉심시불(卽心是佛)이니 이를 위한 참선대오(參禪大悟)의 수도가 우리에게는 필요하게 되는 것이며, 더 나아가서는 불생불멸의 영원이 그 체험에만 그치지 않고 인간계의 현실상에 살려지고 활용되게 하기 위해 수도승의 보살행이 요구되는 것이지요.

□ 불성(佛性)의 진상(眞相)

불교는 신인동격교(神人同格敎)

문 : 선(禪)을 통해서 견성성불(見性成佛)할 수 있다고 말씀하셨습니다만, 기독교에서는 인간은 신성(神性)을 가지고 있지 못하다고 보고 있습니다. 물론 〈창세기〉에 보면 하느님은 자기의 형상(形像)대로 지으셨다고 하지만, 그 하느님의 형상이라는 것이 신선이 아니라 하느님이 인간을 지으실 때에 자기와의 관계에다 두고 지으셨다고 하는 그런 정도의 의미밖에는 안 된다고 봅니다. 아무튼 그러한 하느님과의 관계에도 불구하고 역시 인간은 신이 아니라는 대전제 밑에서 출발되어 온 것이 기독교의 특성입니다. 전혀 불교와는 다른 견해이지요. 이에 대해 스님은 어떻게 생각하십니까?

답 : 종교를 공간적으로 분류한다면 신인동격교(神人同格敎)와 신인현격교(神人顯隔敎)의 두 가지로 분류할 수 있지요.

신인현격교는 신과 사람 관계를 멀리 떠나 고찰하는 유의의 종교이고, 반면 신인동격교는 신과 사람을 같은 자격으로 보고 절연한 구별을 짓지 않는 유의의 종교라 하겠어요. 따라서 전자에서는 신과 사람과의 위치는 천양지차가 있어서 그 사이에 절연한 구별이 있으며, 신은 사람이 될 수 없고, 신이 사람에게도 나타날 수도 있어요. 그러나 후자의 경우는 신이 자주 인간의 형상을 쓰고 나타나고 또한 인간도 곧 신이 되어서 신 위에 올라갈 수 있다고 생각하고 있어요. 전자의 대표적인 종교는 기독교이고, 후자의 대표적인 종교는 불교이지요.

문 : 그렇다면 불교에서는 어떻게 신인동격의 원리를 밝히는지 구체적으로 말씀해 주십시오.

답 : 부처님은 49년간 8만 4천 법문을 설했지요. 최초에 21일 동안 〈화엄경〉을 설했으나 이해하는 이가 없어서 화엄학에 이르게 하기 위한 방법론으로써 49년간을 설법했는데, 일테면 아함부(阿含部)의 12년, 방등부(方等部)의 8년, 반야부(般若部)의 21년, 법화부(法華部)의 8년, 이렇게 해서 49년입니다.

그런데 부처님께서 마지막에 네 가지 의지하는 법을 말씀하시면서 마지막 번의 〈요의경(了義經)〉만 의지하라고 했습니다. 즉 〈요의경〉인 〈화엄경〉 80권만 의지하라고 했어요. 왜냐하면 다른 모든 경(經)은 불요경으로 〈화엄경〉에 이르게 하기 위한 보조적인 법문이라는 겁니다. 그런데 바로 이 〈화엄경〉에서는 모든 중생은 누구든지 성불해서 부처님이 될 수 있다고 가르치고 있어요. 또한 그 실례로서 선재동자가 53선지식(善知識)을 참선해서 성불한 것을 보여 주거든요.

선(禪)에서는 마음이 곧 부처

문 : 범부도 부처가 될 수 있다는 방법론이 바로 참선이 아닙니까?

답 : 그렇죠. 구체적인 방법론이 바로 선(禪)이죠. 그래서 불교에서는 인간의 불성(佛性)에 대해서 보다 구체적으로 밝히죠. 즉 선종(禪宗)에서는 '심즉불(心卽佛)·불즉심(佛卽心)'이라고 설하니 '마음이 곧 부처요, 부처가 곧 마음'이라는 말이죠. 또는 '직지인심(直指人心)·견성성불(見性成佛)'이라고 설하니, 바로 '사람의 마음을 가리켜서 성품을 보고 부처를 이루게 한다'는 말입니다. 이것은 인간의 본성 가운데서 부처의 모습을 발견코자 하는 것인바, 곧 인간 가운데서 신이 있음을 인정하는 것입니다. 이것이 불교의 특색인바, 신인동격교의 한 표본입니다.

　진언종(眞言宗)이라는 곳에서는 선종보다는 일보(一步)를 더 전진하여 인간 부모의 소생신(所生身)인 육신이 곧 부처라고 설하고 있어요. 그것은 홍법대사의 즉신성불의(卽身成佛義)에서 가장 잘 나타나고 있어요. 선종과 같이 무형한 마음이 곧 부처가 아니라 유형한 육신이 곧 부처라는 것이니 5척의 신체가 곧 대일여래(大日如來)의 현신(顯身)이라고 주장하고 있지요.
　중국에서는 불(佛)을 '천중천(天中天)'이라고 하니, 이것은 '신(神)중의 신(神: God of the God)'라고 칭하여 신의 광명을 석가 자신에게 인정하고 있어요.

이와 같은 불교의 신인동격 사상의 근저에는 이른바〈열반경〉등에서 강조되고 있는 '모든 목숨 있는 것들에게는 부처가 될 씨앗이 있다'라고 하는 대승불교의 긍정적 인생관이 깔려 있다고 볼 수 있는 것입니다. 달이 구름에 가리웠다고 해서 달이 없다고 말할 수 없는 것은 아니지요. 아직 드러나지 않아서 비록 보이지는 않지만, 내 안에 참 부처될 가능성이 있다는 믿음이 선행되는 것이 불교의 믿음이니, 인간은 신이 될 수 없다는 기독교의 믿음과는 큰 차이가 있는 셈이죠.

불성(佛性)의 의미

문 : 스님 말씀을 듣고 보니 불성(佛性)은 여래장(如來藏)이란 뜻으로 볼 수 있을 것 같군요. 즉 인간 모두에게 하나의 가능성, 곧 부처의 씨앗으로 담겨 있다는 말이 되니 말입니다. 그렇다면 깨달음의 성질이 인간 안에 간직되어 있고, 또는 우리가 깨달음의 세계 속에 들어 있다는 것인데, 그러한 불성의 의미를 어떻게 파악해야 할까요?

답 : '붓다(buddha)'란 의미는 우주의 영원한 진리법을 깨달아 그것과 하나가 되고, 그것을 몸으로 하고 있는 사람(法身)이어서 거기(진리(眞理))로부터 이 세상에 왔다(如來)는 뜻입니다. '붓다'란 본래 깨달은 사람이라는 의미거니와 그 깨달았다 함은 자기의 집착을 떠나 우주의 진리 자체를 인식함으로써 그것과 일체가 되었다는 것이기에 '붓다'를 '여래(如來)'라고도 부르지요.

본래 여래(如來)란 의미는 우주의 진리에 들어간다는 즉, 우주의 진리와 일체가 된다는 여거(如去)의 뜻과 우주의 진리로부터 나왔다는, 즉 우주의 진리와 일체가 된 사람이 거기에서 현실세계로 나와 그 진리를 살피고 그 진리에 입각하여 사람들을 구제한다는 여래의 두 의미를 가지고 있는데, 한역(漢譯)에서 이 후자의 '여래'쪽을 가지고 이 말을 대표시켰던 것 같아요. 따라서 '붓다·여래'는 우주의 영원한 진리와 일체자이며, 그것은 본성으로 하고 있는 자(無身)로서 영원히 존재하는 것입니다.

문 : 불성(佛性)을 우주의 영원한 진리로써 설명하셨는데, 그것은 자연과학에서 말하는 것과 같은 추상적인 자연의 이법(理法) 같은 것과는 어떤 차이가 있습니까?

답 : 자연의 이법은 진리의 비인격적인 일면만을 본 것에 불과한 것이지만 내가 말한 우주의 영원한 진리는 살아서 우리 인간들에게 직접 작용하는 역사 형성적이며, 생명적인 그런 의

미에서 인격적인 활동을 하는 것으로 봐야 합니다. 그렇기 때문에 '붓다'는 우리들 안에 내재하고 있는 것이 아니겠어요?

문 : 그러니까 불교의 진리에 의하면 우리들은 안도 밖도 영원한 진리, 영원한 '붓다'에 의해 메워져 있는 셈이 아닙니까?

답 : 그렇습니다. 그래서 우리들 안에 있는 영원한 진리와 영원한 '붓다'에 착안해서 불성을 '여래장(如來藏)'이라고 부르는 것이죠.

□ 해탈(解脫)과 영원한 평화

윤회의 구속에서 자유(自由)되어야

문 : 불교에서 말하는 해탈(解脫)이란 말은 속박을 전제로 하는 것이 아닙니까? 해탈이라는 말은 마치 우리들에게 매미가 허물을 벗고, 뱀이 낡은 허물을 벗는 것을 생각케 하는데요. 윤회전생(輪廻轉生)이라는 말과 관련지을 때 해탈을 어떻게 봐야 할까요?

답 : 해탈은 윤회전생의 한 사이클에 불과하죠. 벗어나 무엇엔가 바뀌어 태어나는 동안은 아직 참다운 자유가 아니죠. 왜

냐하면 윤회의 구속을 벗어나지 못하고 있기 때문이죠. 윤회의 구속까지도 벗어나 참다운 자유를 얻는 경지를 인도 민족은 열반(涅槃)이라고 불렀어요.

열반의 원래 뜻은 '입으로 불어서 끈다'라는 의미로서 불교에서는 이것을 지멸(止滅)·적멸(寂滅)·적정(寂靜)·원적(圓寂) 등으로 번역되었는데, 다시 말하면 다시 이 세상에 되돌아오지 않는 완전한 사멸의 상태에 이르는 것이죠.

문 : 그렇다면 열반은 윤회의 관념을 전제로 해서 비로소 구체적으로 실감된다는 뜻이 아닙니까?

답 : 맞습니다. 공이라든가, 허무라든가 자연이라고 말해보았자 그것은 관념상의 의미로 끝날 수 있어요. 즉 하나의 요청에 불과한 것이죠. 윤회의 두려움이 우리 주변에 절실한 문제로 부딪쳐 올 때 열반도 현실적으로 실감될 수 있습니다. 계속이 없으면 해방도 또한 의식에 떠오르지 않습니다.

'달마'가 묘 속에 신발을 남기고 서쪽으로 돌아갔다거나, '보화'가 지상의 빈 관(棺)과 은은한 요령 소리를 남기고 모습을 감추었다는 것은 지상의 해탈을 가리킨 시적(詩的) 표현입니다.

윤회의 실감은 몇 번 죽어도 그치지 않는 생가의 반복 속에 있는 의식과 함께 깊어지는 것이죠. 이에 반해 열반은 완전한 죽음이며, 최종적인 죽음인 셈이죠.

문 : 윤회를 해탈한 것이 열반이고, 그 해탈의 자각이 윤회의 괴로

움의 실감과 함께 깊어진다는 것은 고도의 종교적 요구가 아닙니까?

답 : 그래요. 그렇지만 불교는 그것은 전혀 불가능한 것으로 보지 않기 때문에 그런 요구가 가능한 것이죠.

부처님의 사덕(四德)

문 : 열반의 의미가 '불어서 끈다' 곧 그것이 번뇌를 끊는 상태라면 그것은 소극적인 의미가 아닙니까?

답 : 열반의 경지는 원시불교 이래 목표해 온 수행의 궁극이었어요. 그런데 번뇌를 끊는 상태의 열반은 소승불교시대에서 지칭하는 의미고, 대승불교에 와서는 그 의미가 단순한 소멸의 뜻으로만 쓰이지 않았어요?
 '악의 지멸(止滅)이기 때문에 선(善)의 축적'이라고 보게 되었어요. 그래서 적극적인 보살행이야말로 궁극적 열반에서 얻어지는 미덕으로 보게 된 것이죠. 그런 의미에서 〈열반경〉 같은 곳에서 열반의 4덕(四德: 常·樂·我·淨)을 열거하고 있어요. 참으로 늘 있어 변함이 없으며(眞常), 괴로움이 없어 참으로 즐겁고(眞樂), 참으로 멸하지 않는 자체의 나가 있고(眞我), 참으로 깨끗한 경지(眞淨)를 열반의 이상으로 보았어요.
 이에 반해서 우리 범부들은 네 가지의 상견(常見)을 갖고 있다고 설명하는데, 첫째, 상전도(常顚倒)로서 이 세상이 영원히 존재하는 상(常)으로 보는 것이고, 둘째의 낙전도(樂顚倒)는 이 세상의 전체가 괴로움의 덩어리인데 즐거움만(여기서의 즐거움은 수면·음식·색·재화·명리 등 5욕으로 열거되는 탐욕을 말함)을 추구하는 것이고, 셋째의 아전도(我顚倒)는 이 세상 전체가 무아(無我)인데 그것은 상주불변한 실체라고 인정하여 그것이 사라지는 것을 두려워 하고 집착하는 것이고, 넷째의 정전도(淨顚倒)는 이 세상이 부정(不淨)한 것인데 깨끗한 것으로 집착하거나 또는 더러움만을 피하여 깨끗함만을 추구하는 것인데, 이것을 범부들이 빠지기 쉬운 착각 내지는 그릇된 견해라고 말하는데 이것은 존재론적인 견해이지요. 그런데 이와는 반대의 허무론적인 소승의 부류들이 빠지기 쉬운 견해로 사전도(四顚倒)을 들고 있는데 상(常)·낙(樂)·아(我)·정(淨)을 무상(無常)·무낙(無樂)·무아(無我)·부정(不淨)한 것으로 보는 견해입니다.

이렇게 여덟 가지의 전도(顚倒)를 〈열반경〉에서는 팔전도(八顚倒)라고 하지요. 이 같은 여덟 가지의 그릇된 견해, 뒤바뀐 견해를 〈반야심경〉에서는 전도몽상(顚倒夢想)이라고 표현하면서 팔전도, 곧 뒤바뀐 그릇된 견해를 타파하고 떠났을 때 비로소 열반에 이른다고(究竟涅槃) 표현하고 있어요. 다시 말하면, 참으로 늘 있고, 즐겁고, 멸하지 않는 자기가 있고, 참으로 깨끗한 경지에 이른다는 것이지요.

그래서 원측대사는 무주처(無主處)열반을 가장 궁극의 경지로 보았어요. 생사에도, 또한 열반에도 머무름이 없이 항상 중생을 이롭게 하며 동시에 그 실체는 고요한 까닭에 무주처열반이라고 설명하지만, 이 열반의 경지를 한 마디로 요약한다면 원적(圓寂)이라고 말할 수 있지요. 쉽게 표현하면 영원한 평화라고 할 수 있지요. 그것은 허무로서의 적(寂)이 아니라 묘유(妙有)로서의 적(寂)이요, 온갖 더러움을 다 끊었으므로 적(寂)할 뿐이며, 더 이상 보탤 아무 것도 없기 때문에 적인 것이죠. 따라서 석가세존이 증득한 열반도 바로 이 무주처열반이기 때문에 불생불멸한 부처가 될 수 있는 것입니다.

그렇기 때문에 부처님이 불생불멸이며, 또한 불생불멸이기 때문에 부처가 될 수 있는 것이라면 우리들 마음 가운데 있는 진실을 구하는 마음, 즉 반야심(般若心)이 바로 부처요, 열반이라고 말할 수 있습니다. 우리들 마음의 본성은 청정한 것이기 때문입니다. 다시 말하면 우리들 마음속에 있는 선한 의지에 의지향이 부처님의 열반이라고 할 수 있는 것이지요.

그렇기 때문에 모든 인간이 부처가 될 수 있으며, 그것을 활용하지 못했을 때는 우리는 중생으로서 살 수밖에 없는 것입니다.

☐ 무엇을 깨달음으로 부처가 됩니까?

선종(禪宗)의 종지(宗旨)

문 : 모든 중생이 성불할 수 있다고 말씀하셨는데, 도대체 무엇을 깨달음으로써 부처가 될 수 있습니까? 우리에게는 깨달

음의 내용이 참으로 막연한 것 같습니다.

답 : 다른 대부분의 종교는 신(神)을 숭상, 의지하고 귀의하는 것으로 정의되어 있지만, 불교는 신앙의 대상을 객관적인 신(神)에 두지 않고 자기 마음의 부처에 귀의하고, 자기 마음법을 파헤쳐서 깨닫는데 그 정의를 둡니다. 그러므로 불교는 스스로의 깨달음에 의해서 온갖 우주와 인간의 문제를 해결하는 종교라고 볼 수 있죠.

불교는 글자 그대로 불타가 가르친 종교라는 의미인데 쉽게 말하면 억만겁이 지나도 풀이할 수 없는 불가사의한 수수께끼를 부처님께서 깨달으시고 사람들에게 설법한 교지요. 곧 석가세존은 인간에게 주어진 모든 문제, 특히 생사문제를 해결하기 위해 출가수도하신 분이고, 그래서 각자(覺者)가 되신 분이므로 그 각(覺)의 내용은 각자(覺者)가 되지 않고서는 설명할 수 없는, 장님 코끼리 더듬는 식입니다.

경전에 의하면, 잠이 들어서 악몽에 사로잡혔다가 잠이 깬 것 같고, 연꽃 봉오리가 활짝 핀 것 같다고 했는데, 이에 대해 두 가지의 견해가 있어요. 먼저 이에 대해 선가(禪家)에선 마음 자체가 불생불멸(不生不滅) · 부대부소(不大不小) · 불구부정(不垢不淨) · 불유불무(不有不無) · 부증불감(不增不減)한, 청정한 우주 전체의 생명인 원리를 깨치셨다고 말합니다. 그래서 선문(禪文)을 보면 '영원(靈源)이 담적(湛寂)하여 무고무금(無古無今)'이라 하였고, 또 '생본무생(生本無生)이요, 멸본무멸(滅本無滅)이라 생멸이 본허(本虛)하여 실상(實相)이 상주(常住)니라' 하였는데, 그 뜻은 모두 생사유무를 초월했고 오직 밝고 신령하다는 뜻이죠. 그래서 선종(禪宗)에서는 교(敎) 밖에 별도로 전한 문자를 내세우지 않고 바로 인심을 가르쳐서 심성을 보고 부처를 이루게 한다(敎外別傳不立文字直指人心見性成佛)는 말로 그 종지를 삼고 있는 것이죠.

예를 들면, 세존께서 영산회상에서 설법하실 때 꽃 한송이를 들어 올렸는데, 백만 대중이 그 의미를 알지 못하고 의아했으나 오직 마하가섭 한 사람은 보고 빙그레 웃었어요. 세존은 그것을 보고 '내가 간직한 열반묘심 정법안장을 가섭에게 전하노라' 하시고 그 표신으로 금란가사 한 벌과 바리 한 벌을 전하셨다고 해요. 그래서 선(禪)을 가섭에게 전했다고 하며 선시불심(禪是佛心)이라 해서 마음을 전한 것이고(以心傳心), 교시불어(敎是佛語)라고 하여 말로써 교(敎)를 전한다 했어요. 요컨대, 세존이 깨치신 진리는 무명(無明)·무언(無言)의 심성이어서 누가 깨쳐 줄 수도 없고, 가르쳐 줄 수도 없는 것이고, 자기 스스로가 깨달아야 한다는 것이죠. 바로 그것이 선(禪)의 내용입니다.

그런데 교가(敎家)에서는 우주의 본체인 인과(因果)의 도리를 깨치신 것으로 설명해요. 우주만물은 인과법칙에 의해서 생멸 변천하는 것인데, 이러한 인과(因果)·유전(流轉)의 진리를 있는 그대로 보고 깨달은 것이 성도(成道)의 내용입니다.

□ **인연의 법칙**

문 : 인과(因果)의 도리는 구체적으로 어떤 것입니까?

답 : 인과, 곧 인연의 법칙을 설명할 때 보통 12인연(十二因緣)에 의합니다만, 그것은 전통적인 방법이고, 보통 사성제(四聖諦)로 집약됩니다. 그런데 〈아함경〉에 보면, '고(苦)·집(集)·멸(滅)·도(道)는 불타 이외는 알 수 없는 진리다'라고 표현하고 있어요. 그래서 부처만이 이것을 깨달으시고 중생에게 가르쳐 주었다고 말하고 있어요. 따라서 불타의 깨달음의 중심점은 바로 이 사성제의 도리로 볼 수 있죠. 여기서 제(諦)는 온전한 진리, 변할 수 없는 진리라는 뜻입니다.

첫째의 괴로움의 진리(苦諦)는 인생은 괴로움으로 충만되어 있다는 진리입니다. 구체적으로는 8고(八苦: 生·老·病·死·愛·別離·怨憎會·求不得·五陰盛)가 열거되고 있는데, 이 고제의 원인을 살피는 것이 집제입니다. 번뇌가 업(業)을 낳고, 업이 모여 고(苦)를 만든다고 지적해요. 곧 탐내고, 성내고, 어리석은 3가지의 원인이 모여 괴로움을 만든다고 보죠. 따라서 이 두 가지의 진리는 현상계의 인과관계를 나타내는 셈인데, 이러한 진실을 깨달고 거기서 모든 집착과 번뇌를 타파하면 마음의 평안이 얻어지는데 이것이 멸제(滅諦)입니다. 도제(道諦)는 그 평안, 곧 성도의 자리에 들어가는 길로써 제시되는 이른바 8가지의 길(八正道: 正見·正思·正語·正業·正命·正精進·正念·正定)입니다.

그런데 〈반야심경〉에서는 개념화된 상태로서의 12인연도 부정하고, 사성제도 부정합니다. 그러니까 이 12인연이나 사성제의 가르침은 부처님의 금구직설(金口直說)로서 누구도 의심할 수 없는 가르침으로 인정되는 것이지만, 지금 그 진실까지도 집착의 대상이 되고 하나의 도그마가 되고 만다면 잘못된 편견이고, 인과의 사슬에서 벗어나기 위한 가르침이 다시 인과의 멍에를 뒤집어 쓰게 하는 우(愚)를 범할 수도 있기 때문에 이를 위해 인연의 도리를 부정한 것입니다.

(end)

본서는 찬연히 빛나는 우리 불교문화를 세계에 꽃피운
삼장법사 일붕 서경보스님의 오묘하면서도 평이한 설법으로서
부처에의 길을 밝혀주는 暗夜行燈이다.

일붕 서경보 스님/저

불교명저

전10권　일붕 **서경보** 스님/저

이 책은 승려, 불자들을 위해 세계적인 碩學 서경보스님의
저서 1,400종 중에서 名著만을 엄선하여 집대성한 佛敎 大敍事詩다!

佛敎란 무엇인가?

부처님이 깨달은 법에 대한 가르침이며,
그러한 깨달음의 길로 인도하는 가르침이다.
따라서 불교는 살아서 깨닫고 살아서
부활하는 가르침이다.

1권 · 불교란 무엇인가
2권 · 선이란 무엇인가
3권 · 부처는 누구인가
4권 · 관음이란 누구인가
5권 · 반야심경은 살아있다
6권 · 선방야화
7권 · 윤회전생
8권 · 반야의 문
9권 · 부처는 어디에 있는가
10권 · 부처님의 위대한 열반

★ 전국 유명서점 공급중

저자약력

1914년	제주도 남군 중문면 도순리에서 출생
1932년(19세)	제주도 산방굴사(현 광명사)에서 수계득도
1933년(20세)	지리산 화엄사로 진진응대강백을 찾아 제주를 떠남
1935년(22세)	전북 위봉사에서 유춘담스님으로부터 '일붕'이란 법호를 받음
1936년(39세)	서울 개운사 대원암에서 박한영대강백의 수제자가 되어 사교과와 대교과를 마침
1946~1950년	일본 임제전문대학, 동국대학교 졸업
1953~1963년	동국대, 원광대, 전북대, 해인대, 부산대, 동아대 교수 역임
1960~1966년	독일 함부르크대, 미 콜롬비아대, 워싱턴대, 캘리포니아대, 하와이대, 템플대 교환교수
1969년	미 템플대에서 철학박사 학위 수여
1969년	동국대 불교대학장
1996년	생전에 친필휘호 50만장, 시비 800여개, 책자 1,400종, 박사학위 126개 수여받음
1996년	6월 25일 오전 11시 40분 열반 83세 법랍 64세 사리 83과 남김

2011년 6월 10일 | 초판 발행
발행처 | 서음미디어(출판)
등 록 | 2009. 3. 15 No 7-0851
서울시 동대문구 신설동 94-60
Tel (02) 2253-5292
Fax (02) 2253-5295

저 자 | 서 경 보
기획·편집 | 이 광 희
발 행 | 이 관 희
본문편집 | 은종기획
표지일러스트 | 주야기획
편 집 | 박정수·권영대·유승재
송 순·이다예

홈페이지 www.seoeumbook.com

* 이 책은 저작권법에 의해 보호를 받는 저작물이므로 무단전제나 복제를 금합니다.